文学の福袋（漱石入り）

富山太佳夫

みすず書房

文学の福袋（漱石入り）　目次

I　本を読む？　図書館で？

II　短評大会

III　時空をつなぐ

1　全体的な眺め

8 アフリカ・中近東・アジア

9 日本

Ⅳ　ダーウィン、漱石、その他

I　本を読む？　図書館で？

図書館での読み方

「日本経済新聞」２００８・７・６—27

まず歩く

読書術？　そんなものが本当に、どこかにあるのだろうか。本や雑誌や何やかやを読んで論文を書いたり、講義をしたりという生活をしているのだから、そこには何かのコツがあるはずだ、それは何なのだ、と訊かれれば、確かに多少は真面目に考えるしかないだろう。

一体読書術とは何であり、そのコツとは何であるのか。私の場合、いくら真剣に考えてみても、どうもそれらしい答えが出てこない。今度も書店に足を運んで、それらしい本を（つまり読書術の本を）何冊かチェックしてみたのだが、その見事なまでのアホらしさに感動しただけの話である。

そう言えば、鳥取県の田舎から東京の大学に出てきたときも、何だかこわごわとその手の本を探したことを覚えている。しかし、その手の本で今も私の記憶に残っているものは、一冊もない。読書のコツというのは永遠の謎なのだろうか。それとも読書術など知らなくても本は読める、楽しめるということだろうか。

大体私は読書案内の類を読むのが大嫌いなのだ。案内なんかいらないよ、俺、自分で歩くからという主義なので。学生時代に講義を聞いたときも、私にとって大切だったのは、その講義の内容ではなく、その先生が挙げる何冊かの本のタイトルの方であった。そのメモがあれば充分。そのメモを手にして図書館や書店の棚の前に行き、問題の本とその周辺にあるものをチェックしてゆく——私の前にはいつも広大な世界が拡がっていた。

その広大な世界の中でめぐりあった作家のひとりが、デンマークの小説家ハンス・ペーター・ヤコブセンだ。ダーウィンの『種の起源』や『人間の由来』の翻訳者でもあった彼の小説『ニールス・リイネ』にどのようにして辿りついたのか、思い出せないけれども。

確か角川文庫に訳が入っていたと思うのだが、今も記憶に残っているのは、その終り近くにある一文だ。手元にある英語版から訳すと、「もしも私が神であったなら、最後まで心を変えない者の方を祝福するのだが」というのがそれである。ところが私の記憶の中に生きているのは、「もしも私が神であったなら、最後まで私に背を向けた者の方を祝福するのだが」という言葉であった。勘違い？おそらくそうなのだろうが、だからと言って、私はあわててそれを修正したいとは思わない。記憶違いも、勘違いも、忘れてしまうことすらも、私個人にとっては、読書術のなかの大切なコツなのだから。

辞書を読む

「好きな本は何ですか」と訊かれて、「辞書です」と答えると、たいてい変な顔をされる。「へぇー」

と言われて、あとは話題が変わるか、黙殺、敬遠ということになる。それが面白くて、この「辞書です」を繰り返していると、オマエは人が悪いという評価が定着する。

辞書は「引く」ものであって、「読む」ものではない、利便性の高いツールであれば十分ということらしい。嫌な考え方だ。ほかにも使い方があって当然のはずである。（もしも私にその気があれば、これをひとつのビジネス・チャンスとして、新型の辞書の開発に取り組むかもしれない。たとえば、自分に利用価値のない単語はどんどん消せる辞書とか）。

いずれにしても、私にとっての辞書は暇潰し、楽しみの道具である。還暦になると、辞書読みというレジャーのすごし方も手に入ると言えそうだ。最大のコツは、そこに書かれていることを覚えようとしないこと。読んだら、忘れる――この精神で行く。

ちょっとした休憩時間や夕食のあとなどに、ともかく適当に辞書を開いて、そこを読めばいいだけの話である。試しに、手元にある辞書のひとつ『リーダーズ英和辞典』（研究社・一九九九年）を開いて読んでみる。なんと、オリンピックに関連する単語がならんでいて、それを読んでゆくと、その起源と歴史がわかる。「選手村」を英語でどう言うのかもわかる。テレビ番組のもっともらしい解説者の説明よりも、ずっときちんとした情報が手に入る。

しかし、大切なコツは実はその先にある。このオリンピック関連の語の前後を見るということだ。なんとすぐあとにはインド哲学の「オーム」の項があって、その説明がある。そのすぐあとには「オマーン」の、つまりアラビア半島の産油国の説明。そのあとは「オンブズマン」――綴りや訳語を確認するためだけの辞書の引き方をしていたら、こんな奇妙な驚き方はしなかったろう。

「オリンピック」のすぐ前には「オリーブ・オイル」という項がある。そして有名なマンガ『ポパイ』の主人公の彼女の名前と説明してある。もう十分。これだけ仕込めば、明日の雑談のネタは十分。テレビの雑学番組よりもはるかに面白くなってくる。

英語、日本語、何語の辞書であっても、この楽しみ方はできる。それに、昔の辞書がやたらと面白くなってくる。へーえ、こんな訳をつけたのか、明治の人は、と驚いて、雑談のネタにもなる。この砂金探しのような読み方は、手軽な脳力トレーニングにもなるだろう。

伝記の面白さ

伝記や評伝を好んで読むと言えばなんだかもっともらしいのだが、つまるところ、他人の人生をのぞき見するということだ。所詮は文学的なデバカメ趣味じゃないのと言われれば、返す言葉がない。しかし……そうか、このデバカメという言葉自体に池田亀太郎という実在の人物の「伝記」が要約されているとも言えるし、サンドウィッチ、カーディガン、ボイコットなども、もとはみんな人名。つまり、伝記用語ということである。

『岩波＝ケンブリッジ世界人名辞典』（岩波書店・一九九七年）には、夏目漱石の項はないものの、トマス・パーなる人物の項はある。「愛称オールド・パー（英　一四八三?―一六三五）。一〇〇歳以上まで生きた人、伝承によれば一四八三年生まれ。シュロップシャーの農場の使用人で、一二〇歳で二番目の妻と結婚し、一三〇歳まで普段の仕事をこなした。一五二歳のときにその名はロンドンに達し、ロンドンに出てチャールズ一世に会うように勧められ、宮廷での歓待のあまりのすばらしさに、死亡した」。有名なウイスキー、オールド・パーはこの人の伝記的産物か?

学問的な伝記辞典に平然とこんな記述を入れるところからも推測できるように、イギリス人の伝記好きは並み大抵のものではない。それこそ国王から、誰、これ、と言いたくなる人物にいたるまで、ありとあらゆる人々についての伝記や伝記小説がある。同一人物について、正反対の内容の伝記が何冊もあるのが普通。同一人物が聖人になったり悪人になったり、普通の常識人になったりする。実に面白いし、実に楽しい。私個人としては、伝記に熱中しない人を読書家とは認めない、絶対に。

最近訳されたヘンリー・ヒッチングズ『ジョンソン博士の「英語辞典」』（田中京子訳、みすず書房・二〇〇七年）も面白くて仕方がない。

まず第一に、この伝記にはまともな目次がない。一八世紀イギリスのこの辞書屋兼性格の悪い、ユーモアたっぷりの文人の一面が伝染したような構成法からして、思わず笑ってしまう。しかも、あちこちに毒舌がちりばめられている。「十二時前に床につこうと考えるのは不埒な輩だ」とか、「金のためでなければ、馬鹿者でない限り誰ものを書いたりはしない」とか。

その彼が独力で用例を集め、（ときにはケッサクな）定義を与え、人々が愛用する辞典を作りあげる。ひとりでイギリスの文化にかたちを与えた男。ひとりの男の伝記がイギリスという国の歴史と重なる。

挿絵を読む

後のイギリスの文化に決定的な影響を与えることになるジョンソン博士の『英語辞典』（一七五五年）を、女学校を去るにあたって、校庭に叩きつけた女の子がいる。なんとも仰天する話ではあるが。

歴史に名を残すこのブチギレ少女の名前はベッキー・シャープ。一九世紀の小説家W・M・サッカレーの代表作『虚栄の市』のヒロインである。この傑作小説の出たのは一八四七年、つまり『ジェイン・エア』や『嵐が丘』の出版と同じ年ということ。しかも、その翌年には例の『共産党宣言』が刊行されるので、なんと彼女はマルクス゠エンゲルスの同時代人ということになる（この小説は岩波文庫に翻訳が入っている）。

第一章の最後の頁には、馬車の中からの辞書の投げ捨ての場面の挿絵がついている。サッカレー自身の手になる挿絵だ。

それをよく見てみると、馬車の後方に乗っている男の顔の色が、どうも黒い。実は、これは、おかしくもなんともないのであって、この黒人の召使いは第一章の冒頭の挿絵にも登場していた——名前はサンボ。人種差別を表現するとして、今では使われなくなった（この措置は妥当であるが）「ちびくろサンボ」と同じである。下手をすると、読み落としてしまいかねない事実が、挿絵によって目の前に突きつけられてしまうのである。

問題は挿絵である。あんなものは読者サーヴィスのための便法であってと思っているひとが大半かもしれないが、とんでもない。作家と挿絵画家の想像力がひとつになって生み出される挿絵は、ただ見ればすむというものではなくて、じっと見つめて、読まねばならない何かなのだ。場合によっては、本文の方は忘れて、挿絵の方が記憶に残るということもある。

試しに、やってみるといい。ジョン・テニエルの挿絵のない『不思議の国のアリス』を思い出せるかどうか。挿絵抜きの『くまのプーさん』を想像できるかどうか。あの下手くそな挿絵こそが、『星の王子さま』のほのぼのとしたぬくもりを保証しているのではないのかどうか。

サッカレーと同時代の最高のイギリスの作家と言えば、もちろんディケンズである。その小説の楽しさは挿絵とともにある。しかもそこには、実にしばしば、本文中にない情報が描き込まれているのだ。読者はそれを使って、状況をくっきりと想像することができる。まさしく文字と絵の競演である。実際にディケンズの小説の翻訳を各種の文庫本で確認してみると……挿絵がない！　何だよ、これ？

書庫にカプセル・ホテルを

「図書」２００８・11

考えてみれば、図書館の中で過ごす時間というのは贅沢なもの。そこでは一人きりになれるし、その気になれば、何もせずにじっとしていてもいいわけだから。勿論いつも何かはしているが。

私がいつも利用するのは中央大学の中央図書館だ。理由のひとつは、自宅から比較的近いこと。それと、法学部の非常勤講師として英語を教えているので、書庫に自由に出入りできるということ。その書庫の奥に個人閲覧室があり、その横ではコピーもとれるし、マイクロフィルムを読むこともできる。もう三〇年も私はその空間を利用している。もしもこの場所に出会っていなかったら、私の研究生活は、今のそれとはまったく別のものになっていただろう。

初めてこの書庫に入ったときには、文字通り立ちすくんで、声も出なかった。書架に議会の議事録、裁判所の記録を初めとして、一九世紀イギリスの主要な雑誌がずらりと並んでいたのだ。それに多量のマイクロフィルム。もう留学する必要はなかった。これを可能な限り読む、全頁をめくる、それに決めた。ライフ・スタイルが決まった瞬間だった。

何種類もの雑誌の同年の号を閲覧室の机の上に並べて比較する。アーサー・ヤングの農業雑誌とウィリアム・コベットの政治雑誌を並べて比較する。『パンチ』とそのパロディ雑誌『ファン』を並べて比較する（因みに、後者の現物は、国内ではここにしかない）。研究のテーマなど、嫌になるくらい浮かんでくる。

　正直な話、書庫を出たくない。三〇年近くもつき合いのある中大の友人に、書庫にカプセル・ホテルを併設してくれと頼んでみた。彼の返答は、「あのねえ、あなたねえ……？……!!」というもの。まったく、もう。

研究室は雑然としている方が

たまたま研究室を訪ねてきた友人が、こんな本、一体使えるのかいと訊く。こんな本という言い方はないだろうと思うのだが、確かに私の研究室の書架は本が整然とならんでいるとは言いにくい状態にある。大体書架の各段に、本が前後二列に並んでいて、当然のことながら、後列の顔は見えないわけだから、友人の抱いた疑問にもあながち根拠がないとは言えないところもある。それに研究室の中央部はダンボール箱に占拠されているし（中味は本）。

確かに机のすぐわきの書架を見ても雑然としている——じゃなくて、いろいろな本が並んでいる。評伝の類、歴史理論、ハリー・ポッターものが五冊（念のため、英語の本）、『悪党ども』というアンソロジー、フランツ・ファノンの研究書、それからユイスマンスの小説の英訳。その隣りには現象学関係の哲学書。確かに友人に嫌味のひとことくらい言われてもしかたのない雑然ぶりではあるけれども、ただしそこにはひとつだけ厳然たる統一の原理が働いている。そのすべてが英語の本であるということだ。いや、これは自慢するほどのことではないか——考えてみれば、私はつまるところ英語の教師であった。

件の友人が、これはチョット高そうだなと言って書架から本を一冊取り出した。「おい、さわるなよ、汚れる」と注意すると、「そうあせるところを見ると、多少は貴重な本ということか」と言って、

「青山学報」２００３・10

遠慮なしにめくりだした。「へぇー、ディズレーリか。何だ、この『文学珍話』って妙なタイトルは？　あの帝国主義の政治家だろ、陰険な面してさ。こんなもんまで書いてんのか。まぁ、所詮はイギリス人だからな」。私の友人たちはおおむね質《たち》が悪い。知識のないわりには、口だけは人並み以上に悪い。そのくせ、『文学珍話』という訳だけは正確なので、こちらも多少当惑してしまうところはあるのだが。

私の友人が棚から引っぱりだしたのは、正確には、アイザック・ディズレーリの『文学珍話』三巻本で、私の持っているのは一八五九年版である。まだ稀覯書という域には達しておらず、スコットランドの古本屋で買った単なる古本である。ただし、私にとっては大事な本だ。古今の作家と作品と文学全般にわたるさまざまのエピソードというか、珍話を集めた雑学本である。雑然とした本と言ってもいいだろう。いや、雑然を極めた本と言うべきかもしれない。その内容を紹介し始めると「研究余滴」どころか、「余滴氾濫」になってしまいかねないから、それは遠慮することにする。

実はこの『文学珍話』の第一巻には、三〇頁余の「ディズレーリ氏の人生と著作」というエッセイがついている。書いたのは「息子」、つまり、ベンジャミン・ディズレーリその人である。ヴィクトリア時代のイギリスの運命を左右した政治家であると同時に、一九世紀の小説史上欠かすことのできない重要な小説家でもあった人物だ。その彼のエッセイの一節を引用してみる。「私の祖父は一七四八年にイギリスの国籍を取得することになったが、もともとは一五世紀の末に、異端審問のためにイベリア半島から出ることを余儀なくされ、そこと較べれば寛容なヴェネチア共和国に逃れたヘブライ人の家系につながるイタリア人であった」。父の伝記の中にこの事実を書きとめたとき、ベンジャミン・ディズレーリの脳裡には一体何が去来していたのだろうか。のちに宰相として大英帝国の命運を握る立場に身をおいたときにはどうであったろうか。

一九世紀のイギリスの底力なるものを考えるときにまず私の頭に浮かぶのは、この人物のことである。彼の政治手法に対する好悪はさておくとして、このディズレーリという政治家兼文人の存在をどう解釈するのか。さらに、イタリアから移民して三代目のユダヤ人に国家の舵取りをまかせたヴィクトリア時代のイギリスという国をどう解釈するのか。諷刺漫画の標的にされた回数の多さでは、おそらくエドマンド・バークに唯一対抗できるディズレーリ。われわれにはまだ彼の姿が全然見えていないのかもしれない。

『文学珍話』第一巻の巻頭をかざる評伝エッセイには興味のつきないエピソードが次から次に登場するのだが、ここではその中からもうひとつだけ紹介しておくことにする。ヴェネチアから移民してきた祖父(ベンジャミン)は、商人としても株の仲買人としても大成功するのだが、その一人息子たるアイザックはそうした仕事にいっさい関心を示さず、むしろ文人になりたがった。それどころか、商業を批判する詩を書いて、有名なジョンソン博士に読んでもらおうとした。「彼は直接ボルト・コートに包みを持参したが、応対に出てきたのは博士の有名な黒人の召使いフランシス・バーバー氏で、一週間後にまた来るようにとのことであった」。一七八四年、アイザック一八歳のときのエピソードである。博士の方は数週間後に他界した。

問題は、「有名な黒人の召使いフランシス・バーバー氏」というくだりである。日本の英文学者はイギリスの国内で暮らした黒人の存在などいっさい無視するのを暗黙の了解としてきたのだが、このくだりは、一八世紀の大文人ジョンソン博士の邸宅に黒人の召使いがいたことをあっさりと指摘している。いや、博士の邸宅までわざわざ足を運ぶほどのことはない。ロンドンの通りでも、ごく普通に黒人の姿を見かけることがあったのだ。詩人ワーズワスは『序曲』の第七巻でそのことを報告しているし、日本人の大好きなチャールズ・ラムの『エリア随筆集』（一八二三年）の中にも、次のような一節がある。「ニグロの顔貌……確かに私は、通りや街道で偶然出会ったおりに温もりのある眼を向けてきた彼らの顔に——と言うよりも、仮面に——ときたま心がなごむのを感じたことはある。……しかし、つき合いたいとは思わないし、食事を共にしたい、夜を共にしたいとは思わない——何しろ黒いから」。もちろんホガースの絵を通して黒人を見ることもできた。

要するに、雑然とした雑学本の中をうろつくというのは、運が良ければ、既成の整理整頓の枠組みの外にある何かに出会うということでもある。そう考えてみれば、いかにも雑然とした私の研究室も宝探しのためのワンダーランドに変貌することになるはずなのだが——これって、居直り？

全集と私

誰か作家を好きになったら、その作家の書いた作品はもちろんのこと、手紙や日記や残されたメモの類にいたるまで、ともかく全部読まなくてはならないと、小林秀雄がどこかに書いていた。東京に出てきたばかりで、西も東もよく分からず、何をどう読んだらよいのか分からなかった私は、この薦めを真に受けてしまった。

途中の経緯は省略するけれども、私はともかく一九世紀のイギリスの作家ジョージ・エリオットを読むことに決めて、彼女の小説を買い始めたものの、当時（今から三五―六年前）はなかなか全部は揃わなかった。とくに初期の作品となるとどうしても見つからない。そのうち、何かのキッカケで神田の古本屋街に出かけたおりに、ある本屋の天井の近くに並んだジョージ・エリオットの全集を見つけた。確か三万五〇〇〇円也であったように記憶している。武蔵野のアパートの下宿代が月六〇〇〇円であったから、とても大学一年生や二年生の自分で手におえる金額ではない。

もう一度、途中の経緯は省略するけれども、ともかくこの全集を手に入れることに成功した。他の誰かに買われてしまわないか心配で、週に二、三回その残留を確認しに通っているうちに、「こんなもの売れやせんよ」とその古本屋の親爺に激励されたのを覚えている。

問題はそのあとである。全集というのは、めぐりあって入手するまでは読みたくて仕方のないもの

〔初出不明〕

なのだが、ひとたび我が手に落ちると、その性格がガラリと変わってしまう。ひたすら読みたい本であったものが、その自己所有を自慢すべき財産へと変貌してしまうのだ――「俺はジョージ・エリオットの全集を持っている」状態への移行である。結局読んだのは安いペイパーバック版であった。これならば心置き無く下線が引けるし、書き込みをするのをためらうこともない。全集の方は棚に安置してあった。もちろん一冊一冊を手にはとるし、並べる順序を工夫したり、その周囲に配置する本をかえたりはするものの、開いて読む気にはならなかった。

あれから随分いろいろな全集を買うことになったが、私の入手した全集は大体同じような運命を辿っている。東京に残るつもりなどからきしなくて、どこか地方の大学で英語の教師をやりながらヴィクトリア時代の小説を読んで暮らすつもりでいたので、なるたけ全集を買うようにした。おかげで、数はかなりある。日本国内にはこれだけかなと思う妙な大衆作家の全集もある。大学の助手時代の給料と予備校の講師時代の給料はみんなそのために使ってしまった。はたして全部読む時間がもてるかどうかなど問題ではなかった。ただひたすらに読みたかったのだ。それだけである。それだけの理由で全集を買い続けた。『パンチ』を一八四一年から一〇〇年分買ったのもその延長線上のことである。

そうした全集群を、ここに来て私は読み始めた。その理由というのは単純明快――人間五六歳にもなれば、いい加減に読み始めないと人生終業の鐘が鳴ってしまいかねない。ところが、ここでもまた難問にぶつかってしまった。ある全集に手をつけていると、その両隣りの全集がやたらと面白そうに見えてくるのだ。しかも読んでいるうちに、そうか、このテーマならあの作品につながるといった調子の悪知恵が働いてしまう。全集をひとつひとつ読破などという呑気な話ではない。あれも読みたい、これも読みたいで忙しいことおびただしい。それに、ヴィクトリア時代のみにこだわっているわけにもいかないから、確かに忙しい小説読みの毎日ということになる。おまけに詩も読みたいし、戯曲も読みたい。そのそばでは歴史や思想の本が腰をクネクネさせている。そうか、J・S・ミルの全集もいいなあ、ということになってしまう。

要するに、全集に対する私の姿勢は五六歳の今日になってもまるきり定まっていないということである。

一九世紀イギリスの挿絵付き雑誌

My Cul（マイ・クル）・中央大学図書館広報誌No.12（二〇〇八年一一月）

一八―一九世紀のイギリスの歴史や文学、思想史を研究する者にとって最大の難関となるのは、それ以前の時代には殆ど存在しないに近かった所謂定期刊行物である。つまり、新聞と雑誌である。それがあまりにも量が多く、内容がバラエティに富みすぎているのだ。政治・経済の話から始まって宗教、思想、科学の話があり、そこに旅行の話や家事のことがつけ加わる。詩があり、小説があり、劇評があり、そして何よりも大量の書評がある。とりわけ一九世紀の書評雑誌になると、一度に五―六冊の本を取り上げたりするのは当たり前のことだし、しかもその対象となる本はイギリスで刊行されたものには限られない。論より証拠、*The Edinburgh Review*（一八〇二―一九二九）を開いてみるといい。ほぼ同じ時期に刊行され始めた *The Quarterly Review* もそのそばに置いてみるといい。

問題は、われわれ研究者が例えばこの二つの雑誌をどのように利用するのかということだろう。殆どの場合、特定のテーマを研究しているときに、研究書か何かで、某雑誌の何年何月号の何頁から何頁に関連の記事があることを知って、それを読むということになるはずである。二〇〇年も三〇〇年も前の外国の雑誌を読むということ自体が、少し前までは、留学でもしなければ不可能なことであったし、研究する側の外国語力の乏しさも切実な問題としてあったので、それでやむなしということであったのかもしれない。

しかし、最近では事情が少し違ってきている。まず第一に、外国の資料であっても、マイクロフィルムやネットを利用すれば国内で読めるようになっているし、それ以上に、日本各地の図書館が購入した現物を読むことができるのだ。先程挙げた二つの書評雑誌を全頁めくることができるのだ――例えば中央大学の中央図書館で。地下二階の書庫で初めてその前に立ったときの強烈な驚きのことを、今でも私は鮮明に記憶している。私はそれを読もうと思った。全部読んでやろうと思った。法学部の英語の非常勤として働き始めてからおよそ三〇年、私はその中央図書館に通い続けている。三〇代の頃は、夏休みになると、朝一〇時過ぎには中に入って閉館の時刻まで、昼食のときを除いて、ずっと中にいて、雑誌をめくり続けていた。一九世紀の各種の雑誌や議会の議事録、裁判所の記録などを。

勿論これだけ長期にわたって利用していると、逆についウッカリとミスを犯してしまうことがある。各雑誌の位置がおおよそ頭に入ってしまっているために、新規参入の小さな雑誌を見落としてしまうことがあるということだ。最近では*Fun*（図版二〇頁）という雑誌がその例で、これは地下二階の書庫の某列の一番奥の壁際の一番下の段にある。この雑誌の現物があるのは、わが国では中央大学の中央図書館のみである。一八六五年から三〇年ほど刊行され続けたこの雑誌は、ユーモアと諷刺にあふれる詩、戯曲、散文と多数の挿絵を組み合わせたもの。こう説明すると、それじゃ、*Punch*とよく似ているじゃないかと言われるかもしれないが、実はその通りなのである――正確に言うと、文章と挿絵の双方がそのパロディになっているのだ。『パンチ』の場合、その表紙を飾るのはナスビそっくりの体型のパンチ氏と愛犬トウビーであったが、『ファン』の場合は細身で長身ファン氏と愛犬のブルドッグのジョン。発刊の辞には、「我々の第一の目的は〈最大多数の最大笑い〉を確保することであ

June 3, 1865.] FUN. 21

A DITTY OF THE DOWNS.

AY, who will o'er the Downs with me?—
Of course I don't refer
To those where Susan came to see
Her black-eyed William, just as he
Was hauling hone and lee;
And where he waved his lily hand,
And said "A-do," and pointed to the Strand.

Nor do I mean the "Downs" that come
With "Derries" at the close
Of songs, instead of "Rum-ti-dum,"
Or "Tiddy-ol" or "Tiddy-um,"
Or words resembling those;
The Downs that I intend to sing
You'll find a much more downy sort of thing!

Nor would I waste one drop of ink
Upon the Downs that lie
Among the dead men, and would shrink
From plunging very deep in drink
To prove their loyalty;
Nor do I mean those hunting Downs
Who sell a man a file for three half-crowns.

I didn't wish to spin you such
A rigmarole as this;
But somehow I forgot to touch
The Downs; and, as I've put so much
In one parenthesis,—
The only question seems to be,
"Will anybody o'er the Downs with me?"

Fun の挿絵と文章の組み合わせ方は，明らかに *Punch* のパロディ．

Fun 第 1 号（1865年）の表紙

スコットランドのグラスゴウのフェアの図（*Glasgow Looking Glass* による）．

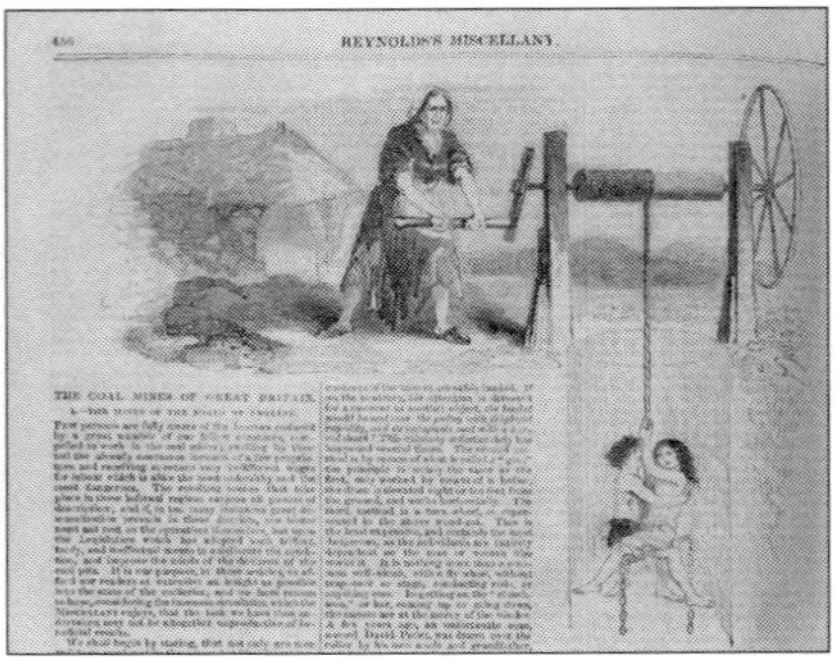

REYNOLDS'S MISCELLANY.

THE COAL MINES OF GREAT BRITAIN.

炭坑で働く少年と少女の図（*Reynold's Magazine* による）．

る」と謳ってある。

めくり出して、仰天。この挿絵、その構図といい雰囲気といい、どこかで見たことがあるなと思ったら、それもそのはずで『パンチ』のパクリなのだ（図版二〇頁）。リチャード・ドイルの挿絵を堂々と拝借したものだ（因みに、彼は小説家コナン・ドイルの伯父にあたる人物で、シャーロック・ホームズ物が連載された雑誌 *The Strand Magazine* も地下二階にある）。もうひとつ驚いていいことがあって、その挿絵の多くに水彩で着色されているのだ。今風の言い方をするならば、素人のヘタウマの着色である——と言うことは、このセットは世界に唯一無二のものだということである。貴重書庫には *The Illustrated London News* が全巻揃っているし、*Punch* は勿論一八四一年から一五〇年分揃っているので、あとは *The Graphic* だ。これが入れば、ヴィクトリア時代のイギリスの挿絵入り雑誌の核が揃うことになり、デイヴィッド・ヒュームやトマス・ハーディのコレクションと並ぶ、中央大学の一大財産となるはずである。既に一部は所蔵されてはいるけれども、全巻欲しい。是非とも購入して戴きたい。

そんなことを考えながら、貴重書庫にもぐる。そこにある British Minor Periodicals of the Nineteenth Century という名のコレクションを確認するのが目的であるが、そこに集められているのは一五六点の極めてマイナーな雑誌である。あまりにもマイナーすぎて、購入された時点では、そのうちの四四種類の雑誌について、大英図書館にも所蔵されていないことが確認されている。なぜこのような信じがたいコレクションが出来上がったのだろうか。少なくともその理由のひとつは、首都ロンドンではなくて、アバディーン、グラスゴウ、ヨーク、マンチェスター等の地方都市で発行された短命の、ときには一年と続かなかったと思われる雑誌が幾つも含まれているということだ。

それらを見てゆくと、扱われている対象は当然のことながら実に多岐にわたっている。文学、政治、宗教、音楽、科学などの話題のそばに、どこかしら道徳教本めいた雰囲気を漂わせているものもある。このコレクションをめくりながら考えてしまうことのひとつは、ここからどんな研究への途が開けてくるのかということだ。あまりにもバラバラで活用のしようがないと嘆く研究者が出てきそうな気がしないでもない。

しかし、中央図書館にある他の雑誌、とりわけ全国的な雑誌と連動させることを考えれば、ロンドンと地方都市の読者の趣味関心の比較という新しい研究テーマを設定することもできるはずだ。全国誌の代表 *The Gentleman's Magazine*（一七三一—一九一四）は全巻貴重書庫にあるし、地下二階には *The Cornhill Magazine*, *The Contemporary Review*, *The Fortnightly Review*, *The Nineteenth Century* 等がずらりと並んでいて、その比較を待っている。つまり、このコレクションを生かすためのコンテクストがそこに用意されているのである。

同じく地下二階にはディケンズの編集した雑誌 *Household Words* と *All the Year Round* が揃っているのに対して、ほぼ同時代の二人の大衆作家ジョージ・W・M・レイノルズとダグラス・ジェロルドの編集した *Reynold's Miscellany*（一八四六—五五）（図版二〇頁）と *Douglas Jerrold's Shilling Magazine*（一八四五—四七）がこのコレクションに含まれている。ディケンズの小説の挿絵画家としても知られるジョージ・クルックシャンクの挿絵付きの *Thomas Kenrick*, *The British Stage and Literary Cabinet*（一八一七）も並んでいる。そうした雑誌の内容の比較検討によって、大学院生でも新しい独創的な論文が書けるはずなのだ。

本当は一冊ずつすべて紹介したいところなのだが、そんな余裕はないので、もう一度挿絵付きの雑誌に話を戻すことにする。このコレクションにも幾つか含まれているのだ。それは挿絵革命が決して *Punch* 等の首都の雑誌に限られるものではなく、地方都市にも及んでいたことをまざまざと見せつけてくれる。*Glasgow Looking Glass*（一八二五―二六）もひとつの例で、そこに含まれている「グラスゴウのフェア」という題の挿絵（図版二〇頁）は、当時の挿絵としては珍しい俯瞰のパースペクティヴを用いたもの。見事である。

Albert Smith and Angus B. Reach ed, *Man in the Moon*（一八四七―四九）は縦横一四センチの小冊子形式で、その原形のまま箱入りの形になっている。その挿絵を担当している人物のひとりフィズは、ディケンズの小説の挿絵画家でもあった。収録されているエッセイや短文は間違いなく *Punch* を模倣したものである。各冊子の最後には、今で言う宣伝広告のページに似たものもあって、そこで宣伝されているのがなんと *The Illustrated London News* なのである。他にも、当時有名だったオペラ歌手ジェニー・リンドの出演予定が載せられている。同じ時期の *Punch* をめくってみるといい。挿絵付きの彼女の記事が幾つか見つかるはずである。

本の宴の伝統

「読む」1991・10

伝統というのは私の一番嫌いなことばのひとつであるが、イギリスの書評を読んだり考えたりするときには、どうしてもこのことばが頭に浮かんできてしまう。別に深い理由があるわけではない。仕事の関係上よく読むことになる『エディンバラ評論』（一八〇二年創刊）と『クウォータリー評論』（一八〇九年創刊）という二つの一九世紀のイギリスを代表する雑誌が、もともと書評誌だからである。もっともこの言い方だけでは誤解を生むかもしれない。問題はその書評の内容である。

ひとつの書評が数十頁にも及ぶ、つまり四〇〇字詰めの原稿用紙でらくに一〇〇枚を越えることが普通にみられるのだ。取りあげられる冊数も一冊から十数冊に及ぶし、英独仏伊の各国の本を平気で取りあげる。当然ながら書評の対象は最新刊も含めて、過去何年間かのものということになるだろう。それを読んで比較対照し、それぞれのメリットを論じ、いわゆる知の動向なるものを指摘する。しかもそれが政治、経済、宗教、文学、科学と、ともかく考えられるかぎりの分野に及んでいるのである。以前読んだことのある「広告」をめぐる本についてのある書評など、匿名の著者は大英博物館での資料調べまでやっていた。現在ではこの書評は広告史上の古典的文献になっている。

要するに書評とはたんなる新刊書の紹介などではなかったのだ。それはきわめて大きな知的活動であったのだ。今日この二つの書評誌が思想史、文化史の大切な資料庫になっているというのも当然のことなのである。

書評に対するときのこの姿勢が、この二世紀にわたるイギリスのジャーナリズムの書評をつらぬいていると、私は思う。もちろんメディアはさまざまに変化するし、もうかつてのように長大にして重厚な書評にはお目にかからないものの、その精神（これも私の嫌いなことばだが）は持続している。新刊書の紹介というのはあくまでも書評のひとつの働きにすぎないのである。

むしろ書評とは、すでにある文化、社会、伝統、何と呼んでもいいのだが、すでにある文化の制度が新しいものに出会う場なのだとでも言えばいいだろうか。既存の制度の側はその新しい客を迎えるために礼節をつくすだろうし、またそれに相応しい人を選ぶだろう。無教養な有名人とやらを、ミス・マッチの書評がおもしろいと称して出迎えに出すというのは、たんなる非礼以上のものではない。書評とは一種の儀礼である。したがって、そこには文化の力なるものが凝縮されるし、読者はそれを楽しむのである。またそのような読者の期待をしっかりと感じとれるところでは、書評は知的な芸能ともなるだろう。イギリスの書評と言ってもむろんピンからキリまであるのだが、その全体としての質の高さは、このような約束によって維持されているのではないかと、私は想像している。

『スペクテイター』の八月三日号に小説家のアニタ・ブルックナーが書評を書いている。その書き出しは、「女に美徳というものがあったころ、女はこういう小説を書いたものである」。私の好きなミュリエル・スパークの小説の始まりのような雰囲気。書評されている本はともかく、この書評は読んでみたいという気にさせられる。『ニューステイツマン』の七月一九日号にはナワル・エル・サーダウィという人の翻訳小説の書評がのっている。「医者、作家、国連代表、一時は政治犯として入獄、こうした経歴をもつナワル・エル・サーダウィは、子供のころから理由ある反抗を続けてきた」。新人作家の紹介である。原稿用紙にして三枚弱のものであるが、この小説は読んでみたくなる。

私は、書評を読むときには必ずいくつかを並べて読むことにしている。同じ本の書評をということではない。別々の本の書評を読みながら、まさしく書評の宴を楽しむのである。ひとつよい書評がのっているところには他にもよい書評がのっているはずだというのは、経験から得た確信である。ひとつの料理だけが絶品という店があるだろうか。

定評のある『TLS』(タイムズ文芸附録)の八月二日号は、「自然史」という見出しで、五冊の本を書評している。『第三のチンパンジーの台頭と没落』、『人間の進化の物語』、『ジョージ・エリオットとハーバート・スペンサー』他が対象である。この書評もまた何十年かのちには文化史のひとコマをになうことになるだろう。

II　短評大会

文化史とは何か

ピーター・バーク　長谷川貴彦訳（法政大学出版局）

文化という言葉の意味がゆるんできたのはいつ頃からだろうか。つまり、この言葉が高級な伝統文化についてだけ限定使用されるのをやめて、音楽やファッションや食文化などについても使われるようになったのは、いつ頃からなのか。

旅行、収集、読書法、ジェスチャー、照明や家具、広告、動物愛護、記憶、甘味などまで文化の一部とみなすようになったのは？　著者はそれを一九七〇年代とし、社会史にかわって、その変化に対応しようとした文化史という学問について語る。

ブルクハルト以来の歴史、バフチン、エリアス、フーコー、ブルデューの理論、数多くの実践例、そしてその将来の可能性について。小さな本であるが、見事と言うしかない。完璧な入門書だ。

「毎日新聞」２００８・８・10

阿片帝国・日本

倉橋正直（共栄書房）

大相撲、ラグビー、大学、芸能人。今の時代に、それをつなぐ赤い糸こそ大麻——という情けない

「毎日新聞」２００９・３・１

連鎖を思い浮かべているうちに、書店の棚でこの本を見つけた。このような歴史上の事実の存在を知ってはいたが、改めて愕然とする。

「戦後、長く日本の阿片政策のことは、重要な問題にもかかわらず、忘れ去られていた。一九八〇年代になって、ようやく研究が始まる」。かつて「日本は世界一の麻薬生産国であって、阿片・モルヒネ・ヘロイン」を大量にアジア諸国に密輸していた。

この本は、資料に基づいてその歴史を説明し、麻薬取引に反対した菊地酉治《ゆうじ》の伝記についても語る。読みながら、言葉を失う。阿片戦争という言い方は中国と英国のそれに限定できないのだ。

「毎日新聞」２００７・５・20

タウトが撮ったニッポン

酒井道夫・沢良子編（武蔵野美術大学出版局）

地面にへたりこんだ一匹の犬の写真がある。素人眼に見ても、芸術性を云々できるような代物ではないが、モデルは渋谷の忠犬ハチ公だ。「彼はそこでもう六年間も死んだ主人を待っている……隣にはすでに、彼の記念像がある……一方で人間は、生きていても死んだと宣告される」。

一九三三年、ナチスに追放されるようにして来日した建築家ブルーノ・タウトの撮った写真の一枚と日記。新発見の資料である。

昭和一〇年頃の日本の平凡な日常の写真。平凡な日常こそ彼が失った何かなのだ。われわれにはなつかしい町並や村の風景や人の姿が、彼にはどう映っていたのだろうか。この故郷喪失者には？「日本式のしゃがむトイレは優れている」。何がなしユーモラスなこの一文にも、悲しみが滲む。

もうひとつの国へ

森山大道（朝日新聞社）

「総体として軟弱きわまりない。ダメだよこれ」というのが、自分のこの本に対する著者の評価である。「こんな本を作っていったいいいのかね……オレ知らんぞ」とも。

六九歳にもなって、「ぼくの日常の三種の神器といえば、スーパー、コンビニ、百円ショップである」と言ってしまう著者の仕事は、「路上をテリトリーとするカメラマン」。そのさえない日常を語った雑文集である（あえてエッセイ集とは呼ばないでおこう）。いい本ですよ。

このしょぼくれおじさんはブエノスアイレスにも、ニューヨークにも、ハワイにも出かけ、五〇年前の新宿の思い出も語る。自分で撮ったという写真も数頁毎にのせてある。著者の名前はもちろん森山大道、それ以外にはあり得ない。

「毎日新聞」２００８・２・１

ミネラルウォーター・ガイドブック

早川光（新潮社）

「毎日新聞」２００５・８・21

すぐに役に立つ本である。今日本で流通しているミネラルウォーターが五〇〇種以上もあると知って、へえ～と驚き、ミネラルウォーター先進国フランスの政府公認第一号が一八六一年と知って、ほお～と感心する。

この水はよく清涼飲料水の一種とか、水道水の代用品とされやすいが、それは間違い。水源の環境保護ともつながる健康のための水である。著者は「日本にも厳格な環境保護に努め、無殺菌の水を供給するメーカーが現れてほしい」と言う。

最近流行の深海水も含めて、どの水がコーヒー、日本茶、和洋の料理に向くのかの具体的なアドバイス付き。一八〇本ほどの各種のボトルの写真（成分表付き）がさわやかで、これを見ただけで飲んだ気になるのが嬉しい。

「毎日新聞」２００７・３・18

メロンパンの真実
東嶋和子（講談社文庫）

帯の宣伝文句に、「読んで食べるといっそうおいしい!!」とある。嘘だ。実際に六個のメロンパンの味を私もこの本の読前、読後で比較してみたが、味に差はなかった。

しかし、巻末のセレブ御用達メロンパン四〇選のリストはまことに有益。広島、呉、神戸、大阪、京都、横浜、東京と食べ歩きたくなる。

本の途中にはジャムパン、クリームパンなどの歴史的な由来の説明もあり、「明治から大正初期にかけて日本のパン業界を発展させた二つの出来事があった……一つは日露戦争。そしてもう一つはロシア革命であった」という指摘もある。

楽しい調査であったはずだ。著者は執筆中もパンをほおばり続け、その結果、目下メロンパン体型になっているとか。笑える。

インスタントラーメン発明王　安藤百福かく語りき

安藤百福（中央公論新社）

「毎日新聞」２００７・４・１

著者は二〇〇七年一月没。享年九六歳。日清食品の創業者であった。というよりも、一九五八年に即席チキンラーメンを、七一年には世界初のカップヌードルを発明した伝説の人。その名言を社員たちが蒐集した本である。例を幾つか。

「もし私が体に悪いものを売っていたのなら、土下座をして、すぐに会社をたたみます」。エライッ！

「商品は、あまりおいしすぎてはいけない。少し余韻を残すことによって、再購入につなぐことができる」。何と言えばいいのか、大阪的なユーモアとでも評すべきか。

「人類は麺類」。これには絶句。英語にすればMen are men. というところか。自由きわまりない進取の精神と、毅然とした姿勢と、ユーモア。楽しい本である。

長生きする入れ歯

早川巖（講談社ブルーバックス）

「毎日新聞」２００７・６・３

人生、色気は失せても、喰い気は残る。これは永遠の真理であるが、しかしそうだとすると、人生の究極の問題は入れ歯ということだ。

つまり、いい歯医者を探さなくてはならないが、著者は「入れ歯作りは楽しい」と主張してはばからない。入れ歯作りにはアートの要素が多分にあって、「おもしろく、またたいへん難しい」と。

歯の一本一本にも平均寿命があるとのこと。良い入れ歯なら認知症の防止にも役立つし、身体活動も向上する。医学的な説明から入れ歯との日常的なつきあい方まで、実にきちんと、そして温かく説明してある。アメリカの昔の大統領ワシントンの総入れ歯の図ものっている。

これはいい本だ。各家庭に必ず一冊は必要な本。推奨する。

老人介護　じいさん・ばあさんの愛しかた

三好春樹（新潮文庫）

「毎日新聞」２００８・１・７

普通の場合、老人の世話や介護というのは近親者を相手にしてのことに限られる。ところが実際にはあちこちに老人ホームなるものがあって、そこで働いている人たちがいる。

一体どんな人たちだ？　変人、ヒマ人、超善人？　そう思って読み出すと眼の前が一変してしまう、もちろんいい方向に。「介護は日常的体験そのものの中にある」「寝たきりが歩き出す?」「立ちあがりと寝返りの原理」「ひょう変するばあさんたち」「人物誤認も関係のうち」「私たちにできること」——見出し自体も楽しい。しかも著者は丸顔で笑顔というおまけつき。

ナイチンゲールの『看護覚え書』の引用もあるものの、何よりも著者の体験談が面白くて、とてもためになる。有益な一冊。

目にあまる英語バカ

勢古浩爾（三五館）

「毎日新聞」2007・6・10

テレビ、新聞、映画、音楽、広告と、いたるところに英語。曰く、英語をしゃべらなくちゃ、英語はグローバルな時代のツールです、と。電車の中にまでアメリカ英語が流れる。気分が悪くなるものの、私など気が弱いので眼を閉じて沈黙するしかない。

対照的にこの著者は明るい外向的な性格のようで、英語熱にうかされるだけの人々をかたっぱしからバカ、バカと罵倒しまくる。どつき漫才風で、ちょっと痛快。「英語への憧憬はいまだに白人への劣等感であり、話せない同国人に対する優越感である」。

批判されるのは英語第二公用語論から、英語の早期教育論まで。幸か不幸か、その議論はしごくまっとうだ。一読して損はしない。

失われた場を探して――ロストジェネレーションの社会学

メアリー・C・ブリントン　池村千秋訳（ＮＴＴ出版）

「毎日新聞」２００９・３・15

海外の研究者の手になる日本の社会・文化論にはハッとすることがある。この本もそのひとつ。その対象はニート、フリーター、ネットカフェ難民、ワーキングプアなどと呼ばれる若い男性たち。「所得格差が拡大している世代は、実は一つしかない。その世代とは、三五歳未満の層である」。この変化の最大の犠牲になっているのは、普通高校を出て、あるいは中退して働き始めようとする若者ではないのか。九〇年代のバブル崩壊以降、高校と企業との間をつないでいた就職指導が機能しなくなっているのではないか。

著者は日本での現地調査を踏まえてその点を、更に日米の仕事倫理の違いを解明してゆく。ズバリと。好著である。

＊

魔法の庭

イタロ・カルヴィーノ　和田忠彦訳（ちくま文庫）

「毎日新聞」２００７・12・２

実のところもう二度読みおえて、目下三度目を楽しんでいる。一一の短篇からなるこの小さな本を、はたして紹介したものかどうか。

カルヴィーノは私が世界で一番好きな、そして一番不思議な作家。「パルチザン狩りのあいだ、森は毎日お祭り騒ぎだ」――こんな不思議な書き出しを平然とやってのける。

「バラヴィーノはつい最近警察に入隊するまで失業者だった」。普通の作家ならば、このあとは続けようがないかもしれないが、彼はそのあとにカルヴィーノ的な世界を展開してゆく。

戦争小説である。子どもや、海中の魚や、ごく普通の大人や、変な大人が登場してきて、世界大戦期のイタリアと、その足元にある普通の生活が見えてくる。

チェコスロヴァキアめぐり

カレル・チャペック　飯島周編訳（ちくま文庫）

「毎日新聞」２００７・３・４

カレル・チャペックって、誰？　そう言われそうな気がする。彼は一九二一年にロボットというコトバを世に送り出した作家ですよ。

その彼がこの本の中では、故郷のチェコの山野や自然、古い首都プラハ、農民たちの国というよりも、牧畜者たちの国であったスロヴァキアについて語る。整然とロジカルにではなく、思い出すままに。思いつくままに。合い言葉は故郷。「生まれ故郷の土地……人は、実際にその場所に帰らなくともよい。いかなる土地に身をおこうとも、実際には、たえず、その場所に生きているのだから」。やさしく、強い言葉だ。

この本を読みながら、私は自分なりに、故郷の思い出し方を教わる。本当の懐かしい思い出し方を。

「毎日新聞」２００７・６・24

父のトランク

オルハン・パムク　和久井路子訳（藤原書店）

ノーベル文学賞の受賞講演がこれほど胸を打つものになるのは、珍しいことではないだろうか。

その理由は複雑なものではない。昨年この賞を受けたトルコの小説家パムクの話が、父への素直な感謝を込めたものになっているからだ。父に反抗して作家になるという話ならば分かりやすいかもしれないが、彼の場合には違うのだ。「世界の作家たちについて話し」てくれたその父は、彼の最初の原稿を読んで、「この賞を、いつの日かもらうだろう」と言ったという。驚愕。

イスタンブールという場での創作のこと、ドストエフスキーからエーコまで影響を受けた作家のこと、もちろん文化のことなど、この稀有の作家への最良の案内書だ。

カリブ海のオデッセイ

デレク・ウォルコット　谷口ちかえ訳（国書刊行会）

「毎日新聞」２００８・11・９

一九九二年に英国のロイヤル・シェイクスピア・カンパニーが上演した戯曲の翻訳である。そのタイトルからして、ギリシャの叙事詩『オデュッセイア』の現代版であることは想像がつくのだが、問題はなぜ今、誰が、ということ。

最初に歌い出すのは、盲目の黒人の歌手ビリー・ブルー。「トロイア戦争の後、十年もさまざまの試練と海の嵐を見てきた男」オデュッセウスの運命とカリブ海の多人種の運命が重ね合わされる。難解な作品だ。しかしその難解さは、何度も読み直してみたいという気持ちをそそる魅力的な難解さである。

作者はカリブ海の小さな国の出身で、一九九二年にノーベル文学賞を得ているが、日本では無名と言ってよいだろう。

野獣から美女へ

マリーナ・ウォーナー　安達まみ訳（河出書房新社）

「日本経済新聞」２００４・11・14

美女と野獣あるいは野獣と美女。どちらの順に並べてもなんとなく折り合いがついてしまう。でも、どうしてなのか。この本は、そのどうしてなのかをおとぎ話他のさまざまの資料を——神話や図版やギリシャ以来の西洋の古典を——素材として探究したもの。文化史と文学史の交錯した大変スケールの大きい本である。しかも、百科全書的な面白さがある。

但し、最初に誤解を解いておかねばならない。この「野獣」という語には、正真正銘の動物から人面の男までが含まれるということだ。話題はコウノトリやガチョウから、誰でもが知っているはずの野獣的男各種に及ぶ。「西洋における最初の野獣は、ほかならぬ愛の神エロスであった」。ふーんと感心する。しかし、その一方で不安にもなる——ここまで枠を広げてしまったのでは、雑多な寄せ集め本になってしまうのではないか。

聖母マリアやジャンヌ・ダルクについての見事な歴史書をまとめ、小説家としても各種の賞を手にしている著者のマリーナ・ウォーナーは、その危惧に対してきちんと手を打っている。中心にヒロイン（美女とは限らない）をすえているのだ。この本は柔軟なフェミニズムを根底にもつおとぎ話の文化史と言うべきだろう。「おとぎ話にまとわりつくあやしげな女性性のかおりがわたしを魅了し、研究にかりたてた」。おとぎ話に出てくる愛情の問題、近親姦、さらには強いられた沈黙などは、女性の語り手や聞き手にとっていかなる社会的な不安と希望の表現であったのか。

著者は、後半では、シンデレラ、眠り姫、青ひげ、人魚姫などの作品の歴史を、その成立時点から現代のバリエーションにいたるまで追いかけながら、そのことを明らかにしてみせる。前半部分はそうした物語をささえる要素——魔女の洞窟、おばあさんの話、ガチョウなどの鳥、いとしい婆や、謎々とロバと愚者の智恵、甘い言葉と心地よい笑い、オオカミの隠れみのなど——の文化史的な由来を明らかにする。軽い気持ちで楽しく読めると同時に、重厚な研究でもある。

「毎日新聞」2011・3・6

スルタンの象と少女

J・L・クールクー Q・フォコンプレ絵 前之園望訳（文遊社）

タイトルからしても、本文中の挿絵や巻末の登場人物たちの似顔絵からしても、不思議な話という以外にはない。児童図書館の棚にあれば、子どもたちが「ヒェ〜」と言って驚いたり、笑ったりする本。町立や市立の図書館にあれば、大人が「なんだい、こりゃ?」とつぶやきながら、二時間ほどで読み終わる本。

話は「一九〇〇年、インドのある王国」のスルタンが、「自由に空間を行き来する」女の子の夢にうかされて、五人の奥様と部下を連れ、世界を旅するというもの。使われるのはインドの奥地に住む三〇〇歳超の象。その象が空を飛ぶ、海底を進む、砂漠を歩く。インド、中国、太平洋、南米、アフリカを経由して、終点は二〇〇五年のフランス。唖然。何、コレという本。

「日本経済新聞」2009・3・22

サイのクララの大旅行

グリニス・リドリー 矢野真千子訳（東洋書林）

本のタイトルが『クララの大旅行、一八世紀ヨーロッパを行く』とでもなっていれば、可愛らしい女の子の、おそらくフランス革命前の珍しい旅日記か何かと思ってしまうところだろう。それでも十分に面白いかもしれないが。

ところが、カバーに印刷されているのは巨大な動物の絵と、サイ、幻獣の二文字——動物園やテレビで見るあのサイズが、体重が数トンになる動物が、一八世紀の西洋を旅して歩いた？

しかも、この本はただ面白おかしいだけのイカサマ本ではなく、歴史学会の賞までもらっている。大学の教授などは、どうしたらこんな本が書けるのか考えてみるといい。そして、いいアイデアが出てこなかったら、この本を読んで素直に面白がるといい。実際にこの本はやけに面白い（『チーズとうじ虫』という素晴らしい歴史の本を書いたカルロ・ギンズブルクの手法を連想させるところがある）。

その内容は、一七四一年七月、オランダ人の船長ヴァン・デル・メールがインドからまだ幼いサイ（名前はクララ）を国に連れ帰り、大切に育てながら、見せ物として各地を連れ歩いたというもの。一五年以上も。

それを見たのはマリア・テレジア、フリードリヒ二世をはじめとして、ドイツ、スイス、イタリア（とくにヴェネチア）、更にパリ、ロンドンの人々。見物人の中には、なんと例のカサノヴァの名前もあるし、「ドイツ作家グリムはディドロへの書簡に、『小さなオブジェに酔いやすいパリの人びとは、こんどはサイなる動物をよってたかって追いかけている』と書いている」。一八世紀のイギリス小説を代表する『クラリッサ』にもその影が落ちているとのこと。

有名な画家デューラーが一五一五年に製作した木版画によって流布された誤ったサイのイメージを訂正し、『百科全書』のサイの記述や各種の装飾品のモデルになったのも実はこのクララだったのである。
一八世紀の西洋社会から現在までをつなぐ驚くべき文化の発見である。

「毎日新聞」2011・5・29

ダーウィンの珊瑚

ホルスト・ブレーデカンプ　濱中春訳（法政大学出版局）

古代ローマの博物学者プリニウス、詩人オウィディウス、一六世紀イタリアの彫刻家チェリーニ、そしてシェイクスピア、一九世紀には一般の人々の間でも大人気となり、フランスの歴史家ミシュレや世紀末の画家モローなどが活用したもの——それが珊瑚である。そのきわめつけがダーウィンであった。

「珊瑚は一九世紀には、創造力をもつ自然の象徴として、成功した民主制のあらわれとして……無意識の領域として」も使われるようになり、この意味の広がりのなかに、ダーウィンの『種の起源』の中のあの一枚の絵はピタリとおさまるのだ。あの絵のモデルは系統樹ではなかったのだ。精密な資料分析を踏まえた美術史と科学史の合体作。みごとな研究である。時代は変わるなあ。

牛の歴史

フロリアン・ヴェルナー　臼井隆一郎訳（東洋書林）

「日本経済新聞」２０１１・10・16

パラパラとこの本をめくっているうちに、こんな文章が眼にとまった。「一九五五年春、シカゴ郊外の片隅で最初のマクドナルドが開店した。……今日、アメリカ人ひとり当たりが年間、成牛七頭を食べるが、そのうちの四十パーセントはハンバーガーである」。その発売は、「大量移動手段としての自動車の登場と平行」しており、最初の支店はフリーウェイ沿いに開設されたという。それは『幼稚化する』西欧社会向けに作られている」。

本を読みだすときのコツのひとつは、パラパラとめくった頁でこれはと思う文章に遭遇するかどうかということであるが、この本はいけそうだ。次は目次の確認。「聖なる牛」、「邪悪なる牛」、「世界終末の牛」、「牛飼い」、「牛取引」、「目」、「皮と毛」、「肉と血」、「乳房と陰門」、「モー」とつけるなんて……もう。

本の帯には「牛・牛・牛で犇めく世界！　創世神話、芸術、牧畜、食肉、そして疾病……この世はなんと、牛に満ちあふれていることか！」とある。これは勿論日本語訳の編集者の手になるものであるだろうが、うまい。ドイツの研究者の手になるこの文化史の本を見事に要約している。

著者はギリシャ時代の文献に現われる牛から始めて、いや、それ以前の民話・伝説から始めて、各種の文学や絵、法律の中に登場する牛の姿を、その歴史を語っていく。事実を並べながら、かつユーモラスに。文化史の本としては極上の出来である。

「牛はまさに資本主義的動物そのものだ」として、「カール・マルクスの言葉で言えば、牛という現物貨幣は使用価値と交換価値を持っている」という屁理屈のそばに、「ニーチェは牛を完成した地上の幸福の具現として讃えた」という指摘を置く。更にこんな指摘もある、「牛は女性市民なのだ。わが家で女性と子供たちのもとに暮らす牛は、一定程度、家父長社会の伝統的な女性像に対応している。男性に支配された戦闘的な馬とは違って、牛は家の平和を護る女性なのである」。うーん、これは「牛肉文明を支える牛的フェミニズム」と言うべきか。

「日本経済新聞」2009・7・26

トーヴェ・ヤンソンとガルムの世界

冨原眞弓（青土社）

英国には、一八四一年から一五〇年間続いた諷刺雑誌『パンチ』があった。フランスには『シャリヴァリ』、ドイツには『ジンプリシシムス』という同傾向の雑誌があった。日本はどうかと言えば、カリカチュア（戯画）と戯文を乱用して、時代の政治や文化を茶化しまくるそうした雑誌で有力なものは無かったのではないだろうか。文化の違いかもしれないが。

ところが北欧のフィンランドには、一九二三年から五三年まで、時代の政治権力や文化を茶化しまくった『ガルム』という諷刺雑誌があったという――信じられない話だ。

なぜ信じられないかと言えば、フィンランドが国家として独立したのが一九一七年。国境を越えればそこはソビエトという国である。「ファシズム、ナチズム、スターリニズムによる三重の圧迫」に直面し、内戦問題、言語問題、禁酒法問題を抱えた国で、諷刺など危なすぎて、と考えるのが常識ではないか。ところが、そんな常識などまったく通用しない事態が起きたことを、この本は教えてくれる。しかもその産物がテレビのアニメの『ムーミン』だというのだ。本当である。

ディズニー系や手塚治虫系の漫画が苦手の私が好きなのは、ムーミンとスヌーピー。はや還暦を過ぎてもこの趣味は微動だにしない。

ムーミンの産みの親トーヴェ・ヤンソンとその母こそはこの『ガルム』を支えた挿絵画家だったのだ。そして、その母こそがムーミンのモデルだったのだ。この本はそのような母と娘の伝記であり、フィンランドの文化史でもあり、二〇世紀のヨーロッパ文化論でもある。独創的、ユニークという言葉を使う以外に褒めようのない本である。ともかく斬新で、面白くて、楽しい。

収録されている数多くの図版をながめているだけでも楽しくなってくるし、あの『ムーミン』の背景にある微妙な陰影が分かってくるような気がする。

資料の調査も十分に行われていて、読んでいるうちに羨ましくなってくる。

「日本経済新聞」2010・7・4

パリの古本屋から見る現代文化（『シェイクスピア&カンパニー書店の優しき日々』）

ジェレミー・マーサー　市川恵里訳（河出書房新社）

パリの書店をめぐるハデな物語である。時は西暦二〇〇〇年、つまり、新世紀を迎えるにぎわいにこの都市が包まれていたときのこと。「その頃、ルイ・ヴィトンのバッグはどういうわけか日本や韓国などの国々で人気が高かった」。

その書店のある場所というのは、セーヌ河の岸辺、ノートルダム大聖堂と向かい合うところというのだから、もうそれだけで羨ましくなる。但し、羨ましいと言えるのはそこまでで、この書店の中には、「まともなものなどひとつもない」。

まず第一に、この書店の経営者の年齢が八六歳——常識的には、引退して、おとなしく回顧にひたっているべき年齢である。しかし、この人物は九〇歳になっても元気に仕事をしているのだ。「彼はいまでも勝手気ままな訪問客を泊め、お茶会を開き、ラディカルな本を泊まり客に配っている」。しかも、今までに「四万人以上の人間を泊めてきた」。これがまともな書店でないことは、この本を読みだせばすぐに分かることではあるが、いずれにしてもパリのこの古本屋に匹敵するものが、東京の神田の古本屋街にないことは確かである。

端的に言えば、この本はそんな古本屋の——書棚の間のあちこちにベッドが置かれていて、行くあてのない若者が寝泊まりできるし、そこで働かせてもらうこともできる——半年間ほどのドキュメント。今世紀初めのパリの若い人々の風俗と文化をあざやかに報告してみせる。常識的なパリの都市文化論とはまったく違う、フレッシュな内容だ。読みながら、驚いたり、苦笑したり、感心したりできるパリ論だ。この都市が世界各地の人々の集まって来る、喧嘩とセックスだらけの一面を持っていることもよく分かる。

何よりもいいのは、この本がたんなるフィクションではなく、カナダから逃亡してきた著者の体験実録であるということだ。結果的にこの本は、ガイドブックにものっているパリに実在するシェイクスピア&カンパニー書店を通して見た興味の尽きない現代文化論となっている。

「日本経済新聞」2006・10・22

パブリッシャーとは何なのか
トム・マシュラー　麻生九美訳（晶文社）

本のあとがきの中でお礼を言われるひと――編集者をてっとりばやく説明すればそういうことになる。本来は書き手と出版の中継ぎをし、出版するかどうかを決定する大切な、かつ大変な職業だ。本を書くということ自体尋常な作業ではないから、書き手の中には相当数の変人や奇人もいる。その中から才能のある者を発見して、売り出してゆくには、ほとんどオールラウンドの才能を必要とするだろう。しかし、必ず成功して「忽ち増刷」になるとは限らないし。

ということは、編集者が出版の現場の裏話をしたら、やたらと面白いことになるだろうということである。『パブリッシャー』はそれをやってのけた本。この本の中で成功談、失敗談を含めて興味の尽きない秘話を公表してみせたのは、トム・マシュラーという名前の編集者である。

「出版にたずさわっている人ならほとんど誰でも、六〇年代の終りから八〇年代初期にかけてのジョナサン・ケイプはイングランドで最高の文芸出版社であったと認めるだろう」と誇らしげに書いているのが、彼である。このケイプ社の編集者であり、社長であった人物である。

マルケス、バルガス＝リョサ、フエンテスからボルヘスにいたるまでのラテンアメリカ文学の英訳を出版したのが彼である。ヘミングウェイ、ファウルズ、ラシュディからレッシングやウェスカーにいたるまでの英米の作家を出版したのも彼である。マッキューアン、マーティン・エイミス、ジュリアン・バーンズも彼。『裸のサル』のデズモンド・モリスも。単純に計算しても、ノーベル文学賞の作家を一一人、彼は担当した。

もちろんそれだけではない。児童文学のロアルド・ダールも、ジョン・レノンの絵本も（ヨーコ・オノとはまったくソリが合わなかったという裏話も紹介されている）。ジェフリー・アーチャーのような作家も彼に発見されている。有名なブッカー賞を設立したのも実はこの編集者である。ともかく紹介に困る編集者の裏話集で、やたらと面白い。その彼の言葉、「わたしに言わせれば、出版人は作家を発見するのではなく、偶然に出会うのだ」。

「毎日新聞」２０１２・１・15

世界を動かした21の演説

クリス・アボット　清川幸美訳（英治出版）

別に政治家に限った話ではないだろうが、どうも日本人は演説なるものが下手なようだ。その理由が国民性にあるのか、日本語の構造にあるのかはっきりしないけれども。

テレビを見ながらそんなことを考えているうちに、この本を入手。二〇世紀の世界を動かした二一の演説を収録したものである。ガンジーやチャーチルのものから、キング牧師やオバマ大統領のものまで収録されていて、なるほどと納得できる。

但し、この本は政治家（志望者）のための教科書ではない。「大多数の類書とは異なり、女性と非西洋人の声を含めることも絶対に必要だった」という言葉の通り、オーストラリアの元首相やチリの元大統領のものも含まれている。ビンラディンのものや、それとバランスをとるかのように、レーガン元大統領やブッシュ元大統領のものも含まれている。

気候変動について語る元英国外務大臣マーガレット・ベケットの演説も含まれているし、某殺人犯の「罰は正義をもたらすか——ある死刑囚からのメッセージ」というのもあるし、テロで子どもを失った母のものも。要するに、演説とは歴史の生々しい証言なのである。

III　時空をつなぐ

1　全体的な眺め

アイデンティティの呪縛を解く

アルフォンソ・リンギス『汝の敵を愛せ』中村裕子訳（発行・洛北出版／発売・松籟社）

「毎日新聞」2004・9・26

さて、不思議な本である。あれこれ思いめぐらしてみても、それらしい類書が思い浮かばない。しいて分類するとすれば、哲学的なエッセイということになるのかもしれないが、しかしそうして枠にはめてみたところで、この本の何かを説明したことになるとは思えない。ひょっとすると、それでいいのか――この本はアイデンティティから抜け出すことについて語ろうとしているのだから。

著者によれば、アイデンティティとはこの混迷の時代の中に生きる人間が必死に探求すべき何かではない。それを確立することが充実した人生をおくるための手がかりになるというのは錯覚にすぎない。どうやらこの人は心理学のもろもろのアドバイスをしりぞけるつもりのようである。

「私たちにアイデンティティを要求するのは、むしろ他人の側ではないだろうか。……彼らは、私たちの過去を現在とつなげ、いま述べる事柄によって私たちが縛りつけられていく先が未来だと理解しようとする」。確かにそのようにしてアイデンティティなるものを作りあげ、ひとを仕事に縛りつけ、効率を要求してくるのは「他人の側」かもしれない。身分証明書を要求してくるのも「他人の

農民の子は。

るように思える。メルロ゠ポンティやレヴィナスの英訳者として知られる、このリトアニア系移民の花と同じように。どうも著者のリンギスは、この本の中で、そんなとんでもない反゠哲学を語っていも、ひとは生きてゆける。論理や整合性を手離しても、ひとは充実して生きてゆける。鳥やケモノや側」、私ではない。そもそもアイデンティティなど意識しなくても、私とは誰であるかを知らなくて

現象学の研究によって名声を確立したこの哲学者は、その哲学のシステムの外に出る。そしてイースター島に出かけて、例のモアイ像を見つめる。そこにあるのは「火山と風と大海と空の力なのだ」。これではあまりにも感傷的すぎはしないか、詩的でありすぎはしないかという批判が出てくるのは目に見えている。どうするか。彼はくどくどと反論したりすることはせず――それをやると論理の泥仕合になってしまう――ただひたすら、美しい、エネルギッシュな例を挙げてゆく。ときには論理を乱しても、具体的な例と抽象的な例を。

「京都にある竜安寺《りょうあんじ》という禅寺の庭では、五百年のあいだ毎朝、僧が熊手で砂を波の形に掻きならしている。僧の動きはそれ自体が波で、心にはなんの痕跡も残さず、僧が動くと同時に、砂を動かす風のなかに消え去る」。

「私たちは空の下で生きている。空は表面も形も内部構造も持たず、把握することはできない。私たちは空のなかに、偶然が君臨する王国を見る。空は私たちを広大な空の下に息づくすべてのものに結びつける絆でもあり、その空の下に生まれた、これから生まれるすべてのものに結びつける絆でもある」。

彼はこれと同じ透明な文体で生きものについて、オルガスムについて、南米のゲリラの勇気につい

て、東京の地下鉄でサリンがまかれた翌日の仙台空港でのエピソードについて、エイズで死を迎える息子を見守る父親について語る。「死に行くひととの同席を許されるということは、自分のアイデンティティや自分の健康を危険にさらすことである。死に行くひとに付き添う機会を与えられるということは、最も情熱的で最もぜいたくな贈り物を与えられるということだ」。私はこの言い方に納得する。

「毎日新聞」2008・1・27

『聖書』の雲からベトナム戦争の飛行機雲まで

G・プレイター＝ピニー『「雲」の楽しみ方』桃井緑美子訳（河出書房新社）

雲かぁ……雲ねえ……そうか、ほとんど毎日見ているなあ。

私の大学の研究室は東京・渋谷のビルの九階にあって、窓からは羽田の方角が見える。あれやこれやの研究資料を読みながら、その空を移動してゆく雲の大きさ、形の変化、動くスピードをながめるのが私の生活の基本になっているわけだから。ときには、実に美しい夕焼けの空と雲が眼の前に出現する。そのあとの夜景には興味を感じない。

もうひとつは、子どもの頃、山陰の田舎で（大山《だいせん》の麓の農村で）祖父から教わった雲の見方。あの方角にあのかたちの雲ができたら何時間で雨模様になる、とか。あの夕焼け雲なら明日も晴れる、とか。夕方になると、村の海辺に出て、夕暮れの空の色、雲の色の変化をながめるのがほとんど日課のようになっていた——正月早々、大都会の真ん中でこんなことを想い出してしまったのは『「雲」の楽しみ方』などという本を読んだせいらしい。どうも話題が雲となると、たいていのひとは思い出話から始まることになるようだ。別に悪いことではないが。

しかし、そういう風に定石ができあがってしまうと、それに逆らって目立とうとする人物が必ず登場する。「真の文化人は……いまさら日没が美しいなどと言いはしない。日没なんか時代遅れさ。ターナーが画壇の巨人だった時代のものだ。日没を賛美するなんて野暮の骨頂だね」。こんな悪態をついてみせたのはイギリスの悪党批評家オスカー・ワイルド。童話「幸福の王子」作者のくせしてこれだからなあ。

それと較べると、やっぱり『聖書』の「マタイ伝」の方が立派だと言うしかない。「イエスはお答えになった。『あなたたちは、夕方には〈夕焼けだから晴れだ〉と言い、朝には〈朝焼けで雲が低いから今日は嵐だ〉と言う。このように空模様を見分けることは知っているのに、時代のしるしは見ることができないのか』」。雲愛好家の元祖はこのひとだったのかと、ついつい場違いな微笑を浮かべたくもなるところだが、この二つの引用ともこの本の中に見つかる。

この本は雲をめぐる古今東西の雑学を集めたもの。役にも立たないことに大の大人が夢中になるという英国の文化伝統を実践した最新の例のひとつである。もちろんその雑学の中には科学的なものも含まれるわけで、そのマニアックなことと言ったら、まことに英国的と言うしかない。

例えば雲を積雲、積乱雲、層雲、層積雲、高積雲、高層雲、乱層雲、巻雲、巻積雲、巻層雲の十種類に分類し、それに入らないものを頭巾雲、ちぎれ雲、ベール雲、漏斗雲、かなとこ雲、乳房雲（確かに似ている）、アーチ雲、尾流雲、降水雲、真珠雲、夜光雲と名づけて、写真と図と数字を総動員する。そこに赤線を引きながら読んでゆく自分自身が気の毒になってくる。ただし、最初に掲載されている一一枚のカラー写真はさすがにきれいで、書店で立ち見するだけの価値はあるだろう。

そして最後には、他の部分と多少違和感のある雲の話もでてくる。そのひとつは地震雲の話。「地震雲の概念は、古くから脈々とつづいてきた」。古代のローマにもインドにも、一七世紀の中国にも記録があるという。もうひとつは飛行機雲。ベトナム戦争の時期、アメリカは「軍事作戦としての雲の種まき」を一九六七年から六年間続けたのだという。人工的に作り出される雲のこの負の一面も、この楽しい本は見つめようとしている。

「毎日新聞」2010・8・29

老年期の多様性を求めて

パット・セイン編『老人の歴史』木下康仁訳（東洋書林）

なにしろ暑い。これではどうにも仕方がないので、まずは大上段に振りかぶるところから始めることにしよう。

プラトンの『国家』、モンテーニュの『エセー』、シェイクスピアの『お気に召すまま』や『リア王』、スウィフトの『ガリヴァー旅行記』、ゲーテの『ファウスト』……そして更にボーヴォワールの著作にいたるまでの西欧の思想や文学の古典に共通するテーマとは何だろうか。それは勿論老人の問題で、と書きかけたところで、テレビと新聞の報道にぶつかってしまった。一〇〇歳を越える高齢者で、所在不明の人の数が二百数十名に上る、と。それならば、九〇歳以上の所在不明者の数は、八〇歳以上は、と考え始めると、机の上に開いていた本を改めてめくり直さざるを得なくなってしまった。

この『老人の歴史』という社会史の本でまず驚かされるのは、全四〇〇頁のうち、二頁に一回は、実にさまざまの老人の姿を呈示する彫像の写真や絵画、図版などが収録されているということ。一九世紀末からの珍しい写真も収録されている。まるで大々的な老人展と言ってもいいくらいなのだ。ナチス・ドイツ時代のポスターも収録されているし、映画の中で老人を演じている老キャサリン・ヘップバーンと老ヘンリー・フォンダの姿もある。

長寿記録の保持者ということになっているトマス・パー（一六三五年、一五二歳で死去。有名なウイスキーの名称にその名をとどめている）、ヘンリー・ジェンキンス（一七九二年の時点で一六九歳）、マルセイユのソクラテスと呼ばれたアニバル・カムー（一七五九年に一二一歳で死去）などの珍しい肖像画も収録されている。

そうした図版をじっとながめているだけでも、老人問題のとらえ方の歴史的な変化を感じとることはできるだろうが、最後の写真につけられた解説によって的確に説明されている。

「時代、時代の老年期についての考え方は……歴史的には劇的に変わってきた。古代ギリシャから中世の終わりまでは緩和することのできない悲劇であり、来世での幸せのみを願うことで耐えうるものと考えられていた。18世紀と19世紀には明るいイメージで語られるようになった。もっとも、貧困や病気のために厳しい境遇におかれた人々は別であったが。そして、20世紀後期になってから初めて、老年期は人生の一つの段階であり、（幸運と健康と自由があれば）自然体で楽しむことができると考えられるようになった」。

このような見方に辿りつくためのデータはヨーロッパの各国とその移民先となったオーストラリアや南アフリカからとられているので、当然ながらイスラム圏やアジア諸国のデータの検討も必要になるだろうが、それでも今の日本における問題を考えるときのヒントを幾つも引き出せるはずである。

例えば、「歴史上かつてないほど人々は長生きするようになり、社会は高齢化し、高齢者は数の上で若者を上回りつつある」という通説は、神話だということ。「十八世紀においてさえ、イギリス、フランス、スペインでは人口の少なくとも十%は六十歳以上であった」。子どもの転地や移民のため、あるいは子どもの死亡のため、「家族によって面倒をみてもらえない高齢者は非常に多かった」。この本は歴史的データを使って通説を否定し、「老年期の多様性」を実現する方法をさがすように求めている。そして、その求めに対応する努力の必要性は誰にでも分かるはずである。

「毎日新聞」2010・4・25

交錯する疫病、戦争、差別

トム・クイン『人類対インフルエンザ』山田美明・荒川邦子訳（朝日新聞社）
飯島渉『感染症の中国史』（中公新書）
藤野豊『戦争とハンセン病』（吉川弘文館）

昨年来の新型インフルエンザ騒ぎも、各種の保健機関の不安な予測とは違って、大量の犠牲者をださずにすんだようである。いや、すんだと言うのは軽率で、いったん休止状態に入っただけなのだと考えるべきかもしれないが。われわれは何らかの伝染病にぶつかると、それこそ今日と明日の治療と予防のことに神経を集中してしまいやすいし、それは当然のことであるけれども、少し後を振り向いてみると、別の意味で啞然としてしまうことになる。

「歴史を通じて、軍隊につきものの最大の問題の一つが、疫病である……クリミア戦争、アメリカ南北戦争、ボーア戦争、そして第1次世界大戦でも、戦場で受けた傷より病気で死ぬ兵士の方が多かったのだ。ボーア戦争では、戦死者1人に対し、10人の兵士が病死したと言われている」。一九世紀の末の南アフリカで起きたボーア戦争と言えば、例のシャーロック・ホームズ物語の作者コナン・ドイルも現地の病院で働くことを志願した戦争であった（彼はもともと医者である）。ボーア戦争からの帰還兵のロンドン行進を眼にしたのは、偶然にもと言うべきか、英国留学中の夏目漱石であった。

別の驚くべき事実もある。

「1492年、コロンブスがアメリカ大陸を発見した。するとそれから30年ほどの間に、中央アメリカのアンティル諸島の先住民がほぼ全滅してしまった。一般的には天然痘のせいだとされているが……スペイン人がインフルエンザを持ち込んだ可能性が高い」。

第一次世界大戦の末期に、全世界で五〇〇〇万人を超える死者を出したのではないかとされるインフルエンザ（通称スペイン風邪）のことを思い出すと、偶然とは言いながら、同じ国名が絡んでくるだけに、何か奇妙な気がしてくる。去年もテレビなどで、インフルエンザの猛威を証明しようとして、このスペイン風邪という表現が連呼されていた。下手をすると、それは、この流行病がスペインの何処かから始まったという誤解を招きかねないだろう。トム・クインの指摘によれば、「ヨーロッパに新型インフルエンザを持ち込んだのは、ヨーロッパ戦線に送り込まれた何万というアメリカ兵だった」。いや、ヨーロッパの戦場に出る以前に、アメリカ国内の駐屯地やフランスの兵員輸送港でも多数の患者と死者が出た。「グラント駐屯地では、たった1日の死亡者数が500人以上に達したこともあった」。

トム・クインの著書は古代から現代までのこの感染症の歴史をたどりながら、今日における対処法を考えようとしたきわめて重要な一冊、必読の一冊である。

西洋史、東洋史のいずれの分野にせよ、国境や文化を越えて短期間に拡大してしまう疫病の研究は、日本の歴史学者が最も苦手とする分野のはずであるが、それを見事にやってのけたのが、飯島渉の『感染症の中国史――公衆衛生と東アジア』だ。帯には「苦悩する『東亜病夫』」「帝国日本と公衆衛生」という言葉がきざまれていて、端的にポイントを伝えている。

この本の中心的な話題は一八九四年に香港で大流行したペスト――その感染は「東南アジアからインド、アフリカへと西進し、また、ハワイから北米、太平洋諸島、南米へ」と広がってゆくことになる。現在では、「一九世紀半ば以後の商品流通の活性化、とくに中国産アヘン交易の活性化を背景として、雲南起源のペストが広東省に伝播し、また、反乱鎮圧のための軍隊の移動もきっかけとなって、ペストが広東省全域に拡大した」、そして世界の各地に広がっていったと考えられているという。

そうしたグローバルなペスト拡大を念頭におきながら、飯島が注目するのは、中国国内における公衆衛生確立のための努力である。それに絡んだ医学者たちの名前が挙げられ、その具体的な努力のありさまも説明される。しかもそこに伍連徳《ごれんとく》と北里柴三郎の名前と写真が並んでいるのだ。野口英世の名前も顔を出す。著者は中国で公開されている各種の行政文書を使いながら、その公衆衛生のあり方が日本の制度を手本としていることを指摘する。そして「衛生事業の制度化という近代化こそが植民地化だった」と考える。

この本ではコレラ、マラリア、日本住血吸虫病の歴史も語られるが、藤野豊『戦争とハンセン病』

では、文字資料と現存する患者へのインタビューを含めて、病いと差別迫害と戦争の交錯する生々しい歴史が語られる。その舞台は日本国内、中国、満州、南洋群島。ここにあるのは悲惨な病いのグローバル化を追いつめる眼である。

五〇年後には「超民主主義」が勝利？

ジャック・アタリ『21世紀の歴史——未来の人類から見た世界』林昌宏訳（作品社）

「毎日新聞」2009・1・11

不快な本である。著者は「ヨーロッパ最高の知性」とのことで、「博学卓識のアタリは、毎日二時間半の睡眠で、好物のチョコレートを大量に食べながら、政治活動、ブログの更新、執筆活動」に従事していると紹介されている。だとすれば、この本は睡眠不足から来る産物ということなのか。

本を開くと、日本語訳のための序文として付されたと思われる「21世紀、はたして日本は生き残れるのか？」というエッセイを読まされる。そこで著者が二一世紀の日本の課題として挙げる一〇項目のうちの幾つかを引用してみよう。「日本国内に共同体意識を呼び起こすこと」。「自由な独創性を育成すること」。「日本企業の収益性を大幅に改善すること」。「労働市場の柔軟性をうながすこと」。「市民に対して新しい知識を公平に授けること」——この「ヨーロッパ最高の知性」は、一体日本について何を知っているのだろうか。もし、日本についての十分な知識もなしにこのような提言を堂々と行なう人物であるとするならば、そのような人物の手になる政治や経済や文化の予測を果たして正面から受けとめられるものだろうか。あきれてしまう。

ともかく、問題設定はこうである。「二〇五〇年の世界は、一体どうなっているのであろうか」。この問いに答えるために必要なことは三つ、現状の把握、歴史的な経緯の理解、それらを踏まえての将来の予測と提言であろう。

「現状はいたってシンプルである。つまり、市場の力が世界を覆っている……行き着く先は、国家も含め、障害となるすべてのものに対して、マネーで決着をつけることになる」。それに対して将来像はどうなのかと言えば、「今後五〇年先の未来は予測できる。まず、アメリカ帝国による世界支配は……二〇三五年よりも前に終焉するであろう」。しかし、二〇六〇年頃には、「人類が組織する最高の形式」である「超民主主義」が勝利する。このあまりにも自信満々の主張には、私などとてもついて行く気がしない。

本書のおよそ三分の二を占めるのは、こうした現状把握と将来予測をささえる歴史的展望の説明である。著者が重視するのは市場民主主義の成立の歴史であるが、具体的には、その核となったとされる〈中心都市〉の変遷史である。ヴェネチア、アムステルダム、ロンドン、ニューヨーク、ロスアンジェルスなどの経済・金融都市の交代史である。彼のとらえ方では、欧米の幾つかの中心都市以外の地域や文化や人はその支配下、影響下にあるだけの話で、わざわざ言及するには値しないと言わんばかりだ。最終の目標としては個人の自由を掲げながら、これは一体何なのだろうか。

イスラム圏や中国、インド、日本、インドネシア等への言及もあるものの、そこには侮蔑臭が漂っている。一体、これは何なのか。この傲慢な分析と予言は何なのか。

しかし、それは、この本が読むに値しないということではない。げんに私は殆ど毎頁のように線を引きながら読んだ。不快に感じ、怒りを覚えながらも、読んで考えるしかなかった。「保険会社は、国家を弱体化させながら勢力を伸ばしていく」とか、「保険業と娯楽産業は……すでに世界経済を支配」しているといった興味深い指摘も実に多数あるからだ。確かに、読んで感動して泣くだけが本読みの目的ではない。私の今年の書評生活はそのことを改めて思い知らされるところからスタートしてしまった。これも不況の影響かと、苦笑い。

大胆に探り当てた革命の法則（家族制度の歴史）

エマニュエル・トッド『世界の多様性——家族構造と近代性』荻野文隆訳（藤原書店）

「毎日新聞」2009・5・17

ちょっと変わった構成の本である。一九八三年と八四年に別々に出版された二冊の本をひとつに合本化して、『世界の多様性』という何だか平凡な表題を与えたものであるからだ。もとの二冊の表題は『第三惑星』と『世界の幼少期』というもの。あまり魅力のないSFじみているが、そのサブタイトルは『家族構造とイデオロギー・システム』、『家族構造と成長』というものだ。今更世界各地の家族構造を比較してみてもと、つい言いたくなるところかもしれないが、構造主義、ポスト構造主義、アナール学派の歴史学以降のフランス発の本としては、間違いなく最も衝撃的な本の一冊としていいだろう。

ひとつの例を挙げてみることにしよう。少し前まで世界の各地に広まっていたマルクス主義の前提条件としてあったのは、本当に近代的な工業化と、それに伴う労働者階級の存在であったのだろうか。著者のエマニュエル・トッドはこの疑問を前にして、端的に事実を見つめる勇気をもっていた。

「ロシア、中国、ユーゴスラヴィア、アルバニア、キューバといった全般的に農村社会であった国々で、マルクス・レーニン主義と共産主義の名のもとに進められた革命の原因を工業プロレタリアの出現に見ることは困難である。また一七八九年のフランス革命や一六四〇年のイギリスでの革命といった工業化の開始のはるか以前に起こった革命の原因をプロレタリアの出現に見ることも同じく容易ではないであろう」。確かにその通りである。通常の場合、学問研究はここで思考を停止するか、各地の個別の独自の原因を探りあてることに躍起になるだろう。

しかし、トッドは違った。そこに共通のあるものを探りあてたのだ――識字率である。「今日では若い男性（二〇―二五歳）の識字率が七〇％を越えた年代の分布地図を作ることが可能である。近代的な革命現象との一致は、検証するまでもなく明らかである」。メキシコ革命、フィリピン市民革命、中国革命、ベトナム革命、キューバ革命、カンボジア大虐殺、イラン革命など、すべてこの条件を満たすという。

勿論、問題は残る。そうした革命の相違点をどう説明するのか。更に成年男子の識字率が七〇％を越えていても革命に向かわなかった地域をどう説明するのか――著者は家族のあり方に注目する。「共産主義革命のすべてが、伝統的な農民家族が外婚制共同体型の国々で生起したものである」。この引用ひとつで説明できることは少ないが、それでもその発想の大胆な斬新さは感じとれるはずである。

一番興味深いのは、著者が家族構造をどのように分析してみせるのかということかもしれない。しかし、それを紹介するのは、この書評のスペースでは無理である（決して読みにくい本ではないので、私としては、読者の自力読了を勧めるにとどめる）。ただ補足しておきたいのは、その家族構造の分析は、かつてのレヴィ＝ストロース流の親族の構造分析に終始するものではなく、家族内の構造的な関係がもつ機能にも十分に力点が置かれているということである。著者の考えでは、父親と息子たちの関係は「自由／権威」の問題と絡み、兄弟たちの関係は「平等あるいは不平等の理念」と絡み、親の財産の相続のしかたも「平等／不平等」と絡んでくる。更に、更に、女性の結婚年齢と識字率の間にも統計的な関係があると考えられるし……これほど豊かな本を評するための言葉はおそらくひとつしかない。名著。出版されてまもない本であっても、あえてそう評価したい。

面白い所を読み、いろいろと活用

新カトリック大事典編纂委員会編『新カトリック大事典I』（全四巻）（研究社）

「毎日新聞」1996・12・22

暇である、何もすることがない。一九九六年ももうじき終末、じゃなくて、年末だというのに、こうも暇だと、さすがに何となく落着かなくなってくる。体中に青カビの生えてきそうな予感すらある。かといって、私には宗教心がないから、たとえば聖書をアット・ランダムに開いて行動の指針をみつけるわけにはいかないし——こういうときの窮余の一策というのは、大きめの事典をアット・ランダムに開いてみることである。何かが出てくるだろう。何も出てこないときは、すみやかに寝る。

百科事典を正確な事実を求めるために読むというひとたちがいるが、はたしてどんなものだろうか。私自身はそんなことはしない。これは自分でも百科事典の類の項目を執筆したことがあるので、その経験を踏まえての発言である。

まあ、それはそれとして、事典を一冊ひっぱり出してきて、「エントロピー」の項を引く。「一般には不規則性、乱雑さ、ないし複雑さなどを表す単位。また、そこから情報量の多さの尺度ともなる」という定義に続いて、熱力学、統計力学、情報理論、組織論、生命科学に分けての記述が続く。芸術との関係についての説明もほしいが、それにしても見事な説明だと思ったら、執筆者は渡辺慧。フッサール現象学の「エポケー」を簡潔に説明しているのは新田義弘。

別のところをめくっていると、「エスキモー」という項があって、その人口や文化のほかに、「すでに一七二一年以降ルター教会の宣教師が活躍していた」ことが分かるし、一九七一年にはイエズス会士が「エスキモーのためのラジオ局を開局した」ことも分かる。もしやと思ってイラク、イラン、インドネシア、ウガンダなどを探してみると、ちゃんとある。

面白くなってきたので、あちこちを読み始める。「衛生」の項。近代衛生学は一八六五年のミュンヘン大学の実験衛生学の講座から始まるとしながら、話はすぐさま健康問題に移ってしまう。なぜナチスの民族衛生学への言及がないのだろうか。「エイズ」の項はない。それに対して「医の倫理」では人工受精から尊厳死にいたるまでの問題が取りあげられていて、じっくりと考えてみるのに十分な材料を提供してくれる。

私が今読んでいるのは『新カトリック大事典』(全四巻)の第一巻である。図書館の参考資料室で、事実を確認するためにのみ利用するのではもったいない。個人で読んで考えることもできるし、何人かで行なうディスカッションの材料も提供してくれる。たとえば「愛」や「営利」といった項をそのように利用することもできるだろう。まえがきにある言葉を念頭におくと、そうした利用の仕方も十分に根拠があるはずなのだ。〈「百科事典」という言葉と「カトリック」という言葉にはある種、共通するものがある。「カトリック」の意味は「普遍的」ということであるが、平たく言えば、すべてを含み、どこでも、いつでも通用するという意味である。……「カトリック」とは多様な知的文化を全面的に肯定しつつ、そのなかに一体性をみようとする姿勢を指すのである〉。

この事典が歴史的な事象について多くのことを教えてくれることは言うまでもない。キリスト教の教義の細目について、聖人、布教活動、神学、習俗について、そして人間と世界の多くのことについて。たまたま今年の夏に九州の平戸をたずねたこともあって、私には「隠れキリシタン」の項がとくに興味深かった。日本のカトリック関係者についても豊富な記述があるし、そう、もちろん、「井上ひさし」の項もある。

こうした百科事典で意外と見落されるのが美術史や哲学史や文学史の記述である。私などは、イギリス文学史の最もすぐれた、簡潔な、そして標準的なものは、『ブリタニカ』のそれであると思う。当然ながら、この『新カトリック大事典』にもこの項はある。「イギリス文学は、五世紀、大陸からイギリス諸島へのアングロ・サクソン人の移住によって始まる」と書き出されるこの項は、「いわゆるポスト・モダニズムの文学がいかなるものかは現時点では定義しにくい」という結論に達する。そしてそのあとに「イギリス連邦文学」という補足がある。完成に二〇年近くを要した大事業なので、非難するためにではなく、事実として指摘しておくならば、コモンウェルスの文学という用語はすでに消え、ポストコロニアルの文学という言い方をするはずである。「小説ではラドクリフ、メアリ・シェリがゴシック・猟奇小説を書き」という記述には当惑してしまう。M・G・ルイスやマチューリンの小説をあげるのならともかく、この二人の女性作家の作品を猟奇小説と呼ぶのは事実の誤認である――それとも執筆者の価値観がそこまで強く投影されてしまったということであろうか。

2　英　国

世界を支配する「傲慢」な言葉

メルヴィン・ブラッグ『英語の冒険』三川基好訳（アーティストハウス）

「毎日新聞」２００４・６・７

英語、それは今世界でいちばん傲慢な言葉かもしれない。周知の通り、目下、日本でもいたるところに英語ノイローゼが広がっている。電車の中に平然と、〈日本人の英語はなぜ通じないのですか〉という広告が出るくらいなのだから。一体どんな神経をしてこんな宣伝文句をと、私などは苦々しい思いがしてしまう。

そんな状況があるのだから、「一五万人の言葉から出発した英語が、いかに世界一の言語に発展したのか？」という帯の宣伝文句を眼にした瞬間に、この本を読むのはやめてしまおうと思った。ところが、それでもまあと思ってページをぺらぺらめくると、「奴隷たちの共通語」、「悪夢の発音法」、「イギリスとインド、英語を標的とした独立運動」、「英語のるつぼ、西インド諸島」、「真のオーストラリア英語」、「英語が殺した言語」、「コカコーラ植民地化」、「英語は他言語を隷属させるか？」等々の小見出しがならんでいる。この本は明らかに、グローバル化時代の国際語としての英語万歳という本ではない。「日本のように英語学習を義務づけている国もある。日本人は独特の日本語英語の形態を生み出した。たとえば beer（ビール）は biiru だし、ice-cream（アイスクリーム）は aisukuriimu だ」と、べつに茶化すのではなく、きちんと指摘する本である。

そして、別のところでは、有名な言語学者の、「ある言語が国際語になるのは、もっぱらひとつの要因による。その言語を話す人々の持つ力、特に軍事力がそれだ」という言葉を引用してみせる。著者は、「言語は文化の最良の産物だ」としながらも、「荒っぽい植民地化は、のちに英語の主な特徴のひとつになる」とも言う。「誰が支配者かは明白だ。言葉を支配する者だ」とも言う。

『英語の冒険』の著者メルヴィン・ブラッグは、一九三九年、イギリス生まれの小説家。この本は英語万歳の英語史ではなくて、英語という言葉の歴史と今の世界におけるあり方をみつめた大変にいい本である。この本をもとにしたテレビ番組がイギリスで好評を博したというのも、納得がゆく。

著者は、ローマ時代からの英語の語彙、文法、発音などの変化を、島国イギリスの内部の問題としてではなく、英語の波及したすべての土地にからむ問題として語ってゆく。何よりもいいのは、自説を展開するために多量の実例が使われているということだ。政治や宗教の文献から、チョーサー、シェイクスピア、オースティン、ディケンズ、トウェインから、チャーチルやP・G・ウッドハウスにいたるまでの用例が。そのためにこの本は興味深い文学史ともなっている。

発音についても、例えばこんな説明のしかたになる。ときは、有名なジョンソン博士の『辞典』の刊行された時代。「十八世紀には地方の方言の地位が急落した。それは書き言葉の基準が定まり、文章は〝正しく〟書くべきだという圧力が高まっていったことと関係があった。……発音取締隊が登場した。率いるのはトマス・シェリダンというアイルランド出身の男だった。父親は教師で、ジョナサン・スウィフトの友人だった。息子はやがてイギリス一の劇作家になる」。

このような事実に注目できるというのは、著者の出自と関係することかもしれない。彼は一六歳のときまで使っていた「強い訛りのある言葉」を、「学校とBBCの影響で」消されてしまった体験を抱えているという。いずれにしても実に面白い、しかも間違いなく有益な一冊だ。

「毎日新聞」2006・7・9

知的な美、ユーモア、愛の詩

『イギリス・ルネサンス恋愛詩集』大塚定徳、村里好俊訳（大阪教育図書）

誰の言葉であったか、今の時代の恋愛事情にシラけ始めると、それが老化進行のなによりの目安になるというようなことを述べたものがあった。そのときは、まあ、余計なことをと思ったのだが、気がついてみると、最近の映画、テレビ、小説、コミックス等々でもてはやされる恋愛の諸類型のつまらないこと。「泣きました」という展開しかないかのごとくである。ウンザリだ。

テレビの恋愛物や若者の告白物など、見る気もしない。まだしも「日本語の達者な」チンパンジーの司会する「CNC（チンパン・ニュースチャンネル）」の方がずっと面白い。お笑い芸人が騒ぎたてるだけの番組よりも、ずっと教養度が高いと言っていいだろう。

こういうすさんだ気分のときに一番の慰めになるのが、昔の文学。と言っても小説や叙事詩は長いし、芝居は人の出入りが多くてくたびれるし——残るのは短い叙情詩ということになる。『イギリス・ルネサンス恋愛詩集』、これだ。汚れを知らない純朴な愛の詩のコレクション。これならば、今風のヤラセ恋愛物についてゆけない私でも、余裕をもって楽しめるはずである。

「今はバラ色に赤らんでいるあなたの頬も、落ち込んで痩せこけ／あなたの唇が、老齢で、せんべいのように薄くなり／真珠のような歯も、あなたの口からすっかり抜け落ち／食事をとるとき、鼻があごにくっつくのを見るかもしれぬのに」。いや、これはちょっとマズいなあ。どうも冷たい恋人へのいやがらせの詩句のようだ。めくる頁を間違えた。

もう少し慎重に頁をめくってゆくと、「お前は思うのか、月並みで、低俗な意想が歩く／駄馬の道を、ぼくの知性も辿るべきであると。……ぼくは、地上の肥やしで育った、全ての甲虫《かぶとむし》を軽蔑する」。愛がうまく成就しないと、関係のない「批評家」にかく八つ当たりするというのも、考えてみれば、昔の恋愛詩の常道であった。

さらにゆっくりと頁をめくりながら、今から四〇〇年ほど前の、シェイクスピアとほぼ同時代の詩人たちはこんな風に愛を歌ったのか、こんな理屈をこねて相手をおとそうとしたのかと感心する。詩人たちは、今と違ってムード主体で迫ることをせず、むしろ論理の裏づけのあるレトリックに訴える。どうやら恋愛はかなりの部分において知力の勝負となる。ギリシャ、ローマの神話くらい知っていなくては、愛ひとつささやくこともかなわないような風情が漂うというところか。今の若い人には多少きついかもしれないが。

「ぼくは、ノアの洪水の十年前から、あなたを愛し始めるとしよう。／あなたは、なんなら、ユダヤ人が改宗するときまで／いや、いや、と言って、ぼくを拒み続けてもよいでしょう。／植物のように育つぼくの愛は、帝国よりも広大に／よりゆっくりと、成長していくことでしょう」。翻訳の詩であるから、元の英語の音のもつ美しさは消えてしまうかもしれないが、逆に各詩行のもつ論理とレトリックの美しさ、見事さはくっきりと浮かびあがってくる。外国語の詩の翻訳を読むことの楽しさの一斑はそこにある。ロマン主義の叙情詩よりも、ルネサンスの知的な詩の方が翻訳に向いているように思えるのはそのためかもしれない。

次の一行などは、そうした面での力がうまく発揮されたもの。「ぼくは、燃えながら、涙の大海に溺死せざるをえない」。ここでは論理に含まれるユーモアが、ひとつのユニークな愛の表現を可能にしている。

しかしまあ、それはそれとして、愛の詩に知性が挿入されたときの読みどころはと言えば、やはり猥褻さに関わる部分であろうか。そこには、今風のセックスの描写とは明らかに趣きを異にする言葉の世界が出現する。

「それから接吻して求愛し、ついには／羊飼の慣わしに従って、娘を地面に押し倒し／草の中を転がりながら、たしなみの限度を踏み越して／恥も外聞もなく、大胆にも／見てはならない秘密の部分を見ようとした」。現代の詩人ならばこれをどう描くか、それを想像してみると、逆にこれらの詩行の楽しさが感じとれるかもしれない。

別の場面では、海の神ネプチューンが若者を追いかけて、「水中に潜り、若者の胸や、太股や／体の隅々を盗み見る。それからまた／浮かび上がると、体を擦り寄せ並んで泳ぎながら／愛の想いを語る。リアンダーは答えて言う／『見当違いをされている、私は女ではない、私は』」。読みながら、私は思わず笑ってしまい、海の神の表情を想像してしまうことになる。

引用した詩句はすべてシェイクスピア以外の詩人のもの。この『恋愛詩集』には、この偉大な劇作家の存在のせいで見えにくくなってしまったさまざまな愛の詩が一杯詰まっている。そんな隠された宝を発掘する楽しみも格別のもの。

「毎日新聞」2005・12・25

諷刺とイデオロギー

W・コングリーヴ『世の習い』笹山隆訳（岩波文庫）
鶴見良次『マザー・グースとイギリス近代』（岩波書店）

観劇という言葉があるのに対して、観詩や観小説という言い方はどうも存在しないようだ。これが読むという表現になると、詩にも小説にも戯曲にも通用する。なんだか不公平な気がしないでもないが、ことイギリスに関しては、シェイクスピアというとんでもない劇作家がいるので、文句を言ってもはじまらないか。

しかし、そのイギリスにはこの天才の他にどんな劇作家がいるのか。間髪をいれずにバーナード・ショウやオスカー・ワイルドと答えられるのはそれなりの専門家だけかもしれないが、そのそれなりの専門家に、他には？と訊くとどうなるか――まず、嫌な顔をされそうだ。ともかく万一の場合にそなえて読んでおくといいのがコングリーヴの『世の習い』という戯曲。一七〇〇年の作。つまり天才シェイクスピアから大体一世紀あとの作品ということである。

清教徒革命と名誉革命が終わり、真面目一本の大詩人ミルトンのあとの時代で、しかも『ガリヴァー旅行記』の少し前の時代の作品と言えば、その内容はおおよそ見当がつくかもしれない。宗教の話は棚上げにしておいて、恋愛沙汰と財産争いと嘘のつきあい、かつ諷刺味ということである。登場人物は例の『天路歴程』には絶対に出てこないような上流の社交界の人士たち。それから、御主人たちのワルぶりにまったくひけをとらない召使いたち。その彼らをつなぐのが不倫と機知と諷刺のやりとり。「おい、お前わしが分からんのか？　実際わしもお前が分からん。ネクタイを締め、鬘をつけているものなあ！」「朝、化粧なさる前は、お顔を見てもこれが奥さまだと自信を持って申せません」「でも、阿呆は絶対に擦り切れません」「毒殺は勿体なさすぎます。餓死させるんですわ」。

こんな科白がこの作品の全体をおおいつくしていて、しかも最後にはすべての出来事がきちんと整理されて、ハッピーエンドに辿りつく。信じられないかもしれないが、『世の習い』は英国演劇史上のまぎれもない傑作であり、一八世紀以降の演劇の最も重要な流れを作りあげたのである。笹山隆の解説が、このような王政復古期の「風習喜劇」から現代にいたるまでのイギリス演劇の流れをあざやかに説明する。

実は、観て笑えばすむはずのこの喜劇の中で、田舎の善人貴族がこんな歌を口ずさむ。「イスラム教徒の阿呆だらどもよ、／異教の掟を守って暮らし、／お茶とコーヒーで地獄へ落ちろ。／ブリテン国の若人たちは、／国王陛下に、歌って、乾杯、／トルコ、ペルシアの王を尻目に」。要は、このドタバタの笑劇の背後にとてつもないイデオロギーがうごめいているということだ。

鶴見良次は『マザー・グースとイギリス近代』の中で、「植民地と伝承童謡」というテーマを論じてみせた。伝承童謡の中に政治のイデオロギーが書き込まれてゆくさまを読み解いてみせた。時代は『世の習い』からおおよそ一世紀後、アメリカの独立とフランス革命の前後のことである。

もう少し正確な言い方をすると、「フランス革命の血なまぐさいできごと、各地で頻発する民衆の暴動や労働者の反乱、動物いじめなどの残酷な庶民の娯楽、都市のなかで公の『暴力』が顕在化する公開処刑、センセーショナルな猟奇事件、そして大西洋奴隷貿易による黒人に対するイギリスの非道な扱いなどが、毎日のようにさまざまな媒体を通じて伝えられた」時代に形をなしてくるイギリスの児童文学を、鶴見は日本で初めて正面から論じてみせたのだ。素晴らしい本である。

彼はブロードサイド（瓦版のようなもの）やチャップブックなどの一次資料と呼べるものを分析しながら、一八世紀のイギリスにおいていわゆる児童文学なるものが形をなしてくる経緯を、社会文化史的に解明してみせた。例えば、フランスのシャルル・ペローの「童話」を発信源とするマザー・グースがイギリスに紹介されたあと、パントマイムなどを通して、ジプシーの老女的な形象に変貌してゆく経緯の解明。同じように、「長靴をはいた猫」の表象が変化してゆくさまの説明。

いや、余計な説明はさしひかえて、彼が各章につけたサブ・タイトルを引用してみることにする。「妖精物語と動物虐待防止運動」、「妖精物語論争とフランス革命論争」、「大道芸とフランス革命論争」、「人形芝居と男性感受性改革」、「ストリート・バラッドと反特許劇場体制」、「児童詩と奴隷制廃止運動」。どの章でも資料と冷静につきあう姿勢が貫かれている。そして、どの章も魅力的だ。この二冊の本は、現在進行中の一八世紀イギリスの歴史と文化の再検討に大きく貢献するはずである。

「日本経済新聞」２００８・10・12

雑然とした一八世紀の英国

渡辺孔二『愛された脱獄囚ジョン・シェパード』（角川学芸出版）

いきなりジョン（通称ジャック）・シェパードという名前を書いてニンマリしたら、周りの人には無気味なだけかもしれない。イギリスの人名事典には必ず載っている。職業は泥棒。その知名度は、日本で言えば、石川五右衛門レベルと考えていいかもしれない。

その略歴はしごく簡単なもので、一七〇二年にロンドンで生まれて、二四年に同地で処刑されたというだけである。「人をひとりも殺さず、人をひとりも傷つけず、権力の象徴とも言えるニューゲイト・プリズンを二回も破り、スプーンや衣服や反物などの品物と僅かな額の金だけを奪って絞首刑になった」小柄な、それなりにハンサムな青年であった。その特技と言えば、脱獄。

問題は、この程度の男がなぜ一冊の本の対象になるのかということかもしれないが、それには十分な理由がある。イギリス小説史の原点とされるデフォーの『ロビンソン・クルーソー』の刊行が一七一九年、その翌年には南海泡沫事件と呼ばれる株の大暴落、二六年にはスウィフトの『ガリヴァー旅行記』の刊行。となれば、この天才的な脱獄囚のまわりには、一八世紀初めのイギリスの文化、経済、政治の濃厚な雰囲気があったのではないかと推測できるはずなのだ。いや、推測できるどころか、現にそうであったのだ。

しかし、それをどう描くのか。当時のロンドンの下層社会の生活をどう描くのか。著者が、この脱獄囚絡みのデフォーやスウィフトの文章を利用するのは当然のこと。ホガースの絵の読み解きもやる。同時代のあれこれの刊行物もめくる。同時代の別の有名な犯罪者ユージン・アラムの証言もひもとく。また別の犯罪者ジョナサン・ワイルドにも話はとび、当時の劇場のことにも話は広がる——一見雑然としたようにも映るこの書き方の持つ意味が、私にはよく分かる。

著者のロンドン散策体験やあれこれの読書体験も盛り込んだこの本は、なんともユニークな仕上がりになっていると言うしかない。イギリス人の犯罪文化好きを知る手掛かりとなるだろう。

啓蒙的合理主義とは違うもうひとつの世界

ヒューム『道徳・政治・文学論集』田中敏弘訳（名古屋大学出版会）

トーランド『秘義なきキリスト教』三井礼子訳（法政大学出版局）

「毎日新聞」2011・8・28

ともかく暑い。まあ、それだからというわけでもないのだが、今回の書評はクイズから始めることにしよう。

地震、津波、黒人奴隷、聖書の学び方などのことが書き込んである小説とは何だろう？　作者は？　この有名な小説の作者は、一七〇三年の一一月末にイギリスを襲った巨大な台風のルポルタージュの本も書いている。自然災害の記録としては歴史上初めての本だろう。

それはそれとして、クイズの答えはダニエル・デフォーの『ロビンソン・クルーソー』（一七一九年）。子ども向けの冒険小説などというとんでもない誤解が通用するような本ではない。その舞台は離れ島という言い方にしても、どうにもならない。この小説にはイギリスの他にも、ドイツ、フランス、スペイン、モロッコ、ブラジル、カリブ海近辺などが登場する。そして、ひと口にイギリスとは言っても、イングランドとスコットランドとアイルランドが、同じように英語を使いながらも別々の国という状態にあった時代である。ともかく厄介なことおびただしい。

今年生誕三〇〇年を迎えるデイヴィッド・ヒュームは、そんな錯綜した時代のスコットランドの哲学者——ということは、一〇年ほどあとのドイツの哲学者カントなどとは別世界の人ということである。『道徳・政治・文学論集』を見るとよく分かる。「最良の租税は、消費、とくに奢侈的消費にかけられるような租税である。なぜなら、このような税は国民に感じられることが最も少ないからである」！　ええっ、一八世紀の哲学者ヒュームは消費税容認派？

他にもいくらでもある。「わが国で非常に広く行われている銀行、公債、紙券信用の諸制度ほど、貨幣をその水準以下に下落させる方法を私はまず知らない」。「国債が人口と富の首都への巨大な集中を引き起こす」。

「党派の歩み寄りについて」という題のエッセイまである。この哲学者は三〇〇年後の日本の政治状況を茶化す気なのだろうか。初めて大部の『大ブリテン島の歴史』（一七五四―六二年）を書いた彼に期待して、それらしいエッセイを探すと、「歴史の研究ほど、私の女性読者に熱心に勧めたいと思うものは他にない」と始まる。私などあきれはててしまって、四九本のエッセイを読み通してしまった。不愉快なくらい面白い。

それでは、そのあとどうするかということになるのだが、『ガリヴァー旅行記』（一七二六年）の作者がいたアイルランドに眼を転じてみることにしよう。すると、見つかった――ジョン・トーランドの『秘義なきキリスト教』（一六九六年）だ。この人物はアイルランドで生まれ、ローマ・カトリック教徒の家で育てられ、のちに改宗して非国教徒となった人物である。彼はスコットランド、オランダ、イングランドで学んでいる（時代の環境からすれば、それは短期移民と呼んでもいいかもしれない）。

その口調は、知の全分野を楽しげにさまようヒュームのそれとは違って、直截的で、ときには堅苦しくもなる。「福音の秘義とみなされている事柄について、個別に合理的な説明を行うことを試みる……真の宗教は必ず理性的で理解しうるものでなければならないと証明し……」。これは理神論と呼ばれる考え方を述べた名著である。ロックやヒュームの宗教論とならべて読むとき、私の眼の前に浮上してくるのは、啓蒙的合理主義とは違うもうひとつの世界である。

教育と読み書きをめぐる思想と歴史

J・ロック『子どもの教育』北本正章訳（原書房）

D・ヴィンセント『マス・リテラシーの時代——近代ヨーロッパにおける読み書きの普及と教育』北本正章監訳（新曜社）

「毎日新聞」2012・2・26

こんな時代であるから、次のような言葉を眼にして大なり小なりうなずかない人はまずいないのではなかろうか。「最近、子どもをどう育てたらよいのか途方に暮れている、と非常に多くの人たちからわたし自身も相談を受け、若者たちが早い段階で堕落してしまうという苦情が、いまでは多くの人びとのあいだに広まっております」。

あるいは、次のような言葉。「子どもをよく教育することは、親たる者の重大な義務であり、また関心事であって、国民の福祉と繁栄は、子どもの教育に依存すること大であります」。

もうひとつ。「外国語をその言いまわしから正しい発音にいたるまでを覚えさせる最初の時期は、七歳から一四歳ないし一六歳までの時期であり、この時期には外国語でその他のさまざまなことも教えることができる教師が役立ちますし、また必要だと思います」。

勿論プラトンやアリストテレスがこんな発言をするはずはないし、カントやヘーゲルの発言でもない。ニーチェ、まさか。

同じように哲学者と呼ばれても、彼らとイギリスのそれとでは大きく違うことはすぐに分かるはずである。英国の哲学者は、ヒューム、ベンサム、ミルからラッセルにいたるまで、ごくごく日常的な問題を真面目に扱う癖をもっている。引用したのはジョン・ロックの『子どもの教育』の中の言葉なのだ。教育論の不朽の名著とされる一冊である。刊行されたのは一六九三年のこと。

つまり、バニヤンの『天路歴程』(一六七八年)が大人気を博し、万有引力の法則を解明したニュートンが一六九九年に造幣局長官になり、その五年前にはイングランド銀行が設立され、やがて株の暴落による南海泡沫事件も起きた時代である。激動の時代には教育論が書かれる傾向があるのかどうかは別にしても、そのような時代背景を頭に置いて、このジェントルマンの子弟向けの教育論を、私は楽しんだ。

ロックの教育論は子どもの体の健康の話から始まり、子どもの「自由とわがまま」、「臆病と勇気」、「嘘と言い訳」といったテーマを取り上げ、勉強やスポーツや手仕事(絵、園芸、農業、簿記など)の話に展開し、「教育の最後の部分は『旅行《トラヴェル》』です」ということになる――ということは、『ロビンソン・クルーソー』(一七一九年)や『ガリヴァー旅行記』(一七二六年)も、少なくとも或る部分では教育本ということになるのだろうか。後者の小説では江戸と長崎が登場するのに対して、ロックの教育論には中国の話が出てくる。「最近、中国の成人女性のものだといわれる一足の中国製の靴を見ました……中国の男性たちは他の国の男性と変わらない身長で、かなりの年齢まで生きています」。これを眼にした瞬間に、私の想像力はあちらこちらにかけめぐり始める。

しかし、一九世紀イギリスの労働者階級の自叙伝の研究者でもあるデイヴィド・ヴィンセントの手になる『マス・リテラシーの時代――近代ヨーロッパにおける読み書きの普及と教育』を読み始めると、正直なところ、冷水を浴びせられたような気分になってしまった。「リテラシーの歴史は、民衆文化とエリート文化という一枚岩的な図式に二度と再び安住することはできない……新たに読み書きできるようになった者たちが書物やペンを手に取った時に何をしたのか」。リテラシー、つまり、読み書きすることに内在する意義とは何であり、それに縛られることはどんな意義をもつのか。人びとはそれにどう反応したのか。そこにはどんなイデオロギーがうごめいていたのか。

ロックの視野にはまだ入ってこなかったこうした問題を、一八、一九、二〇世紀の歴史をふまえて考察したのがヴィンセントの本なのである。しかも、その考察の素材を提供したのはひとつの国ではない。ロシアや北欧の国々、いわゆる西欧の諸国からアメリカにいたるまでのさまざまの国の資料が使われているのだ。決して厚い本ではないけれども、とても充実した内容の本で、読む者の思考を新たな方向にあと押ししてくれる言葉が詰まっている。

例えば、今ではごく簡単に読み書きする力と言ってしまうけれども、著者はこう言っている。「読み方と書き方は、それぞれ異なる文化の伝統に属していたのである。読み方は宗教教育に必須だと考えられ、宗教教本の解読は授業の形式と同時に目的でもあった。これに対して書き方は、その技術の必要な職に就くと決められた子どもたちだけが身につける、手を使う技と見なされた……子どもを学校に残しておける経済力と熱意のある家庭の子どもだけが書き方を学ぶことができた」。

二冊ともただ読んで納得すればすむ本ではない。方向こそ違うものの、われわれに考えることを誘う本であって、実りある併読となるはずである。

作家の生きた錯綜するイギリス社会

塩谷清人『ダニエル・デフォーの世界』（世界思想社）

「毎日新聞」２０１２・４・８

ダニエル・デフォーについてのこれまでにない素晴らしい本である、と書くと、なんだか怪訝な顔をされそうな気がする。あの、『ロビンソン・クルーソー』って小説を書いた人でしょう、というわけで。確かにそれはそうなのだが……これは、あまりにも有名になり過ぎた作品を書き残した作家の悲喜劇ということだろうか。

ともかくこの本を手にすると、まず最初に彼の肖像画が載っている。これはよく知られたものであるが、それほど立派な身分というわけでもないのに、いかにも一八世紀のイギリスらしい立派なかつらを頭にのせて、それなりにハンサムと言えなくもない。一〇七頁までめくると、今度は頭と左右の手首を木の枠にはさまれて晒《さら》し台に立つ男を描いた別の絵に出くわす。勿論そこに描かれているのはデフォー本人の姿である。「この刑では群衆に石や腐ったリンゴ、汚物、卵など危険なものを投げつけられ、ときに不具者に、あるいは最悪の場合殺される恐れがあった」。一七〇三年のロンドンではこんなことも日常的にあったのだ。もっとも、こうした晒し台騒動のことは、日本の読者にも比較的知られているはずである。

この本の斬新さは、実はその先にある。デフォーの拘束された「晒し台の周りを支持者が囲み、花束を投げられ、逆に英雄視された……周りでは彼の著作が売られ、問題の『非国教徒撲滅最短法』まで売られた」。この本にはただこう書いてあるだけではない。著者はこの事件に関係する冊子や詩や手紙を徹底的に調べ上げて、この文章を書いているのだ。少し古い言い方をするならば、実証的な研究と言うことになるのだが、その徹底ぶりとは裏腹に文章は簡潔で、論理はすっきりとしている。デフォーの生きた一七世紀末から一八世紀初めにかけてのイギリスの政治、宗教、経済の錯綜をこれだけ見事にまとめた本はこれまでの日本には存在しなかった。その中に著者はデフォーの膨大な量の著作を埋め込んでいくのである。

「『レヴュー』は一七〇四年二月から一七一三年六月まで九年間、号数では一五〇〇号をデフォーが一人で書き続けた。当初週一回土曜に出されたからウィークリーで八ページ、値段は二ペンスだった。第七号目……から火曜と土曜の二回出された」。政治、経済は勿論のこと、娯楽のこと、魔女論や霊感の話も。移民問題も。私自身もかつてこの雑誌を手にし、第一号がいきなりフランスの話題から始まっているのに仰天したのを覚えている。

我々はなんとも気安く小説家デフォーと呼んでしまうけれども、『ロビンソン・クルーソー』の出版は一七一九年のことであって、この『レヴュー』の時代の彼はまだ小説家ではないのだ。彼は還暦寸前になってやっと小説家に変身して、今度は小説を書きまくるのだ。いや、小説だけではない。『グレート・ブリテン全島周遊記』（一七二四―二六年）というとんでもない旅行記の大作を仕上げてしまうのだ。

そうか、一七〇四年には『嵐』までまとめていた。この本は、前年にイングランドとウェールズを襲い、八〇〇〇人超の死者を出したイギリス史上最悪の嵐のルポルタージュであって、その情報収集法の新しさにはただただ驚くしかない。

そんな一八世紀のデフォーと、一九世紀のディケンズの作り上げたイギリス小説史を前にしながら、塩谷清人はこの本を書き上げた。単なる偶然だろうか、今年はディケンズの生誕二〇〇年にあたる。そんな年に、この本を読む幸運。

経度の測り方——一八世紀西欧の科学の変貌

ゲーテ『ゲーテ　地質学論集　気象篇』木村直司編訳（ちくま学芸文庫）

石橋悠人『経度の発見と大英帝国』（三重大学出版会）

文豪ゲーテは雲を愛した——と書き出したのはいいとして、そのあとをどう続ければいいのだろうか。

私のように、子どもの頃、山陰の海辺の農村で、日本海から流れて来る雲と大山にかかる雲を毎日ながめていた者にとっては、文豪ゲーテはそれだけで愛すべき人ということになってしまう。雲を愛する人に悪人はいない。たとえ彼が『若きウェルテルの悩み』や『ファウスト』を書かなかったとしても、私個人としては、時々刻々と変化する雲を愛したこの文豪を好きになっていたような気がする。そのような彼の雲に関する文章がとうとう読めるようになった。

「早朝、七時四十五分、高い雲の壁が南にあった。東から西へおよびながら、両側へ減少していった。それは動きはじめ、たなびく帯のように分かれ、上端でかたまりとなり、綿くずのようになってかき消え、爽やかな北風にのって東のほうへ流れていった。晴れた空のもとで雲の壁は帯のように分かれ、雲間にはいとも美しい群青が見えた」。

ここにあるのは、一八世紀から一九世紀にかけてのイギリスやドイツの文学で大きな潮流となったロマン主義風の自然描写とは一線を画す描写と言うしかない。確かに、絶えず動くことをやめない雲が本格的に詩や絵画の対象となりだしたのはこの時代のことであるけれども、それを読んだり見たりしていると、こちらの心も動き出してしまう。やたらと人間の挙動にしがみついてしまう恋愛小説や教養小説、社会小説などよりも、ずっといい。

「帯のように上がる層雲、塊となる積雲、四散する絹雲、下降する雨雲」――地上に人災をもたらす雲のあり方についてもゲーテは承知していたはずであるが、この文豪はそれにはあまり触れたくないようだ。

それにしても問題になるのは、一体どのようなコンテクストで彼が雲のありように興味を抱くようになったのかということである。あるいは、雲への関心をどのように位置づけようとしたのかということである。その答えは気象学。雲への関心は決して自己満足的な文学の枠の内にとどまることはなかったのだ。彼の「気象学的後記」というエッセイの中には、こんな文章が見つかる。「同時に同じ子午線と緯度で測定されたバロメーター示度の情報を集めること……一八二二年十二月中の種々異なった場所におけるバロメーター示度を比較したグラフが、イェーナ天文台［から……］私の手許に届いた」。

このくだりを眼にした瞬間に、私の頭には、留学中のイギリスでグリニッジ天文台の歴史を研究している石橋悠人のことが浮かんだ。彼はまだ大学院生であるが、すでに『経度の発見と大英帝国』というすばらしい本を出している（第五回日本修士論文賞を受賞した本である）。この本のテーマが経度測定法の歴史であり、なぜ子午線零度がイギリスのグリニッジ天文台の上を通っているかの説明もでてくるのだ。更に、「海上における正確な経度測定法の確立をいち早く経験したのは、一七六〇年代のイギリスである」という指摘もされている（因みに、ゲーテは一七四九年の生まれ）。

実は、緯度の測定は別として、一八世紀の初めには経度の正確な測定は困難とされていたのである。その証拠に、『ガリヴァー旅行記』（一七二六年）の中では――空飛ぶ島ラピュタ、おぞましい動物ヤフー、そして江戸、長崎、踏み絵絡みの話まで出てくるにもかかわらず――「経度、永久運動、万能薬」の解明は不可能とされていた。ところが、そのイギリスで、その経度の正確な測定が可能となったのである。その歴史をひとりの若い大学院生があざやかに解明してみせたのだ。

石橋は序章にこう書いている。「グリニッジ天文台史・経度測定法の開発をめぐる概括的研究、クロノメーター・時計史、航海技術、機器職人、そして経度とクック航海との関係、という五つの主題をさしあたり設定する」。これを見ただけでも、経度測定法の開発が大英帝国の政治経済と、そして科学研究と絡む時代の一大プロジェクトであったことが分かる。一八世紀の悪名高い大西洋中心の三角貿易（つまり奴隷貿易）から、南太平洋へ眼が移るときの背景にあったのがこのプロジェクトであったのだ。『ロビンソン・クルーソー』（一七一九年）の舞台が大西洋、『ガリヴァー』のそれが北太平洋というのも、今となってみれば奇妙な対応というしかない。

石橋はそのような歴史の変動を丹念に明らかにしてゆく。イギリス議会が設立した経度委員会の構成とその活動、不可欠のクロノメーターを製作した時計職人ジョン・ハリソンのこと、更にはそれを活用したクック船長の南太平洋航海のこと、地理学の新しい展開のこと。この本の中には新しいイギリス史がつまっている。こんなに大切な本を、こんなに若い研究者が書くとは！

理性、啓蒙主義、フランス革命、産業革命とならべると、一八世紀のヨーロッパ文明の核心はおさえたような気分になってしまったものだ。なにしろ歴史の教科書にそう書いてあったのだから。しかし、今ではそれが通用しない。帝国形成とか公共圏の形成とか、そんな言葉まであちこちに顔を出すようになってしまった。次々に出現してくる新しいテクニカル・タームに対応するのはそれなりに大変である。

「毎日新聞」2006・9・17

「旅の文明」と異文化交流

サミュエル・ジョンソン『スコットランド西方諸島の旅』諏訪部仁ほか訳（中央大学出版部）

クック『南半球周航記』（上・下）原田範行訳（岩波書店）

そんなものにいちいち対応するよりも、自前の用語をひねり出す方が楽かもしれない——そこで、私としては、一八世紀のヨーロッパ文明の核心を〈旅〉におくことにした。少なくともイギリスについてならば、〈旅の文明〉でなんとかいけそうである。『ロビンソン・クルーソー』、『ガリヴァー旅行記』から、かのダーウィンのビーグル号による航海（一八三一—三六年）にいたるまで、「長い一八世紀」とも称されるこの時期は、海陸を含めて、旅行だらけ。しかもそのときの経験が旅行記として出版され、詩や小説や戯曲の中にも書き込まれている。小説『フランケンシュタイン』（一八一八年）にも。今日のように旅行代理店の用意してくれる安全で快適な旅であるどころか、危険と隣り合わせの旅なのに、ともかくそこいらじゅうに旅、旅、旅、また旅なのである。

一八世紀のイギリスでいちばん旅行に出かけそうにない人物といえば、毒舌の辞書家ジョンソン博士ということになるだろうが、その彼でさえ旅に出ている。一七七三年の秋、彼は「ボズウェル氏を道連れに」して、「これまで訪れたどこよりも無愛想な地方を旅する不便さ」に耐える覚悟をする。スコットランド旅行に出かけたのだ。そして、そのときの産物が『スコットランド西方諸島の旅』ということになる。

もちろんジョンソン博士は随処で毒舌のサービスをしてみせる。「スコットランドの窓はその不便さゆえにいつも閉まったままになっている。人間の住居における換気の必要性はまだ我々の北の隣人には見出されていない」。一七〇七年のイングランドとの合併以前には、「彼らの食卓はエスキモーのご馳走と同じくらい粗末で、彼らの家はホッテントットの小屋と同じくらい不潔だった」。

しかし、こうした毒舌と偏見と併行して、博士は土地の形状、政治や法律の制度のこと、生活習慣、文化と伝承についても紹介しているし、ある島での天然痘の予防接種のことや、エディンバラの障害者の学校のことにも言及しているのだ。

私は博士のスコットランド旅行記を読みながら、その前年に二度目の南太平洋の探検航海に向かったジェイムズ・クックのことを思い出さずにはいられなかった。北と南、素人の旅人と玄人の航海者、日付けもルートもおおまかにしか説明されない旅行記と精密な航海日誌。そうした対比にもかかわらず、キャプテン・クックが南太平洋の島々の形状、政治や文化、人々の生活を説明するときには、どこかしら相似したところをもつ枠組みが浮上してくる。思いきった推論をするならば、ジョンソン博士の旅行記とクックの航海日誌をつなぐもの、その何かこそが一八世紀のイギリスの文化と深く関わっているのかもしれない。

一七七三年六月三日、クックはこう書いている。「大釘であれ何であれ、連中にとって価値のあるもののためには、妻や娘を……すすんで売春に差し出すのである。これがヨーロッパ人との交易の結果生み出されたものなのだ。しかも、文明を持つわれわれキリスト教徒にとってさらに恥ずかしいことは、悪に染まりやすい彼らの風紀をいっそう堕落させ、以前は彼らにとってまったく無縁のものであった欲望と、おそらくは病気とを彼らの中に持ち込み、彼らの父祖が享受していた平静にして幸福なる社会を混乱させるばかりであった」。

つまるところ、博士も船長も自分たちのそれとは異なる地理、風土、人間、文化と向かい合うことになっているのだ。そのときジョンソン博士の方は偏見と毒舌によって、その事態に対処しようとした。海軍の軍人であったジェイムズ・クックの背後には国家があった。「南方大陸」の存在を確認し、「可能な限り南極に近いところで探検を続行」し、かつ経度の測定法を確定する仕事があった。「人々が価値を置くような飾りなどを贈り物として渡すことで交易に誘い、あらゆる好意と親切を示されたい」――これが彼に対する秘密訓令のひとつであった。「この大陸の手ごろな場所の領有をグレート・ブリテンの国王陛下の名において宣」することも、彼の義務であった。

一八世紀の女性旅行記の凄さ

エリザベス・A・ボールズ『美学とジェンダー　女性の旅行記と美の言説』長野順子訳（ありな書房）

「毎日新聞」2005・2・28

じっくりと本の読める生活が私の理想ではあるが、そんな生活は夢のまた夢。職業柄、本は同時に何冊も併行して読む。別にそれで不満があるわけではないが、何かのはずみで、他の本は次々に交代しているのに、数ヶ月もつき合う本が出てくることがある——というのが、出版されて半年近くにもなる本を書評することへの言いわけでもあり、それでも書評に値する本であることの予告。

いずれにしても、男のすることで女にやれないことがあるのかどうか。女性のサッカーもあれば、女性の格闘技も話題になる時代だ。女性の旅行家と聞いて驚くひとがいるとは思えない。しかし、今から二〇〇年以上も前の話となるとどうだろう。『ロビンソン・クルーソー』や『クック太平洋探検』が出版された男の探検家の時代に女性の旅行家が何人もいて、その記録を残しているとしたらどうだろうか。

初めのうちはフランス革命に熱狂して大陸に旅行したものの、ほどなく幻滅して国に戻り、ロマン派の自然詩人に転向してしまったワーズワスのそばに、革命後のフランスの状況を報告し続けた女性の旅行家がいたとしたらどうだろうか。一七九〇年にフランスに到着した彼女の名前はヘレン・マライア・ウィリアムズ。彼女は「到着後の動乱の六年間に……イギリスの読者に向けてフランス革命をレポートする八巻の書簡集を出版した」。この『フランス便り』は「大変売れゆきがよく、雑誌や文集にも抜粋された」。

一八世紀のイギリスの女性というのはどうもやたらと元気がよかったようで、ともかくあちこちへ旅行に出かけている。M・W・モンタギュはトルコへ、ジャネット・ショウは西インド諸島のアンティグアへ、メアリー・ウルストンクラフトは北欧へ、そして詩人ワーズワスの妹はスコットランドへ（これは、一八世紀の英文学を愛好した夏目漱石にはおそらく信じられないような女性の旅行記群が存在したということである）。

もちろん時代が時代であるから、そうした旅行記には書き手個人と時代の偏見がくっきりと刻みつけられていることは容易に察しがつく。そして、そうした偏見を読んでゆくだけでも十分に面白い研究になっただろうが、この本の著者エリザベス・A・ボールズは別のことに気がついた。

女性の手になる旅行記のいたるところに風景描写に類するものが出てくるのだ。考えられるのは、未知のものに出会った彼女たちがそれを理解するための枠組みとして「風景美学」の考え方を利用したのではないかということである。「一八世紀のイギリスは、先例のないほど大量の美学の言説であふれていた。この時期のイギリス思想が、カントの『判断力批判』（一七九〇年）のような代表的な美学の体系化の土台を築いたのである」。今ではよく知られている庭園ブーム、旅行ブームをつないでいたのも風景について語る言葉であり、学問としての美学もそれとつながっているというのである。もちろん学問としての美学は男の領分である、女がまだ口をはさめるような時代ではなかった。

しかし、「歴史学的フェミニスト批評家」を自称する著者は、そこでおとなしく引きさがったりはしない。女性の旅行記の中で援用されている風景美学が、一八世紀の男たちが構築したはずの学問としての美学をすり抜けるような洞察をふんだんに含んでいることを解明してみせるのだ。横取りして作り変えてみせる女の知力のすごさ。合掌、いや、脱帽。

奴隷制の検証

「毎日新聞」２０１０・３・４

黒人の奴隷解放というのは、今では遠い昔の話ということになるのかもしれない。われわれ普通の日本人がそれと関連して思いつくことと言えば、リンカーン大統領による奴隷解放宣言（一八六三年）、有名な小説『アンクル・トムの小屋』（一八五二年）、差別用語としての「ちびくろサンボ」というところだろうか。オバマ大統領の夫人の祖先が奴隷の身分であったことの意味を掘り下げて考えてみようとする人がどれだけいるだろうか。

いや、それだけではない。陸上選手ウサイン・ボルトの母国ジャマイカや、今、地震の被災に苦しむハイチが、ほんの二世紀ほど前には——つまり、人種の平等を主張した一八世紀の啓蒙主義とフランス革命の時代には——カリブ海のこの二つの国がイギリスとフランスの植民地であったことの意味を改めて考えてみようとする人々がどれだけいるだろうか。そこでは、アフリカ大陸から「拉致」されてきた黒人奴隷が多数酷使されていたことを？　意外かもしれないが、二〇〇七年にこの問題に正面から立ち向かったのがイギリスであった。

この年、丸一年にわたって、残存しているおびただしい資料がイギリスの各地の博物館などで公開され、討論会などが開かれた。イギリス政府も三〇頁ほどのパンフレットを作成し、一六世紀初めからの大西洋を舞台とした奴隷売買の歴史、その実態、その廃止にいたるプロセスを説明した。そこには、「一八世紀の半ばまでにはイギリスは、世界随一の奴隷使用国となってしまった」という一文も含まれている。

このパンフレットにまえがきを寄せた当時の首相トニー・ブレアは、その中で、「アフリカ系の黒人やカリブ系の人々がイギリスに対してなした大きな貢献を認める」ことを約束し、移民の体験している不平等の解消、アフリカの援助、人身売買や児童労働の撤廃に力を尽くしたいとも述べている。同じ年、スコットランドの行政府は、倍に近い分量の『スコットランドと奴隷売買』を発行して、ほぼ同じ問題に取り組んだ。

なぜ、二〇〇七年に、アメリカに初の黒人の大統領が誕生する一年前に、こんなことが起きたのだろうか。その理由というのは、実は、単純なことである。イギリスの議会で奴隷売買禁止法が成立したのが一八〇七年のこと、その二〇〇年目の年にあたったということである。更に一八三八年になると、大英帝国内の各地での奴隷制度そのものも廃止されることになる。

イギリスではすでに議会制度が確立されていたわけであるから、議会でこのような法を制定するにあたっては、それ相応の時間がかかったであろうということは容易に想像がつく。奴隷制廃止を求める運動は国中に広がった。一八二八年から三〇年にかけて、廃止を求める請願書約五〇〇〇通が議会に出され、一八三三年の反奴隷制の誓願に署名した者の数は、一五歳以上の男性の五分の一を超えた。それだけではない。新しい歴史学の研究によって、これまでは知られることのなかった驚くべき数字が次々と明らかになってきているのだ。

これに呼応して、一八世紀の末から一九世紀にかけてのイギリスの宗教、文化、思想などの研究は大きな見直しを迫られることになっている。リンカーン大統領と同じ一八〇九年に生まれたダーウィンも、小説家ジェイン・オースティンやディケンズも、ブロンテ姉妹も、詩人ワーズワスも、画家ターナーも、その運動の中にいたのである。もはやその事実を黙殺することはできないときが来たと言うしかないだろう。

生涯抱き続けた黒人奴隷解放への関心

A・デズモンド／J・ムーア『ダーウィンが信じた道』矢野真千子・野下祥子訳（NHK出版）

「毎日新聞」2010・1・31

生誕二〇〇年、『種の起源』の刊行から一五〇年にあたるということで、去年はあちこちでダーウィンの名前を眼にすることになった。関係する展示会や学会でのシンポジウムの他にも、雑誌での特集もあったようである。勿論ダーウィン関係の本も幾つか出た。

日本の中でもこうなのだから、本家のイギリスやアメリカではもっと盛大な騒ぎになっていたのではないかという気がしてくるが、実際にもそうであったらしい——新しい角度からのダーウィン研究が何冊も出て、東京の洋書店にもずらりと並んでいた。それをながめているだけで、改めてダーウィンの達成したことの影響の大きさを痛感することになってしまったが。ケプラー、ニュートン、アインシュタイン等とくらべてみるとすぐに気がつくのは、ダーウィンの仕事がさまざまの分野に与えた影響の幅の広さである。ダーウィンと哲学、宗教、社会思想、文学、そのどれでもが研究テーマとして成り立ってしまうのだ。

しかも、それだけではない。この数年のダーウィン研究では、それとは違うところにも眼が向き始めている。例えば、彼の名を同時代の人々に広く知らせる役割を果たした諷刺画や美術との関係。更にダーウィンと写真（彼が一八七二年に出版した『人間と動物における感情の表現』には多数の挿絵と写真が使われている）。『種の起源』の中で提唱された自然選択の考え方とならんで重要な、『人間の由来』（一八七一年）の中で提示される性的選択の考え方――どうも適者生存、自然選択、進化論といったなじみの言葉ではとらえきれない側面が多々あるらしいのだ。

そうした新しい方向での研究、そして従来の正統的なダーウィン研究や伝記的な理解も含めて、激震を走らせたのが、二〇〇九年の初めに刊行されたエイドリアン・デズモンドとジェイムズ・ムーアという英米の二人の科学史家の手になる伝記『ダーウィンが信じた道――進化論に隠されたメッセージ』であった（日本語訳は去年六月の刊。この大冊にしては大変すぎる速訳である）。

二人の著者はダーウィンの手紙やメモを徹底的に調べあげ、そこにひとつの関心が終始一貫して存続していることに注目する。地質学や動植物の進化へのあくなき探求心とならんで、もうひとつの関心が生涯にわたってずっと存続していたのだ――黒人の奴隷解放への関心である。二人の著者は、それを時代の歴史と丹念につなげてゆくことになる。そして動植物の進化、人間の進化のプロセスを説明しようとするダーウィンの脳裡に、黒人と白人の関係の問題が、奴隷解放の問題がずっとあり続けたことを明らかにしたのだ。進化論とキリスト教の関係のみを云々するというのは、結果的には、そのような側面を黙殺し排除することになってしまっていたのだ。

考えてみれば、ビーグル号の航海で彼が立ち寄った南米大陸のさまざまの町にはたくさんの黒人奴隷がいて、ダーウィンはそれを眼にしていた（因みに、ブラジルが奴隷制度を廃止したのは一八八八年である）。同じビーグル号の船上には南米出身の黒人もいて、ダーウィンは日常的に会話もしていたのだ。

そのことを考えれば、ビーグル号の航海といえばガラパゴス島をすぐに連想してしまうのは単純すぎると言うべきかもしれない。

しかも、ダーウィンが黒人を眼にしたのは航海のときが初めてではなかった。一六歳のとき、医学を勉強するために進学したスコットランドのエディンバラ大学の博物館で、鳥の剝製の作り方を数ヶ月にわたって黒人から学んでいるのである。一八一七年に南米のガイアナから来た黒人が――ダーウィンはこの人物を「楽しい」人、「親しい人」と呼んでいる――何時間も一緒に過ごす先生だったのだ。

この伝記は、そのような関係を可能にした歴史的背景を説明する。ダーウィン家の人々も、妻の実家であるウェッジウッド家（有名な陶器業者）も熱心な奴隷制度の廃止論者であり、そのための活動をしていたこと。一七八〇年代から約半世紀にわたる運動の結果として、イギリスは一八三八年に奴隷制を全廃したこと。それに先立って一八〇七年には、奴隷売買が禁止されていたこと。ダーウィンの仕事はこのような歴史的状況の中で続けられたのである。そのことを明らかにしたこの伝記のもつ意味ははかり知れないものであると言うしかない。後半の部分では、アメリカにおける奴隷解放に対する彼の関心についても説明される。

実は、二〇〇七年に、奴隷売買禁止令の成立二〇〇年を記念して、イギリス各地の博物館などで関係資料の展示がされ、政府もブレア首相の写真と文章つきのパンフレットを発行していた。そうした動きのもつ意味は日本では関心を引かなかった。当然ながら、それと二〇〇九年のダーウィン生誕二〇〇年との関係も注目されることはなかった。

進化論と人類学――一九世紀英国の二つの足跡

内井惣七『ダーウィンの思想』（岩波新書）

ロバート・アッカーマン『評伝J・G・フレイザー』小松和彦監修、玉井暲監訳（法藏館）

「毎日新聞」２００９・９・20

時の流れというのも決して一様ではなく、随処にデコボコのあるものらしい。出来事や人物も、ある時ある場所に集中したり、散らばったりするようだ。

たとえば小説家ディケンズの生まれたのは一八一二年だが、その六年後にはマルクスが、七年後にはヴィクトリア女王が生まれ、八年前にはディズレーリが生まれている。しかもその三年前にはダーウィンが生まれている――ということは、今年は彼の生誕二〇〇年、『種の起源』（一八五九年）刊行から一五〇年にあたるということだ。イチローはそのような年に、九年連続二〇〇本安打を達成したということである。

それはともかく、ここ数年、英米ではダーウィン関係の本が次々に出版されている。このような偶然の数字の符合を考えれば、それも別段驚くようなことではないのかもしれないが、そもそもダーウィンに関しては本が書きやすいのだ。試しに、テーマを挙げてみよう。ダーウィン（進化論）と宗教、社会進化論と優生学、適者生存論と勝ち組・負け組問題。チンパンジー、フジツボ、ラン、ミミズの問題。更に、ビーグル号の航海をめぐる興味深い問題（そこにはガラパゴス島のゾウガメだけでなく、南米の地層や地震も絡んでくる。ダーウィンと言えばガラパゴス島といった単純化は話にならない）。

しかも彼は生物学関係の著作の他に、やたらと手紙を書きまくったので、目下その編集作業が進行中ということである。私の知るかぎりでは、彼は英国史上二番目に多量の手紙書きではないだろうか。更に彼の考えたことを前後の時代の地質学、生物学、思想一般の流れの中に位置づけるとしたらどうなるか。極論すれば、いや、これは決して極論ではないが、ダーウィンと無関係と言える思想などひとつもないことになる。進化論と神の問題などと言っていればすむ話ではない。

それに、ひとりの家庭人としての生活のこともあるし、そもそも結婚した相手は有名な陶磁器製造業者ウェッジウッド家の娘で……そうだ、ウェッジウッド家は大英帝国内での奴隷制廃止のために大きな貢献をし、ダーウィンもそれに賛同していたはずだ（同制度の廃止は一八三八年のこと、ヴィクトリア女王の即位の翌年である）。

このような事情があるために、ダーウィンに関する本はやたらと厚くなるか、薄い簡潔なものになるかのいずれかである。『ダーウィンの思想――人間と動物のあいだ』は後者の例。「わたしは歴史家ではなく哲学者なので、枝葉末節は省いて早く本質に迫りたい。ダーウィンの『分岐の原理』とはいったいどういう内容のもので、彼の学説の中でどういう役割を果たすのか。これが主問題である」。著者はダーウィン進化論の核を単純な自然淘汰説におくことをやめ、『種の起源』の次のようなくだりに注目する。

分岐の原理……の作用により、最初はかろうじて認められた程度の差異が着実に増大し、各々の品種が持つ形質は互いからもまた共通の祖先からも分岐していくのである。

著者はこの一節を解読しながら、道徳、社会的本能、利他行動がどのように説明できるかを考えてゆく。著者はただ解説するのではなく、ともに考える姿勢を貫いている。

それと似た姿勢が感じとれるのが、次の文。

人間の精神には本質的に似た部分が多くあって、表面に現れた部分を見ると多くの相違があるようだが、その実、共通の部分をもとに最初の素朴な人生哲学を作り出してきたのだ。……こうした動機は人間社会で広く、おそらく普遍的に働いており、様々な状況で様々な制度を作り出し、その制度もまた表面的には違っても発生の仕方は似たようなものだ。

ダーウィンの考え方と合体させることのできるこの言葉は、J・G・フレイザーの大著『金枝篇』（一八九〇年）の中に見つかるものである。古代宗教や未開宗教に見られる王殺しの儀礼について解き明かしたあの衝撃的な大著の中に。彼が生まれたのは『種の起源』の五年前のことであった。

ただ、こう書いて、私など改めて時代の激変を痛感する。T・S・エリオット、コンラッド、ロレンスなどを読むときには必読の参考文献であったこの本も、構造人類学やポストコロニアリズム以降の時代にあっては単なる古書なのかもしれない。しかし、それはそれでいい。徹底した資料調査とテキスト読解をふまえたこの大部の伝記は、短期間のギリシャ旅行やドイツ旅行を別にすれば、人生の大半をケンブリッジ大学の中で膨大な蔵書と向かいあって過ごしたフレイザーを、当時の出版状況を、知的な雰囲気を浮かびあがらせる。伝記マニアの国イギリスにふさわしい多面的で見事な評伝である。

売春、殺人、マンガ——これも一九世紀英国の姿

A・ムーア作、E・キャンベル画『フロム・ヘル』（上・下）柳下毅一郎訳（みすず書房）

J・R・ウォーコウィッツ『売春とヴィクトリア朝社会』永富友海訳（上智大学出版）

「毎日新聞」2009・11・15

マンガを？　あの、みすず書房が？　まさかァ……とか何とか言いながら、でも、そんな時代になってしまったのかと思う。やれやれ。

溜め息をついて、私が眼の前の机の上に置いたのは『売春とヴィクトリア朝社会』という本であった。別にこれと言って大きな期待があったわけではない。一九世紀のイギリスの社会が偽善的な性道徳の蔓延した社会であったことはよく知られているし、時代的には他の西欧諸国も似たような状況であったから。

それくらいの知識はあるので、久し振りに一九世紀の大英帝国の裏面史の復習でもと思いながら——ひたすら新しい知識を獲得するために本を読むひともいるようだが、気休め的な復習のために読むこともいいのではなかろうか——読み始めて、なんと最初のページで、仰天。いきなり「白衣の天使」ナイチンゲールが登場したのだ。

「一八六四年に議会は、南イングランドとアイルランドのいくつかの軍連隊本部において売春婦の衛生検査をすると定めた一連の三つの法律」のうちのひとつを可決した。しかし、これでは売春を公式に認可することになるというのが、ナイチンゲールの反対理由であった。

しかもこの「伝染病予防法」には「中流階級の非国教徒、フェミニスト、急進的な労働者たち」まで反対したという。この法律が一八八六年に廃止されるにあたって大きな力となったのは、有名なフェミニスト、ジョゼフィン・バトラーであった。だとすれば、この法律の制定から廃止までの二二年間のうちに何があったのか。この本は実にさまざまな資料を使って、その歴史を読み解いたもの――私のか細い期待を見事に裏切る本である。著者には、ミシェル・フーコーの名著『性の歴史』を超えようとする学問的な熱意もある。この本は「フーコーの図式化が終わっているその地点から始まり、性のイデオロギーと社会のイデオロギーが、いかにして法律、制度、社会政策に埋め込まれていったかを検証する」と宣言されているのだから。

これは決して空威張りではない。感心しながら読んでいるうちに、四九頁で、なんと、「一八八八年のホワイトチャペル殺人事件の犠牲者……『殺害された売春婦』であるマリー・ジーン・ケリーの棺は……」というくだりに出くわした。みすずだ、みすず書房のマンガだ！『フロム・ヘル』だよ。訳せば『地獄から』となるはずのこのマンガは、一八八八年のロンドンで起きた売春婦連続殺人、いわゆる切り裂きジャックの事件をマンガ化したものなのだ。犯人はヴィクトリア女王の長男だ、いや、有名な某画家だという説を始めとして、おびただしい数の臆測があるものの、いまだに真相は不明。奇しくも、名探偵シャーロック・ホームズの登場するその時代のことである。これは見事だ。世紀末ロンドンの雰囲気があざやかに復元されている。

ここには、日本のコミックスに特有の顔のアップも、低級なエロっぽさも、笑うに笑えないユーモアもない。まさしく歴史の雰囲気がある。白黒の画面の使い方、歴史的事実の取り込み方、そして、そう、セリフだ。セリフのみごとさが、過剰と思えるほどの黒い画面の多用に奥行きと意味を与えている。こんなにすごいマンガ、正直なところ、初めて見た。

変人たちのロンドン

ジャイルズ・ブランドレス『オスカー・ワイルドとキャンドルライト殺人事件』河内恵子訳（国書刊行会）

マックス・ビアボーム『ズリイカ・ドブソン』佐々木徹訳（新人物往来社）

「毎日新聞」2011・2・20

変な小説、二冊とも。

この手の作品を書評するときには淡々といくしかない。まず『オスカー・ワイルドとキャンドルライト殺人事件』の著者ジャイルズ・ブランドレスは一九四八年三月八日、ドイツの生まれで、のちにオックスフォード大学を卒業し、イギリスの国会議員もつとめ、『チャールズとカーミラ、或る愛の肖像』といった本も書いている有名人。

この小説の終りの方に、「オスカー、あなたには驚かされる。あなたは、この時代の最もすぐれた人物のひとりに違いありません」という台詞が出てくる。時は一八九〇年一月の末、場所はロンドン——となると、ワイルドに向かってこの台詞を口にしたのは誰なのかということになるのだが、その答えは簡単明瞭、コナン・ドイルである。

考えてみれば、この二人はまったくの同時代人であるわけだから、うまく絡み合わせれば面白い小説になるのは自明のこと。それを恥ずかし気もなく威風堂々とやってのけたのがこの作品である。今更ながら、イギリスの推理小説は違うなァと感心しないわけにはいかない。この小説で探偵役をつとめるのは勿論ワイルドの方で、ドイルはその相談役という役どころ。

しかもはやばやと第一章でこの二人が出会い、そこにアメリカの雑誌の編集者まで同席することになる――実はこれ、伝記的な事実なのだ。この推理小説はその殆どの部分で事実を踏まえていて、言ってみれば、ポストモダンの歴史小説でもある。安易なだけのミステリー物とはまったく違う。そもそもこの物語を書いている（ホームズ物語のワトソン博士役にあたる）人物は、ワイルドの伝記も書いている、実在した友人という設定。世紀末のロンドンの様子、乗物のこと、不健全なクラブの話、そして、そう、男色問題など、その風俗史的な記述は歴史的にも精確である。殺される少年、消える死体……切り裂きジャックの事件直後のロンドンの風俗を楽しんでいるうちに辿りつく犯人の意外性にも合格点をつけていいだろう。

この小説の冒頭にマックス・ビアボームなる人物の言葉が引用されている。実はこれも実在した作家（オックスフォード大学卒）で、ワイルドの友人。諷刺画家でもあった変人。そのような作家がその変人力をフルに発揮して書き残した唯一の長編小説が『ズリイカ・ドブソン』（一九一一年）である。所謂小説として見ると下手、駄作である。筋の脱線、放談、雑然だらけで、学ぶところの殆どない、経済的効率ゼロの文学作品である。そうであるにもかかわらず、T・S・エリオットやウルフからヘミングウェイにいたる諸々の作家たちが、そう、グレアム・グリーンもこの小説が好きだというのだから、一般読者としては困る。

私の考えでは、『トリストラム・シャンディ』や『ユリシーズ』とならぶ程度の奇作ということにとどまる。主人公はオックスフォード大学の某学寮長を祖父にもつ、人気抜群の奇術師。「ズリイカの気質を考えると、修道院に入ったなら、彼女は発狂したであろう」。そのような事情も絡んでいるのか、彼女はこの学寮に来る。すると、そこの学生数百名が彼女に恋こがれて、水没自殺する。そして、彼女は汽車でケンブリッジに向かうことになる。一体何のパロディなのか、それを判別することすらむずかしいグロテスクで、シュールで、ハイブリッドな、ポストモダンの、超ナンセンス小説。

〔初出不明〕

ドイル史観「悪は亡び、正義は勝つ」

コナン・ドイル『白衣の騎士団』（上・下）笹野史隆訳（原書房）

読み始めると、まず一四世紀半ばのイングランドの修道院でのトラブルの場面だ。教養がなくて恥かしい話であるが、中世末期の修道院でのトラブルというだけで、私などはウンベルト・エーコの『薔薇の名前』を想い出してしまう。映画で観たあの修道院の様子や、主人公バスカヴィルのウィリアムの姿が眼の前に浮かんでくる。言うまでもなく、彼はシャーロック・ホームズの修道士版であって……と、我ながら、これは回りくどい書き出しだと思うなあ。

要するに、私が言いたいのは、『白衣の騎士団』は、名探偵ホームズの生みの親であるコナン・ドイルの手になる歴史小説であるということだ。しかも、傑作である。発表されたのは一八九一年のことであるから、実質的には、ホームズ物語によって名声が確立される以前の作品ということになるだろう。まだ無名と言ってよかったドイルが、それこそもてる力のすべてを投入した作品であった。彼本人は、その回想録でも告白している通り、自分の本領は歴史小説にあると信じていた。もちろんお金になったのは、圧倒的にホームズ物語の方であったが、そういうふうに照れてみせる大男ドイルもまたいいものである。

彼は金持ちになる前から騎士道精神とかフェア・プレイなるものが大好きであった。大男のドイルは、酒におぼれた夫を抱えて苦労のつきなかった母からそれを学んだという。しかも、作家になりたい彼の眼の前には歴史小説のブームがあった。だとすれば、騎士道の精神が縦横に発揮される歴史小説に手をつけるのは、ことの成り行きというものに違いない。

もっとも、宮廷での権謀術数と馬上の槍試合だけではウォルター・スコットの二番煎じになるだろうから、彼は新趣向を考えた。弓の射手をつけ加えたのである。『白衣の騎士団』は、騎士の中の騎士とも言うべきサー・ナイジェル・ローリングにひきいられた一団が、フランスに渡って大活躍する話。気どった文学批評などしないで、ただこう言うべきだろう――これ、面白いよ！（ただし、私のような歳の者には、「イングランド人みたく」とか、「逃げれやしない」という訳語はメチャ気にかかるが）。

悪党も登場するけれども、「俺は的をまっすぐ射る人間なんでな」というドイル好みの人間も大いに活躍する。「今日のあなたは本当の騎士だったわ」と言える少女は、この小説のヒロインで、そう言ってもらえるのは、のちのサー・アレイン・エドリクスン。当然ながら、彼女はサー・ナイジェルの娘であって、当然ながら、結末では二人が結ばれることになる。悪は亡び、正義は勝つ。いいなあ、こういう小説って。

残念ながら、コナン・ドイルは長編小説の複雑な筋を有機的に組み立てる力量をもっていなかった。そのために全三八章からなるこの小説は、どちらかと言うと、三八の短編を読んでいるような印象を残す。ひょっとすると、その点をキズとして非難するひとがあるかもしれないが、私はその説はとらない。各章のユーモア、活劇、議論がそれぞれに十分に楽しめるのだ。例えば次のような一節ですら――「封建制の全構造が衰退へ向かってぐらついていた。下層階級は敵意をむきだしにしてざわめき……これが地方の暴動となり、十数年後の一三八一年にはワット・タイラーの大反乱となって、頂点に達するのだ」。

虚実を交えたケタ違いの面白さ

エンリコ・ソリト『シャーロック・ホームズ、七つの挑戦』天野泰明訳（国書刊行会）

「毎日新聞」2010・6・13

『シャーロック・ホームズ、七つの挑戦』という表題を眼にすれば、これは探偵小説集らしいと推定できるのではないだろうか。普通の人にでも。しかし、その中で次のように語る人物は誰なのかとなると、今度はそう簡単にはいかない。

「私はアーサー・コナン・ドイルとは旧知の間柄だった。……私たちはロンドンで知り合った。コナン・ドイルは大学を卒業したばかりで、運をひらくべくロンドンにやってきていたのだ。一時は、出費を節約しようと共同で診療所を持ったこともあった」。

さあ、これは誰の台詞だろう？――正解はワトソン博士である。その少しあとで、「どうやら私は、コナン・ドイルさん、あなたの創作上の人物らしいですな」と語るのは、勿論、名探偵ホームズ本人だ。これは一体どういうことなのかという疑問が噴出するかもしれないが、イタリアを代表するシャーロキアンのエンリコ・ソリトはそういうホームズ物語を書きあげてしまったのである。並みのパロディ的な改作や映画とはケタ違いの面白さ。感心してしまった。

今引用した二つの台詞の出てくる短編「ピルトダウン人」は、作者ドイルが一九一〇年代の初めに実際に巻き込まれた捏造のピルトダウン原人の話を巧みに取り込んだもの。晩年の彼は心霊主義や妖精写真を信じただけでなく、ダーウィン的な進化論を嫌悪して、この原人の存在を信じてしまったのだ。この短編では、もう一人、「若いドイツ系スイス人――アインシュタイン君」にも言及され、その理論がのちの原子爆弾の開発につながる話もでてくる。引退後、養蜂家として生活を楽しんでいた探偵と原作者ドイルと歴史的事実をつなぎあわせたこの短編は、確かに並み大抵の出来ではない。つまり、読まないでいると恥かしいということである。

ロンドンの貧民街で展開する「十三番目の扉の冒険」の中には、「ドイツで、人々を扇動して人種差別の思想や、世界征服、世界帝国《ライヒ》などという考えを喧伝している人間が何人かいると聞いたことがある」という台詞が含まれているだけでなく、なんと若き日のチャップリンが登場する。「あれから数年がたち、いまではチャーリーは世界的に有名な喜劇俳優となった。イタリアや日本でもチャップリンの演じる滑稽な人物はよく知られているが、しかしそれが本当はどこでどのようにして誕生したのか、誰も由来を知らない」――勿論これは嘘。でも、この物語を読めば、チャップリン誕生のかたわらに名探偵の姿があったことが分かることになる。

歴史上の事実とホームズ物語つまりフィクションの組み合わせという趣向であるが、ウンベルト・エーコ（彼の『薔薇の名前』もホームズ物語を下敷きにしていた）、ボリス・アクーニンなどのポストモダン風の歴史小説とも重なるところがあって、私など嬉しいやら、興奮するやら。

一九〇四年の暮れのフィレンツェを舞台にした「予定されていた犠牲者の事件」では、かつてナポレオンの弟ジェローム・ボナパルトやロシア皇帝ニコライ一世の皇女マリアの住んだ別荘がひとつの舞台となる。事件の背景にあるのはロシアの政治・経済の状況。そこでの事件に、探偵とワトソン博士ともども巻き込まれるのは、当時フィレンツェに滞在していた「アメリカの有名な作家のマーク・トウェイン氏」。当然ながら、話はインディアンや黒人やクー・クラックス・クランのことにも及ぶ。すごい、この連想力は！

「日本経済新聞」2011・6・26

殺人事件から推理小説へ

ケイト・サマースケイル『最初の刑事』日暮雅通訳（早川書房）

読み終えて……絶句。

こんな書き出しは書評にはふさわしくないことくらい承知しているものの、それでもそう書いてみたくなるほど面白い本である。確かに初めの部分には一九世紀半ばのイギリスの人名や物の名前がたくさん出て来るので、読みにくいという印象になるかもしれないが、途中から激変。これは何十年に一冊という推理物語、犯罪史の研究、一九世紀イギリスの文化史？

ともかく推理小説マニア、警察関係者、歴史学者（一九世紀の大英帝国史の専門家も含む）、英文学者などにとっては必読の本。但し、この本を読んだあとでは、テレビの推理サスペンスなど見る気がしなくなるだろう。

この本の中軸にあるのは、一八六〇年六月三〇日、イギリス南西部のカントリーハウスで起きた、幼い子どもの虐殺事件。その捜査にあたったのは、当時のメトロポリタン・ポリス（首都警察）随一の腕ききのジョナサン・ウィッチャー警部（巻末近くに彼の写真がのっている）。被害にあったケント家の人たちや使用人の人間関係の複雑さ、さらに村人や捜査関係者のもつれあい、裁判の紛糾——そうしたものを各地の新聞が面白半分に報道しまくって、「国全体にとって、このロード・ヒル・ハウス殺人事件は一種の寓話となった」。

となると、作家連中にしても、この事件を素材にして〈推理小説〉というジャンルを立ちあげることになる。それをやったのがコリンズの『月長石』、ディケンズの小説、女性作家ブラッドンの『オードリー夫人の秘密』など。要するに、英国推理小説の原点がここにあるのだ。

その一方で、事件に絡むと思われる人物のひとりは、のちに生物学者としてオーストラリアでサンゴ礁を研究し、その本も出して有名人となる。そして、犯人であることを告白して二〇年の刑に服した。その妹は、一九四四年、一〇〇歳を迎えたとき、「看護婦のパイオニア」としてオーストラリアの新聞に写真が載る。ああ、何という連鎖！

そんなドイルの母への書簡集

D・スタシャワー、J・レレンバーグほか編『コナン・ドイル書簡集』日暮雅通訳（東洋書林）

「日本経済新聞」2012・2・26

眼の前に一冊の本があるとしよう。そして、その本の目次の一部分を抜き出して並べてみることにしよう。

「医学生時代」、「田舎暮らし」、「南アフリカの戦争」、「政治と名誉」、「世界大戦」……。この先はクイズであるが、このような目次を使って伝記を書かれてしまう人物とは、一体誰だろうか。目次からして、この人物が一九世紀から二〇世紀の初めにかけて生きた人物であるらしいことは推理できるはずであるが、さあ、誰だろう。

頁をめくっていくと、何枚もの写真を眼にすることになる。その一枚の中では、カナダのロッキー山脈のふもとで、本人が野球をしている。ただ彼がそこへ出かけたのは野球をすることが目的ではなかった。「一九二二年と一九二三年にカナダを再訪し、あちこちの都市で心霊主義（スピリチュアリズム）についての講演をした」。「心霊主義の伝道者」としての彼の立派な肖像写真も収録されている。

この人物とは一体誰なのだろう？

その答えは実は簡単なことで、コナン・ドイルである。シャーロック・ホームズ物語の作者の、その彼の伝記なのである。ただ少し事情が違っているとすれば、普通は伝記的な記述の中に手紙が使われるのに対して、この本では、約六〇〇〇通のドイルの手紙を年代順に並べて、その間に伝記的、時代的な説明が挿入されているのである。単なる書簡集ではなく、ガイドつきの書簡集になっているのだ。そのガイドたちの腕がいい、それには感心する。もしそれがなかったら、この本は昔の或る作家の手紙のコレクションで終わっていたかもしれないが、それがあるおかげで第一級の歴史の史料ともなっているのだ。

私はこの本を強力に推薦する。勿論ホームズ物語の由来や歴史的な背景が分かる。ドイルがボーア戦争にどうかかわったのかが分かる。コンラッドの『闇の奥』に影を落とすコンゴの原住民弾圧をドイルがどう批判したのかも分かる。なぜ心霊主義者なのかも。それにしても、五〇年にわたって母親に手紙を書き続けたマザコン精神には、感服。

〈初出不明〉

一種のぬるま湯状態

ジェイムズ・ジョイス『さまよえる人たち』近藤耕人訳（彩流社）

ドストエフスキーがソネットを書く、プルーストが喜劇を書くということがにわかには信じがたいように、ジョイスがイプセンの影響の認められる戯曲を書くということは、同じように信じがたいことに思われる。その信じがたいことが、一九一四年を通過したところで一度だけ起こった（多分それだけで十分だったのだろう）。ジョイスの唯一の戯曲『さまよえる人たち』が一九一八年に刊行され、翌年ミュンヘンでドイツ語訳によって初演されたのである。

この戯曲は従来評価の高い作品ではない。『若き日の芸術家の肖像』と『ユリシーズ』の間に位置するこの作品の日本語訳の出現は、確かにジョイス学者にとっては、それ自体としてひとつの事件であるかもしれない。しかし、ジョイス学者というのは一握りの趣味人以上のものではないのであって、問題はこの戯曲がおもしろくて、それ自体として読むに値するのかどうかということである。わが国の出版界のブランド志向の根強さを考えると、それくらいの用心をしておくのが賢明というものだろう。

ある意味では『さまよえる人たち』はおもしろくないはずがない――少なくとも表面的には姦通劇なのだから。つまり、不倫という人間関係をこの大作家が政治的、文化的にどう表象してみせるのかという興味があるのだ。彼ならば、それを性の風俗のファッションとして封じ込めてしまうはずはないのである。

作家のリチャード・ローワンがかつて一度は見捨てた祖国アイルランドに、妻子を連れて戻ってくる。息子のピアノ教師ベアトリス・ジャスティスと彼の間には、そして妻と彼の友人ロバート・ハンド（ベアトリスの従兄）の間には不義の関係があり、彼らは大なり小なり互いの関係を知っている。その関係がどう変化するかと言えば、決定的な変化はない。全三幕のうちに起こる出来事がこの関係を構造的に変化させるようには感じられない。

四人の登場人物が、すでに互いに承知している関係の中で、その関係を弁明するための言説をさしだす試みをする。しかし、宗教的な罪の意識の深化というメロドラマ的な可能性は排除されているし、誰もこの関係を強くは否定しようとせず、一種のぬるま湯状態ができあがってしまっている。それなりに真面目な科白を、真底はコミットできないまま口にしあう人物たち——何か安手のポストモダン風のテレビ・ドラマのような雰囲気すらある。会話はウィットを欠き、もどかしく、眠りを誘う。途中で読むのをやめる読者がいたとしても責めるわけにはいかないだろう。

だが、この動きのとれない状態こそ、まさしくジョイスの見たアイルランドの特質ではなかったのか。彼が作品の中で繰り返し描き続けたこの国の宿痾ではなかったのか。だとすれば、この戯曲の普通の意味でのつまらなさ自体が政治的なシニフィアンではないのか。ここにあるのはアイルランドをめぐる思弁の劇なのだ。リチャードは、妻を通して、祖国アイルランドに語りかけているのである。「ぼくはきみのために魂に傷を受けた——絶対に癒えることのない疑惑の深い傷だ。……愛するからと言って、きみを束縛せず、赤裸々な肉体と魂においてきみと一つになること——それにぼくは憧れた。だがもうこのところぼくは疲れたよ、バーサ。傷がぼくを疲れさせる」。

多様化し、単純化する愛のかたち

ロバータ・ラッセル、R・D・レイン『愛のレッスン　レインと私』岸良範・若山隆良訳（新曜社）
セシル・ウルフ編『ヴェネツィアからの誘惑　コルヴォー男爵少年愛書簡』河村錠一郎訳（白水社）
キャシー・N・デイヴィドソン編『恋する作家たち　107通のラヴレター』出淵敬子監・共訳（DHC）

「毎日新聞」1995・2・20

今週の私の書評はいささか辛いものになりそうな予感がする。何しろテーマが〈愛〉ということだから。愛についてとなると、誰でもが何かを言えそうな気がするものだ。純愛、熱愛、悲劇的な愛、不毛の愛、不倫愛その他。そのいずれを題材として取り上げるにしても、愛をめぐる本を書評するのに今が適した時代だとは思えないが、まあ、やむを得ないか。一見すると奇妙に抑圧が弱く、そのために愛のかたちが多様化する一方で、奇妙にそれが単純化してしまった時代。まあ、いいか、渋々と仕事に取りかかることにしよう。

まず一冊目は『愛のレッスン』。ひとりのアメリカ人の女性が「英国の伝説的な精神分析家R・D・レイン」に接近し、友人になり、共同で本をまとめてゆく過程を、その女性自身が本にしたものである。少し変わった本だ。二人の対話をテープから起こしたものと、女性の自伝と、彼女の手になるセラピスト風のコメントと、二人の写真によって構成されているこの本は。彼女の側には奇妙な有名人願望があって、レインを愛している。となると、これは愛の記録ということになりそうだが、話がそう簡単に終わらないのは、「明確な目的をもった二人の間に共感と信頼に満ちた関係があれば個人の選択肢は増大するという仮説」を検証してみようという欲望が、彼女にあるからだ。

離婚問題と金銭の悩みを抱え、「酒をたくさん飲み、よく喧嘩をし……髪を伸ばしていた」レインと、複雑で悲惨な個人史をもつ彼女の相互セラピーは成功する。『愛のレッスン』はその報告書というところか。著者はそれによって、愛とは力であるというメッセージを伝え、癒しの物語の範例を提供したつもりのようである。私にはそんなふうには読めなかった。むしろ、あまりにも現代的な〈愛〉の資料のひとつとなるもののように感じとれてしまった。この愛にはイノセンスがない。

二冊目のコルヴォー男爵の『ヴェネツィアからの誘惑』も性愛の歴史の資料として有益である。著者は二〇世紀初めのイギリスの特異な小説家。アルプスの北側の国々の作家たちは地中海の太陽にたいして強烈な憧れをもっていることがよくあるが、そこにはしばしば同性愛への欲望が混入している。コルヴォー男爵も例外ではなかった。この本はその彼の手になる書簡を二五通集めたもの。そのテーマは少年愛の大胆な描写と困窮生活の訴えとヴェネチアの風物詩ということになる。

興味深い書簡だが、私には楽しいとは言いかねる。おそらくギリシャ時代の少年愛がもっていた教育性が失われ、性と金とが交換されているからだ――たとえ部分的には美しい言葉を含むとしても。

私などは、愛は時空を越えて永遠であるとは思わないが、今しばらくそのような幻にしがみつきたいという人々には、三冊目の『恋する作家たち』を勧めたい。古今の、ただし西洋の作家たちの一〇七通の手紙を集めた本である。言うまでもなく、そこには有名なサッフォーや、アベラールや、ゲーテやナポレオンの手になる恋文、キーツやバイロンの恋文、スタンダール、ボードレール、ドストエフスキーといった大文豪の手紙、『アンクル・トムの小屋』のストウ夫人の手紙等々が収録されている。ゲイやレズビアンの恋人たちの手紙も集められていて、それぞれの書かれた経緯を説明する短い文章がそえてある。これがなかなかいい。

つまり、三冊の中では最も因襲的な形式をもつこの本の中で、逆に、「愛はさまざまな顔を見せる」ことを改めて実感することになるのである。編者はすぐれたアメリカ文学者で、「ラヴレターはひとつの文学形式だ。それはひとつのジャンルである」という姿勢で編集している。彼女の手になる序文はラヴレター論として興味のつきないものになっている。彼女によれば、その本質は「我書く、故に汝あり」ということになる。後半は、「我もまたあり」と補足したほうがいいかもしれないが、確かにラヴレターを書いている者にとっては、その瞬間に存在のすべてが凝縮しているだろう。それが「パフォーマンス」であり、「速やかな性格改造である」所以だ。「ラヴレターは書き手すべてを女性にする」——この興味深い説はどうだろう。私は今この説をひとつひとつの手紙で検証しながら、このフェミニズム以降の〈愛〉の選集を楽しんでいる。

「毎日新聞」２００６・11・26

「怒り」に発する平和への洞察

ヴァージニア・ウルフ『三ギニー　戦争と女性』出淵敬子訳（みすず書房）

この本の中から、そこに含まれる最も激しい言葉を抜き出してみることにしよう。

『「われわれの」国は……その歴史の大部分を通して私を奴隷として扱ってきました。それは私に教育を、あるいはその所有を共有することを拒否してきました。『われわれの』国は、もし私が外国人と結婚するなら、今でも私の国ではなくなるのです。……実際のところ、女性として私には祖国がないのです。女性として、私は祖国が欲しくはないのです。女性としては、全世界が私の祖国なのです」。

何度読み返してみてもその激しさを失うことのないこのような言葉を書きしるしたのはヴァージニア・ウルフである。一九二〇年代から『ダロウェイ夫人』、『灯台へ』、『波』などのモダニズムの傑作小説を世に問うた、二〇世紀イギリスの最高の女性作家である。知的で、繊細で、どちらかと言えば青白い印象のある、自殺によって人生を終えた作家である。もう一度読み返してみる——彼女の内にこんな激しさがあったとは。ロレンスにも、エリオットにも、ジョイスにもこんな激しい言葉は書けなかった。いや、ウルフ以外の一体誰にこんな言葉を刻印することができたろうか。

一九三八年。この言葉を刻印した彼女の前にはヒトラーとムッソリーニの姿があった。ファシズムの影が伸びてきていた。長編エッセイ『三ギニー』の課題は、「どうしたら戦争を未然に防げるか」ということであった。小説家ウルフとしては、知的な女性として平和のために貢献できる方策を幾つか考えれば充分だったはずである。平和のための提言などというものは、おおむね責任逃れの知的な儀式にしかならないことくらい、彼女には分かっていたはずではないか。それなのに、彼女は逃げなかった。それどころか、真剣に考え始めてしまった。

なぜなのか。その理由は、おそらく彼女がこの問題をひとりの「人間」として考えることをしなかったためであるように思われる。ウルフは西欧の思想の成果としてのひとりの「人間」としてではなく、ひとりの「女性」として考える。あえて「教育ある男性の娘たち」のひとりとして、中流階級の女性として考える。

『三ギニー』の全体をおおう鋭い、見事な洞察はその決断に由来する。大学教育や職業選択における女性への差別に対する怒りは、人間の平等といった原理から導かれるのではなく、教育ある男性の娘たちのルサンチマンに発するものとして提示される。見事な手法だ。そもそも正義の怒りなどというのは口当たりのいいだけのイカサマであって、怒りとは本来的にいびつなものであるはずなのだ。ウルフはそのことを巧みに利用して強烈な洞察を導き出す。「結婚は、〈女性〉に開かれた唯一の職業だったのです」。これは怒りの言葉である。

「あなたがファシスト国家の圧制と戦っているように、彼女たちも父権制国家の圧制と戦っているのです」。これは極論かもしれない。しかし、そこにある単純さが事態を明快に描き出してみせることは否定のしようがない。戦争を未然に防ぎ、自由を確保するための手段となるのは、寄附金によって運営されるようないずれかの協会ではなく、「無名で秘密のアウトサイダー協会」だという議論にしてもそうである。「外部《アウトサイド》にとどまっている人びともまた役に立つのです。彼女たちの不在を感じさせることによって、彼女たちの存在が望ましいものになるのです」。この言葉は思考を促す。この誤読されやすい作品は屈指のフェミニズム論である。

「毎日新聞」２００７・９・９

旅の楽しさと、学問的探究と

堀真理子『ベケット巡礼』（三省堂）

ちょっと変わった本。というか、いや、相当に変わった本と言うべきだろうか。

例えばこんな話が出てくる。ポルトガルの首都リスボンから電車で三〇分ほどのところにあるカスカイスという海辺のリゾート地は、どういう理由からか、日本の熱海と姉妹都市である。著者も熱海に住んでいる。そこで、この海辺の町に出かけて、あるホテルに泊まることになる。すると、運よく見せてもらえたゲストブックに、「サミュエル・ベケット、一九六九年十二月」という署名がある。

著者はそのホテルの近くの「地獄の口」と呼ばれる洞窟を見ているうちに、これこそベケットの戯曲『わたしじゃない』（一九七二年）の霊感源ではないかと考え始める。そう、日本でも上演されたことのある、あの異様な「口」の出てくる芝居。「薄暗がりのなかで黒ずくめの俳優の口だけにスポットライトがあてられているため、口が浮かんでみえる。口からは勢いよく言葉が流れでてくるが、意味を把握するのはむずかしい」という芝居だ。

著者はなかなかの旅行愛好者らしくて、他にもベルリン、パリ、サンクトペテルブルグ、ロンドン、エディンバラなどを訪問しては、それぞれの都市の歴史や見どころを紹介してゆく。二〇〇〇年の夏には、とうとうアイルランドの片田舎の生家を見に出かけ、その近くの教会に保管されている洗礼帳までのぞいてしまう。そこには「誕生日、四月十三日」と記入されていた。ノーベル賞作家サミュエル・ベケットの誕生日が一九〇六年四月一三日と、学問的にも確証された瞬間である。

著者は、二〇世紀を代表するこの劇作家、小説家、詩人のゆかりの地をただ旅してまわったということではない。それぞれの土地、そこの人々との因縁を手掛かりとして、この作家のさまざまな側面を解明してゆくのである。旅の楽しさを忘れられない、ベケットの生涯と作品についても考えたい——この二つを見事にやってのけた本である。作家の人生航路をただ追いかける、誰々のゆかりの地を訪ねる形式の本とはまったく違う。ただの学術研究とも違う——巻末には研究書目や日本における上演リストもついているのに。

ベケットと能の関係はよく知られているが、著者は、「俳句の様式や精神が彼の作品の内部に浸透している」とする。そして彼の作品と俳句に通底する技法を探ってゆく。その探り方がいい。彼はロシアの映画監督エイゼンシュテインに心酔して、その技法を学びとろうとした。この監督のモンタージュ理論の「ヒントとなったのが日本の俳句や浮世絵である」。その理論は「ロシア・アヴァンギャルド映画の中核をなし、やがて大のエイゼンシュテイン・ファンだったベケットの芸術と精神に受けつがれた、というのが私の推論である」。著者はひかえ目に「推論」とことわっているが、必要な論証は試みられている。

ベケットとユング心理学、ブレヒトとの関係、二〇世紀のポルトガルを代表する詩人ペソアとの関係（二人ともW・B・イェイツの信奉者であった）。いずれも魅力の尽きないテーマである。そして、日本との関係。

六〇年代以降の日本の小劇場運動の中心にいた人々は、例外なくベケットの作品の上演に関与してきた。唐十郎、鈴木忠志、別役実、竹内銃一郎、つかこうへい、鴻上尚史、川崎徹、いとうせいこう、と。『ベケット巡礼』というタイトルを与えられたこの本は途轍もない広がりをもっている。このような魅力的な本が出る時代になったのだ。

建築にかかわった神父らの物語

ウィリアム・ゴールディング『尖塔　ザ・スパイア』宮原一成・吉田徹夫訳（開文社出版）

「毎日新聞」２００８・５・11

ストーンヘンジというのは、日本ではピラミッドと同じくらいに有名なので、どこの国にある何だという説明などまったく不要だろう。ともかく英国南部にあるこの有名な古代の巨石の遺跡の近くに、一三世紀に建造されたやはり有名なソールズベリ大聖堂がある。一二三メートルの高さの尖塔をもつ有名な観光名所でもある。

こんな観光案内から始めたのは、ゴールディングの小説『尖塔』がまさしくその実在する尖塔の建築をモデルにしているからだ。別に大した理由があったわけでもないかもしれない。なにしろ彼はこの大聖堂のすぐそばの学校で二〇年近くも教師をしていて、毎日それをながめていたわけだから。

問題は、この小説がどのような性格のものになったのかということ。時代的には、イングランドはまだカトリックの支配下にあった――となれば、宗教と政治権力の対立を大枠にして、そこに恋愛ドラマを絡ませるとか。古代の宗教とカトリックの対立、外敵の侵入などによってプロットの枠組を作り、そこに信仰と愛を絡ませるとか……いずれも外れである。『尖塔』は単純な歴史小説などではない。ノーベル文学賞も受賞するほどの小説家ゴールディングの構想力はそんななまやさしいものではなかった。

読み始めたときの印象は、これはイギリス産のヌーヴォー・ロマンか、と言っていいくらいのものだった。しかもそこに、「おととい連中は人を一人殺しましたよ」、「そのうち連中はあたしを殺します」といった科白までちりばめられている。とても読み流しのできるような作品ではない。ゆっくりと楽しむに値する文学作品だ。「もう一度まばたいて、すぐ間近なところで一つ一つの埃の粒が、そよ風にあおられたウスバカゲロウさながらに、互いに身をかわしたり一緒に宙をはねたりするさまを見つめた」。たとえ本筋には関係がなくとも、文章そのものに魅了されだすと、もうたまらなくなる。「首がズキズキ痛むのもかまわず、花畑を駆け抜ける子どものように有頂天になって立ち続け、ついには広がりゆく空の断片がぼやけ、きらめき落ちる滝となった」。

『尖塔』は政治抗争や宗教対立とは無縁である。それは、尖塔の建築を推進した聖堂参事会長をつとめる神父と、彼にしばしば反発しながらも建築にかかわる職人たちの物語である。一〇〇メートルを越える尖塔をいかにして作ってゆくのか。にわかには信じがたいかもしれないが、この小説はそのときの技術的なプロセス、苦労、心理を描いてゆく。言ってみれば建築小説なのである。

空にのびてゆく尖塔を内側から見上げる神父、半ば完成した塔から周囲の風景を見渡す神父、そして尖塔の最後の仕上げを前にしての職人たちの不安。離脱。尖塔の上部から下を見おろすときの、あたかも地獄をのぞき見るかのような恐怖。完成を心待ちにしながらも、天使と悪魔の両方にとりつかれているように感ずる神父。こんな設定の小説は他には例がないだろう。

もちろん作者としてはハッピーエンドの結末をもってくるわけにはいかなかったろう。ジョスリン神父は死を前にして、「私は建物で、その中に巨大な地下室があり、鼠がうようよ生きている」と述懐するにいたる。偉大な仕事をしているつもりが、破壊と憎悪を生みだしただけだったと後悔もする。しかし読者は、作者のそのような表面的な身振りにもかかわらず、彼のことを記憶しつづけるはずである。

『超哲学者マンソンジュ氏』

マルカム・ブラドベリ　柴田元幸訳（平凡社）

「時事英語研究」1991・9

まず初めに翻訳についてひとこと。うまい。次に内容について。腰巻の宣伝文句に「たのしい思想小説」とあるけれども、これは嘘。まともな思想小説が楽しいわけがない。現代思想を楽しいだの、やさしいだのと称して売る商法には、もういいかげんうんざりだ。

それはそれとして、最初の一文は、「一九八〇年代に生き、人文科学、哲学、社会科学における主要な展開に少しでも目を向けている者なら誰しも、あるいは昨今のサラダにはなぜミントフレーバーの妙ちくりんな緑色野菜がこんなに入っているのか不安に思いはじめている者なら誰しも……」と始まる。この書き出しが暗示しているのは、この作品の半分は現代の思想にからみ、半分は冗談だということである。したがってこの作品は思想小説である。パロディ小説でもある。ユーモア小説にもなろうとしている気配はあるが、それには失敗している。

それではいかなる思想を表明しているのかということになるだろうが、この作品は特別の思想を表明しているわけではない。第一、表明するほどの思想があれば、あるいはあると信じていれば、作者はド・マンやジェイムソンのような仕事をするだろう。それがないからこそ、構造主義とディコンストラクションを借用して仮装踊りをやってみせているのだ。

やさしい作品ではない。「これはカップではない（である?）」といった文句が誰のパロディか分からないと楽しめないのだから。最初にでてくる半分ハゲの後頭部の写真にしても、おやっ、花札に似ているぞと笑ったのでは話にならないのだ。ここにあるのはハゲと毛髪の二項対立であって、主人公マンソンジュ氏のこのペニスを想起させる身体の部分がそれを脱構築することを暗示しているのである。さらにこの亀頭のシミュラークルは、知とエロスとの二項対立すら乗り越えている。

もともとハゲとは、毛髪（=記号世界）によって生みだされる意味の深層なるものの恣意性をあばきだす力をもっている。それはすべての意味の根源に意味の空白という絶対の他者が存在することを示すものなのだ。ハゲは不毛ではない。ポスト構造主義の思想が明らかにしたように、そこではハエでさえ滑る。ロラン・バルトのいう「テクストの意味と快楽の無限の横滑り」が生ずる場のメタファとしては、このハゲはなかなか光っている。

『超哲学者マンソンジュ氏』は、このようなハゲのもつ可能性をひとりの不可視の人物に託して、その意味を探った作品である。デリダの用語を使うならば、彼は「不在の現前」の、「散種される痕跡」のメタファでもあるだろう。

しかし作者が彼に十分な存在感を付与し得ているかとなると、大いに疑問が残る。おそらくそのためにはマンソンジュ氏にかつらをかぶせ、日常会話の審級にまで連れ戻さねばなるまいが、それは試みられていない。かつてオスカー・ワイルドは「嘘の衰退」という有名な評論を残したが、そこで採用されたのはダイアローグという形式であった。彼はそれによって日常性を保証するとともに、現代のバフチンにつながる可能性にも手を触れていたのである。確かにこの作品はパロディとしては成功しているものの、そこには出口のない分裂性がつきまとっているように思えてしかたがない。

なおマンソンジュの唯一の著作『フォルニカシオン』の頁数について、「短いもので三九ページ、長いものでは一一五ページに及ぶ」(一四二頁)とあるが、ことの性質からして、これは六九頁とするのが適切ではあるまいか。

スコットランドのポストモダン小説

アラスター・グレイ『哀れなるものたち』高橋和久訳(早川書房)
アラスター・グレイ『ラナーク　四巻からなる伝記』森慎一郎訳(国書刊行会)

「毎日新聞」2008・6・22

奇妙な偶然としか言いようのないこともときには起こり得るものなのだ。口をあんぐり開けて、しばらくは思考停止する以外にはない――とは言っても、別に誰かに危害の及ぶような事態ではないのだが。その理由は簡単、アラスター・グレイの小説が二冊ほぼ同時に翻訳されたのだ。一冊読んだだけでも四、五年は頭痛の続くこの小説家の作品が、二冊も、同時に。

『哀れなるものたち』の序文の初めのところには、こう書かれている。「一八八一年二月の最終週に、グラスゴーのパーク・サーカス一八番地において、天才外科医が人間の遺体を用いて二十一歳になる女性を創造したということに疑問の余地はなくなると思う」。まさか。今さら『フランケンシュタイン』の模造版じゃあるまいし、下手なSFに熱中するほどの暇などは……待てよ、『フランケンシュタイン』の刊行は一八一八年、だとすると、この一八八一年というのは、それのパロディなのか。幸か不幸か、そう考えてしまった瞬間に、読者はこの小説家の術中にはまってしまったことになる。そして四五〇頁もあるこの小説と、第三巻から始まる（勿論、あとで第一巻も出てくるが）、上下二段組七〇〇頁の『ラナーク　四巻からなる伝記』に手をつけてしまうことになる。

そうなってしまうことの生き証人を出してみろと言われれば、ここに、私がいる。あと、二人の訳者がいる。その他には、と問い詰められると返答に窮してしまうものの、イギリスでは、『哀れなるものたち』がガーディアン賞他を受賞しているし、『ラナーク』にいたっては、二〇世紀最高のスコットランド文学の傑作とするのが通説になっている。にもかかわらず、この二つの小説は読んですぐに泣けるような感動文学ではなく、まさしく奇作なのだ。奇怪ということではない、純粋に奇作なのだ。ポストモダンの実験的な文学などという言葉ではとても説明しきれない……何と言ったらいいのだろう？　いきなり掌にポッカリと口が開いて、そこに飛び込んでしまうことになるような雰囲気の文学、とでも言えばいいのだろうか。

何だ、この説明は、と言うひとがあるかもしれないが、実はこの奇抜な説明は私の発明したものではなくて、単なるパクリである。出典は『ラナーク』第三巻第六章。

「きみの病気を見たいとは思わない、そう言おうとした瞬間、ゲイが左手に着けていた毛皮の長手袋を引き抜いた。ラナークは驚きで息が詰まった。……目の前にあるのはただ、申し分なく形の整った、小さな白い手である。手は軽く握られていたが、やがて彼女はこぶしを開いて、手のひらを見せた。その手のひらにあるものが何かわかるのに、少し時間がかかった。口だった。冷笑的ににやりと笑っている口。その口が開き、微小な声がもれてきた。『おまえはすべてを考え抜こうと必死になっていて、それがおれの興味をそそるのさ』

スラッデンの声だった。ラナークはかすれた叫び声をあげた。『ああ、こんなの、地獄だ！』」

主人公ラナークの生き方に最も強く共感できるのは、ひょっとしたら今の日本の若い派遣労働者のひとたちかもしれない。但し、この小説のもう半分の主役となるのは画家志望の少年。その初恋や苦悩など。そして、その二つの物語が交錯する。まさしく何とも言いようもない奇想に満ちあふれた、リアリズム的な社会的恋愛小説、ポストモダン風、とでも言うところだろうか。

話の展開の奇妙さ、奇妙きわまりない構成をつなぐ計算のしたたかさということにかけては、『哀れなるものたち』も一歩もひけを取らない。これは一八八一年に死体から甦らせられたひとりの女性の愛の物語である。その異様な体験と、純愛と、みだらな愛の物語である。そこで終わってくれれば、こちらとしてもマニュアル通りの推薦をやれるのだが、とてもそうはいかない。彼女は時代としてはまだ数の少ない女医となり、フェビアン協会の一員として社会活動にも参加する。フランスでは精神科医シャルコーとも接する（彼は精神分析家フロイトの恩師で、勿論実在の人物である）。一九世紀英国の実在の軍人までもが、この女性の最初の家庭内暴力好きの夫として登場してくる——これは歴史小説なのだ、但し、何とも奇妙な代物と評するしかないのだけれど（文学史的には、おそらくヴァージニア・ウルフの歴史小説『歳月』のパロディである）。

それにしても、どうしてこんな奇妙な小説が書かれるのかという疑問に対しては、この作品中の言葉をもって答えるしかないかもしれない。「英国人は正直で現実的な人間であるふりをするけれど、根本は奇人変人なんですって」。

美容ビジネスの遺産が作家を支えた

ポーラ・ブラック『ビューティー・サロンの社会学——ジェンダー・文化・快楽』鈴木眞理子訳（新曜社）

「毎日新聞」２００８・７・20

最初にことわっておくべきかもしれないが、エステとかビューティー・サロンなるものに対する関心は、私の場合、ゼロである。皆無、絶無、からっきし無い。「世間は、『ただ爪にマニキュア塗ったり、マッサージしたり……ただそれだけの仕事』と見てるのよね。男性はちょっと風俗っぽいと思うようだし」というセラピストの声が本文中に引用されているが、私などは間違いなくそのような「世間」のひとりということになるのだろう。まあ、どうでもいいけれども。但し、私の場合、そんな材料であっても、本になれば別。本になれば読むし、書評する。

実際に、面白い本である。使われているのは、イギリスの中北部の町でインタビューした四〇人ほどのセラピストと客の話を分析した結果と、社会学的な分析。もう少し具体的に言うならば、フランスの社会学者ピエール・ブルデューの理論と、英米の研究者の仕事を突きあわせて、理論的な考察をするのと併行してデータの分析をするという正統的なものである。

しかも著者は、問題の性格上、今の時代の現象にとらわれすぎるのを相対化するために、美容ビジネスの歴史の説明に一章をさいている。「二〇世紀に入るか入らない当時のイギリスでは、中流女性にとってさえ美容製品は簡単には手に入らなかった」。つまり、各家庭で自前の化粧品を作ったということ。

一九世紀以降、美容ビジネスの展開を支えたものとして、都市の道路照明の改善、写真の発達、広告産業の拡大などがあると言われれば、なるほどと納得するしかない。二〇世紀の後半のアメリカでは、「アフリカ系アメリカ人を顧客とするビューティー・サロンがコミュニティー・サロンとして公民権運動関連の情報をやりとりする場となり、政治的抵抗を支援し組織する場となっていた」（常識的に言えば、著者はここでドイツの社会学者ハーバーマスを引き合いに出せるはずであるが、それはされていない）。いや、それ以前に、美容ビジネスで百万長者となった黒人女性マダム・C・J・ウォーカーの遺産が、黒人作家ラングストン・ヒューズやゾラ・ニール・ハーストンの活動を支援していたとは……。

「美容産業の発達をたどると、政治、社会、経済、文化の変容の過程が浮かび上がってくる」というのは、その通りであるだろう。著者にはそのような歴史的な眼と、もうひとつ、現代の女性を見つめる構造論的な眼がある。「私はアイデンティティや経歴を個人的なものとして取り上げるつもりはない。女性は、階級、年齢、人種、ジェンダー、およびセクシュアリティの布置によって関係性と可能性の網目の中に置かれており」、そのような網目の中で生きてゆくのだとする。著者はそのような二つの眼を組み合わせて、ビューティー・サロンで働く人々やそこを訪れる客たちの証言を読んでゆくことになる。

例えば、女性たちはいつ、どんなキッカケでサロンに通い始めるのか（通い始めの決断をするのはけっこう大変らしい）。その目的は何なのか（これが、それなりに多様らしい）。もう一方のセラピストには何が求められているのか（ボディのケアの他に、会話によるセラピーも重要な要件らしい）。セラピストに必要な技術、訓練、資格とは何なのか。その給料はいいのか、そうではないのか。労働時間は？　つまるところ、ビューティー・サロンは健康のためになるのか。話題満載の本である。

二〇〇年の「使用人文化」をたどる

新井潤美『執事とメイドの裏表』（白水社）

「毎日新聞」2012・5・27

何のつながりもない一般の人から――明らかにジョークで――招待状が届いたからといって、エリザベス女王夫妻がその結婚式場に出かけていく。そうかと思えば、テレビの天気予報番組にチャールズ皇太子夫妻が登場して、天気予報を読みあげる。なんともイギリス的なユーモアと言うしかないのだが、あの国ならばやるなあ、それくらいのことは。

今年はエリザベス女王の在位六〇周年の記念の年だから、それくらいのことは。イギリス史上最長の国王在位は、バッキンガム宮殿の正面入口前に像の立つヴィクトリア女王。記録は六四年間。従って現国王は記録上は第二位ということになる。なんだかすごい記録争いであるが――それでか、もうすぐロンドンで各種の世界記録争いのオリンピックを開催するのは。

なにしろイギリスという国のことだから、こんな絶好の機会を祝おうとするのが今の時代の人たちだけであるはずがない。過去の人も、歴史上の人もしゃしゃり出てくるはずである。誰だろう？　女王の在位六〇年とオリンピックの開催を祝える人というのは？　勿論イギリス史上最高の小説家ディケンズである。彼が生まれたのは今から丁度二〇〇年前の一八一二年のこと。つまり、二〇一二年に生誕二〇〇年祭を祝えることを狙って生まれていたということである。

そのディケンズとヴィクトリア女王（一八一九年生まれ）と現女王を支えた英国文化の重要な一面に光をあてたのが、この本である。「イギリス文化における使用人」というのがその主題。実はこれは途轍もない広がりをもつ主題なのだが、そのことは、一八六一年に出版された有名な料理本『ビートン夫人の家政書』の題名に眼をやるだけでも想像がつくことではあるだろう。

「女主人、ハウスキーパー、料理人、台所つきメイド、執事、下男、御者、従者、アッパー・ハウス・メイドとアンダー・ハウス・メイド、レイディーズ・メイド、ひとりですべてをこなすメイド、洗濯係のメイド、乳母と乳母つきのメイド、母乳係、子供の病気を見る係、等々」。

ちなみに、この実用書の著者の夫というのは、『アンクル・トムの小屋』の英国版を出版して財をなした人物である。不思議なつながりと言うしかない。

著者はビートン夫人の列挙を、男女別に、そしてランク別に整理する。男の使用人は家令、執事、料理人、従僕、下男、御者、庭師となり、女の方はハウスキーパー、レイディーズ・メイド、料理人、乳母、メイド（その「種類と数は、家の規模によってまちまちだった」）ということになる。そのあとは、この分類表を片手にもって、文学作品や回想録や映画やらに登場する数多の使用人の話をくり拡げることになるのだが、まあ、その数の多いこと。スウィフトの『奴婢訓』から始まって、一八世紀末の諷刺画を見て、勿論ディケンズ他の一九世紀の小説を経由して、使用人が主人公のP・G・ウッドハウスのユーモア小説群を笑い抜け、カズオ・イシグロの『日の名残り』も、それから、そう、児童文学も読み、という展開となる。独仏米露などの文学ではとても浮上してこない視点である。

日本とは違って、「イギリスでは寄宿学校でも、自分たちの寝室を生徒が掃除することはない」といった指摘は、巷にあふれるイギリス文化論をゆさぶるだけの迫力を充分に秘めていると言えるだろう。二〇一二年になったら、こんな本も読めるのかと感心する。

「毎日新聞」2012・6・18

ヴィクトリアから現女王への百年計画

言うまでもないが、今年のロンドンは大変な賑わい方である。

勿論、今月はエリザベス女王の在位六〇年の式典があり――テムズ河での華やかな水上パレードは日本のテレビでも同時中継された――その二ヶ月後には、一九〇八年、そして四八年以来のオリンピック大会の開催があるわけだから、それは当然のことだろうが、それにしても感心してしまう。こんなに大変な行事を二つも重ねてしまうとなると、その準備だけでも並み大抵のことではないはずだ。これは一体どんな発想だと言えばいいのだろうか。それとも、どんな国民性の反映だと。

漠然とそんなことを考えながら、今月六日の『タイムズ』紙を見ると、第一面には、バッキンガム宮殿のバルコニーで、レッド・アロウズと呼ばれる空軍の九機の曲芸飛行機を見上げる女王の姿がある。その両側にはチャールズ皇太子夫妻とウィリアム王子夫妻。いかにも式典向けの構図である。

唖然としてしまったのは、同日の『インディペンデント』紙の第一面を眼にしたとき。左右の皇太子夫妻と王子夫妻は軽く頭をたれ、真ん中には宮殿内に戻ろうとする女王の後ろ姿――まるで退位をほのめかすような構図ではないか。私はエッと言いかけて……思わずニンマリしてしまう。恐らく、これも英国的ユーモアのひとつだろうと勝手に納得して。

そして、ついでに余計なことまで想像してしまうことになる。かつて一八九七年に在位六〇年の式典にのぞまれたヴィクトリア女王ならば、「皆さん、有難う」という現女王の言葉を耳にして、どう感じられたのだろうか。これは根拠の無い想像ではない。バッキンガム宮殿の正門前にはヴィクトリア女王の大きな像が立っているのだから。時代の環境こそまったく違うものの、二人の女王が互いを見つめあっていた（？）ということである。

その二人をオリンピックが結びつける。近代オリンピック大会がスタートするのは一八九六年のことである。なんと、ヴィクトリア女王の在位六〇周年の式典の前年のことなのだ。もちろんこれは偶然にすぎないけれども。

但し、オリンピックと英国には思いがけない偶然のつながりがあることを忘れるわけにはいかない。実は、オリンピックの立役者ピエール・ド・クーベルタンは一八八三年に、二〇歳そこそこで、イギリスを訪問しているのである。その目的は「ウォータルーでナポレオン軍を破ったイギリス軍の力は、イートン校のグラウンドで養われていた」というウェリントン将軍の言葉の意味するところを摑むことであった。現に彼はパブリック・スクールのラグビー校を訪問している。そして、学校教育における体育の重要性を確信することになる。

彼はロンドンの貧民街、とりわけイースト・エンドと呼ばれる地域の子どもたちの体力強化のための運動にも眼を向けたとされる。そうした動きにからんでいた者の中には、実は大学の学生たちもいた。貧しい人々の生活をサポートし、その子どもたちの教育を手助けしようとする、所謂セツルメント運動に参加していた学生たちであるが、その原点とされるトインビー・ホール（オックスフォード大学の学生が中心）の設立は一八八四年のことである。やがてそこはイギリスの社会福祉政策のひとつの拠点ともなる。ウィリアム・ブースによるロンドンの貧民街の決定的な調査がスタートしたのも一八八七年のこと。

ヴィクトリア女王の時代から現女王の時代まで一世紀余の時間をかけて、ともかくイギリスはロンドンのこの貧民街を手直ししたのである——そこがオリンピックの会場となる。ひたすら騒々しい報道に終始するだけのジャーナリズムには、そうした貧しい移民地区の歴史にも触れるだけの気力がはたしてあるだろうか。

3　フランス

革命前夜ポルノはどう読まれたか

ロバート・ダーントン『禁じられたベストセラー』近藤朱蔵訳（新曜社）

「毎日新聞」2005・6・12

タイトルからしてポルノの研究であろうくらいの察しはつく。もちろん発禁の対象になる題材としては、他にも政治の権力者（とくに暴君）や宗教（大体カトリック）も考えられなくはないものの、やはり発禁本の王道はポルノであろう。

そう確信してパラパラめくると、明らかに教育上よくない図版が眼に飛びこんでくる。べつに今更釘づけになるわけではないが、やはりめくるスピードを多少なりとも加減して、その周辺の引用にも眼をとおすのが読書人たるものの礼儀であろうか。どうやら話は一八世紀、革命前夜の啓蒙花盛りのフランスのことらしい。好色文学『哲学者テレーズ』が読まれ、哲学者ヴォルテールがせっせとポルノを書いた時代のことである。ルソーの『社会契約論』とお粗末きわまりないポルノが等しく「哲学書」として扱われた時代のことである。「一七八九年の精神を体現したミラボーが革命に先立つ一〇年間で最も下品なポルノと最も大胆な政治的パンフレットを書いた」時代である。

著者の狙いは、「哲学用品」とか「哲学書」とかいう呼び方で一括されて地下で流通していた書物の実像を把握することである。それは何のためなのか——フランス革命という空前絶後の事件がどのような知的環境の中から起きたのかを知りたいからである。経済効率を優先することしか知らないようにみえる現代の中からは、すぐさま、それを解明して何になるという疑問の声があがりそうだ。おそらくこの著者はそんな疑問など黙殺して、知的好奇心を満たすため、とでも答えるのだろうか——経済利益ではなく、好奇心がひとの行動を説明する有力な原理となったのは一八世紀の西欧においてであった。

知的好奇心に溢れるこのアメリカ人のフランス史家の前に現われたのは、フランスとスイスにはさまれた小さな公国で活動した出版社兼卸売り業者ヌーシャテル印刷協会の膨大な業務記録、そして五万通の手紙。それから国立図書館所蔵の書物や警察関係の資料など。普通の人はこの辺で気絶するが、知的好奇心の強かったロバート・ダーントンはニコニコしながらそれを読み続けたのではないか、と私などはつい邪推してしまう。たかだか二五年間の話である。「この二五年間（私の人生の半分）、自由に使える夏休みと研究休暇《サバティカル》のほとんどをヌーシャテル印刷協会の古記録とそれに関連したフランスの関連のある記録に鼻を突っ込んで過ごしてきた」。

彼の人生の半分は決して暗い書庫暮らしだけであったわけではない。『革命前夜の地下出版』、『猫の大虐殺』、『パリのメスメル』などのきわめて独創的な文化史の本を次々と発表して、一八世紀フランスの知的状況のとらえ方を大きく変えてしまったのである。そしてとうとう、ポルノグラフィを取り上げるところまで来た。その解釈は、品のない文学趣味とは無縁である。ポルノを地下ルートを通してどう入手するのか、誰が読んだのか、何を読みとったのか、そして結局どう反応したのか。ユートピア的な幻想文学はどうだったのか、政治や宗教に対する中傷文はどうだったのか。この歴史家の文章を通して一八世紀フランスの知のネットワークが鮮やかに蘇る。読みながら、知的に楽しい気分になれたのは久し振りだ。

しかも第三部第六章は、このような彼の仕事を可能にしたこの何十年かの歴史学における変化を、その変化の只中にいた歴史家としてまとめたもの。驕りとは縁のない、明晰で、適確な要約である。

「毎日新聞」2006・3・12

第一級の素材から正統派に物申す

ジャック・デュボア『現実を語る小説家たち――バルザックからシムノンまで』

鈴木智之訳（法政大学出版局）

文学史なるものの評判はよくない。いや、よくないどころか、九九・九パーセントの人は即座につまらないと断定しそうだ。

しかし、おかしいよ。

おびただしい数の文学作品の中から、読者による何世紀もの人気投票の結果、選りすぐりのものをズラリと並べて話にまとめるのだから、つまらないはずがない。第一級の食材で作った料理がまずい？ そんなバカな。シェフ（フランスかぶれの板前のこと）の腕が多少良かろうが悪かろうが、うまいに決まっている。文学史の素材となる作品の質と品揃えとなると、とても食材の比ではない。事実の方は選りどり見どり、嘘（フィクション）の方はつきたい放題。調合のしかたは数知れず。しかもそれの作者というのが変人、奇人、ありとあらゆるタイプの人間の大集団なのだから。

その証拠なら『バルザックからシムノンまで』という副題をもつジャック・デュボアのリアリズム小説史から簡単に取りだすことができる。「バルザックは王政主義者であり、フロベールは民主主義を敵視していた。プルーストは貴族社会に心酔し、シムノンは右派の無政府主義者であり、セリーヌは民族浄化思想の支持者であった。スタンダールとゾラだけが、はっきりと、その対極の陣営に属している」。

著者は、この連中にさらにモーパッサンを加え、群小の作家にも言及しながら（「シューやデュマ、フェヴァルやポンソン・デュ・テライユやヴェルヌの小説は連載小説から生まれでた」）、一九、二〇世紀のフランスのリアリズム小説史を書き直してみせた。面白い。いや、この言い方はまずかった。フランス系の話をするときには、片仮名英語のリアリズムではなくて、片仮名仏語のレアリスムと言わなくてはならないのだ。頭にミニチュアの白い煙突をのっけているのを、板前ではなく、シェフと呼ぶように。ケーキ屋さんではなく、パティシエと呼ぶように。

それでは、なぜ今レアリスム小説を読み直すのか。一般的な常識としては、人間と社会と歴史の〈現実〉を描き出したリアリズム小説は、二〇世紀の半ばくらいのところで寿命が切れていたはずである。とくにフランスの場合、ヌーヴォー・ロマン以降には。

もちろん著者はそのことを百も承知している。というか、〈現実〉のとらえ方をめぐってヌーヴォー・ロマンの側から突きつけられた批判や、構造主義やバフチンの詩学から突きつけられた新しい表象論、更にはこの数十年間の批評をふまえて、読み直しに挑んでいるのである。そのような発想の転換がなければ、フロベールとゾラを組み合わせ、モーパッサンとプルーストを組み合わせ、そして何よりもセリーヌとシムノンを、メグレ警視物の作者であるシムノンを組み合わせるということはできなかっただろう。

フロベールからプルーストへ、そしてヌーヴォー・ロマンへという線とか、ボードレール、マラルメ、ヴァレリーという線とか、そんな紋切型の正統路線に、このベルギーの学者は反撥してみせた。見事に。

本の前半では、「細部」と「全体小説」、「社会小説」と歴史とのかかわり、「現実感覚」といった理論上の視点が、豊かな学殖をふまえて説明され、後半は作家論。途中に、一八世紀との比較や歴史的・政治的な背景を説明する短い章もおかれ、本全体の構成にも十分な配慮がみられる。欠けているのは人種問題。その理由は一体何だろうか?

「日本経済新聞」2011・1・9

警察の捜査法の歴史

橋本一径『指紋論』（青土社）

指紋という言葉ならば誰でも知っていそうな気がする。一番ありそうな連想をしてみるならば、何かの犯罪事件、現場に残された「指紋」、血痕のDNA鑑定、ビデオ映像といった言葉のつながりの中でということになるかもしれない。あるいは、最近では、パスポートとの関係でこの言葉を思い出す人もいるかもしれない。

まさかシャーロック・ホームズ物語のひとつ「ノーウッドの建築業者」（一九〇三年）や、小酒井不木の短編「指紋研究家」（二五年）や佐藤春夫の「指紋」（一八年）をすぐに連想するひとはいないだろう。東京の築地に「指紋研究発祥の地」と記された記念碑があることを、はたしてどれだけの人が知っているだろうか。この碑が築地病院で外科医をしていたスコットランド人、ヘンリー・フォールズと関係することを知っている人がどれだけいるだろうか。一八九二年に『指紋』という本を書いたフランシス・ゴルトンが例のダーウィンの従弟で、悪名高い優生学の確立者であったことは？

この本は一九世紀末の犯罪捜査の中で、写真の活用や人体測定法（身長、頭骨の長さと幅、中指の長さ、足の大きさ等を測定）の利用などと交錯しながら、指紋捜査が浮上してくる歴史を調べたもの。根気のいる、そしてその分だけ興味の尽きない作業をやりとげた本である。ハデな空論はひとつもない、しかし、輝くような本。

話は一九世紀から二〇世紀にかけての世界の各地に広がる。日本、イギリス支配下のインド、アルゼンチン、西欧の各国、イギリス、アメリカ——要するに、犯罪の起こる地には何処にでも広がってゆくのだ。そして、フランス、パリ。身元不明の死体の展示されたモルグ。そして、「一八七九年三月一五日からパリ警視庁の職員として働き始めたアルフォンス・ベルティヨン」の活躍。多少趣味的な言い方になるかもしれないが、この本は、今日の警察の捜査法の不可欠の部分を確立したその彼の歴史的な伝記と言うこともできるはずである。

悩みと苦しみの自伝的エッセイ
フィリップ・エリアキム『禿頭礼讃《とくとう》』酒井由紀代訳（河出書房新社）

「毎日新聞」2008・10・26

フランスのパリ発の愛の小説である。主人公の青年はジャーナリストをめざし、やがてその願いを実現させる。時代的にはミッテラン大統領の登場する頃の話で、「私は彼に投票し……彼の勝利を祝ってバスチーユ広場で踊りまくった……私は、当時大まじめに言われていたように、社会を変えたいと思った。貧しさを撲滅し、銀行を国有化したいと思っていたのだ」。

金融不況のあおりをうけて銀行の国有化が取沙汰される時代の中で読むと、なんだか奇妙な感じのする一節ではあるが、これは一九八〇年代の話。それはともかくとして、パリ発の愛の小説であるから、主人公は何人かの女性と出会い、ひとりの画家の女性と同棲し、別離し、ということになる。時代の雰囲気も多少は伝わってくるし、西欧の古典への言及も少しはあるし、私の大好きなサッカー選手ジダンの名前も出てくる。全体を貫くのは主人公の強烈な苦しみと、そこから希望へと脱出してゆく姿である。

ただ、こう紹介すると、なんだ、平凡な小説じゃないかと言われかねないが、それは違う。これはきわめてユニークな作品である——主人公がハゲなのだ。ジダンの名前が出てきて当然なのだ。

正確を期すならば、二三歳の主人公が脱毛の恐怖に直面し、映画俳優ユル・ブリンナーや思想家フーコーのような頭になることに怯え、カツラの着用へと脱出してゆく物語である。本当は、自伝的なエッセイに近い作品というのが正確かもしれないが。カバーに載せられている二枚の写真を見ると、カツラの着用、無着用にかかわらず、著者は好人物という印象をうける。

実のところ、ハゲほど論じにくいものはない。それはどの時代のどの社会にも見られる現象で、何でもないと言えば何でもないし、笑いやユーモアの種になることもあるし、耐えがたい苦痛のもとになることもある。例えば、テレビの画面に映る東国原知事や芋洗坂係長がハゲを笑いのネタにされて落ち込むとは思えないが、コマーシャルになると、育毛剤、発毛剤、カツラを宣伝するものが嫌になるくらいに流される。まるで毛髪コンプレックスをたれ流しにするかのように。そして、そのあとは、またお笑い芸人のネタ連発。どこかの新書から『ハゲの品格』という本でも出したらどうだろう？

『禿頭礼讃』の帯には、「抱腹絶倒の……」と印刷されているのだが、私はこの本を読みながらただの一度も笑わなかった。「スープに落ちる髪の毛の一本一本が、引き裂かれた愛の花びらだった。脱毛に一ミリ領地を奪われると、それは別離と荒廃への一歩接近を意味した。……いずれは乾いた皮袋しか残らないだろう」。これはユーモアなのだろうか。禿頭でない人には笑える一節かもしれないが、それでは、今現在脱毛の進行に悩んでいる人にとってはどうなのか。この本を読みながら私が体験したのは、正反対の二つの反応の中間で迷うという感情であった。決して抱腹絶倒ではない。フランスの作家ジュール・ルナールの「毛が抜ける。すると虱はつかまるところがなくなる」という言葉にしても、同じこと。

読者がそうした反応をすることを、作者は多少なりとも了解していたはずである。全篇に書き込まれた禿頭の歴史、イカサマ治療法、人的関係の悩みやトラブルの数々。この悩みと苦しみの自伝は、似たようなルートを通過せざるを得ない人々へのユニークな贈り物ではないだろうか。勿論、毛のある人間も読むべき本であることは間違いない。

4　ドイツ

『新ロビンソン・クルーソー』――改作から漂う皮肉

ヨアヒム・ハインリヒ・カンペ『新ロビンソン物語』田尻三千夫訳（鳥影社）

「毎日新聞」2007・3・25

孤島への漂着物語と言えば、間違いなく『ロビンソン・クルーソー』。なにしろ大変に有名な作品である。ということは、実際に読まなくても、誰もが何かを知っているということであり、原作を読むひとは少ないということである。

主人公本人があやうく奴隷になりかけたり、ブラジルでプランテーションの経営に成功したり、労働力の調達のためにアフリカに向かおうとして（つまり、奴隷の売買をやろうとして）難破し、孤島に漂着する破目になることなど、たいていい忘れられてしまうようだ。

その一方で、その知名度に便乗して、あれこれと改作してみたくなるものでもあるらしい。たとえばイギリスの小説家ゴールディングのように、男ひとりを孤島に漂着させるかわりに、少年の一団を島流しにしてしまうとか。孤島のロビンソンのところへ女をひとり漂着させてみるとか。あるいは『スイスの家族ロビンソン』（一八一二―一三年）のようにまるごと一家族を漂着させてみるとか。

カンペの『新ロビンソン物語』（一七七九―八〇年）もそのような原作便乗型改作のひとつであるが、

ある時期のヨーロッパでは原作以上に有名であったという。今でも児童文学史上の重要作と認定されている――まあ、それはそれとして、問題はどこがどう改作されたのかということだろう。

まず第一に、改作者カンペはドイツ人であったから、主人公のロビンソンも英国生まれではなく、ハンブルク生まれのドイツ人ということになった。島で彼の従者となるフライデーはドイツ語フライタークに改名。作品の最後では二人はハンブルクに戻って来て、指物師《さしものし》となり、「それから共同の仕事場を作り、生涯にわたって離れることのない友人であり仲間であり続けた……二人は純粋な、嘘偽りのない、活動的な敬虔さにおいて際だっていた。神の名を発するたびに、二人の目から喜びと愛の光が発せられた」ということになる。

そんなバカな、冒険小説を敬虔なプロテスタント小説に改作してしまうなんてと不快に思う読者があるかもしれないが、軍配はカンペの方にあげるしかない。原作には確かに濃い宗教色が漂っているのだ。改作におけるロビンソンはプロテスタンティズムに基づく倫理を口にしすぎる嫌いはあるものの、これは原作のもつ色合いを濃くしただけの話。私など、このカンペの改作を読んだあとで、マックス・ウェーバーの名著を読み直してみたいという気持ちになりかけた。

もっとも宗教問題は、その方向にのみ展開するわけではない。作品の終りの方になって、孤島に他にも何人かのヨーロッパ人が姿を現わすようになってからの話――「フライタークは、プロテスタントが信じるキリスト教を自分から受け取っていた……スペイン人はカトリックで、フライタークの父親はそれどころかまだ異教徒だった」。このような異なる宗教・宗派の共存は『ロビンソン・クルーソー』(一七一九年)にも書き込まれていた。カンペはそれを改作の中に取り込んだことになるのだが、そこにこんな言葉を追加した。「人を力ずくで自分の信仰に回心させせようとする無分別な熱意は呪われよ。自らの兄弟を迫害し、苦しめる盲目な狂熱は呪われよ……少なくともわが島においてはこういう非人間的行為は決して行わせない」。これが、改作者がロビンソンに語らせた言葉である。その言葉すら未だに実現しきれていない現代という時代の中で読む『新ロビンソン物語』からは、強烈なアイロニーが漂ってくる。

「毎日新聞」2005・5・8

国により異なる政治利用、悪用の歴史

エステバン・ブッフ『ベートーヴェンの「第九交響曲」』湯浅史、土屋良二訳（鳥影社）

桜の花の散る下で、静かに眼を閉じて、『第九』を聞くという趣味も十分にありうると思うのだが、これはどうもおかしいらしい。ベートーヴェンのこの有名すぎる交響曲は、各種のバーゲンセールとならんで、今や歳末日本の風物と化しているからか。まあ、議論しても勝ち目はないだろう。せめて負け惜しみにひとつの事実を指摘しておくならば、この曲の初演は一八二四年五月七日のことであった——常識的には、歳末ではないようだ。

なにしろ二〇〇年ほど前に作曲された合唱つきの特異な交響曲で、しかもずっと愛され続けてきたのだから、それ相当の興味深い事実がこびりついていても不思議ではない。この本はそうした事実を年代順にかき集めて、整理したもの。そのまとめ方ひとつで単なるウンチク本にもなるし、真面目に語ると「国歌の政治史」にもなるということだ。この本はもちろん後者だけれど、面白い。異様に面白い。

『第九交響曲』の結びに近くなって登場する『歓喜の歌』の有名な一行、「人々はみな兄弟となる」は詩人シラーの詩句に基づくものであるが、ともかくいろいろな人々の胸に迫るらしい。ロマン主義の時代の音楽家から、フランスの共和主義者にいたるまで、ベートーヴェンの同時代の人々が感動したのは当然としても。

「共産主義者たちにとっては、階級なき世界のバイブルとして聞こえた。カトリック教徒にとっては聖書そのものであった。民主主義者にとっては民主主義そのものであった。ヒトラーは自らの誕生日を『歓喜の歌』で祝った。しかし一方、強制収容所のなかに至るまで、人々はこの曲で彼に抵抗した。『歓喜の歌』は、つねにオリンピックで鳴り響いている。ついこの前、サラエボでも響き渡っていた。この曲はまた、人種差別の国、ローデシアの国歌であった。今日では、EUの歌である」。

アルゼンチンに生まれて、今パリで仕事をしている著者エステバン・ブッフはそうした『第九』の政治的な利用、悪用のされ方を、豊富な資料を使ってきちんと説明してゆく。

一九世紀のイギリスの帝国主義者セシル・ローズの名前を冠したアフリカの国ローデシア（今日のジンバブエ）の話にはまさしく唖然とする以外にないが、著者はそれについて、「囚人の拷問、市民の圧殺、村の壊滅といったあらゆる種類の人権侵害で罪のある軍隊をも発奮させる」力が『歓喜の歌』の部分にはあるようだとし、その悪用はドイツ第三帝国以来とする。音楽ファンには不愉快きわまりない指摘かもしれないが——そして、歳末になると、楽しげに『第九』の合唱に参加してきた人々にとってもそうかもしれないが——この政治＝音楽史の指摘を黙殺するわけにはいかないだろう。

この二世紀間の『第九』の政治的受容を説明する後半部分以上に私が興味を引かれたのは、実は、「近代政治音楽の誕生」と題された前半部分であった。そこで扱われているのはベートーヴェンの

『第九』が成立するまでの前史であるが、この部分がすばらしい。著者はその前史を音楽史の枠の中に封じ込めることをしなかった。『第九』をはぐくむ土壌として彼が注目したのは、西欧の各国がナショナリズムの台頭にあたかも呼応するかのごとくに作り上げてゆく「国歌」であった。イギリスの国歌『ゴッド・セイヴ・ザ・キング』、フランスの『ラ・マルセイエーズ』、オーストリアの『皇帝讃歌』。このような方向からの各国の比較、政治体制の比較というのは初めての試みではないだろうか。「十八世紀に、個人と国家共同体とのかかわりを表現した歌曲『ゴッド・セイヴ・ザ・キング』によって、国歌というジャンルが出現した。ほどなくして、ルソーの著作に想を得て、国民共通の歌という神話――これには『ラ・マルセイエーズ』が大きく貢献しているのだが――が形造られ、フランスの革命政府の式典の新たな政治シンボルとなった。この政治歌曲という新しいタイプの曲は、皇帝讃歌という形で、オーストリアの反革命的政府が直ちに利用するところとなり、その作曲は、一警察官吏によって、フランツ・ヨーゼフ・ハイドンに依頼された」。国歌の性格は、国によってこんなにも違うのだ。しかも、そうした差異のすべてが、『第九』に対する諸々の反応のしかたと悪用のしかたのうちに甦ってくる。

それにしてもイギリスというのは訳の分からない国である。一七四五年の国歌の成立に最も深くかかわったのがヘンデルという「イングランド王室の主要な御用音楽家」であったのだから。もちろん彼は外国人である――外国人に国歌を作らせるとは。でも、まあ、上にくるのが女王ということになれば、平気で『ゴッド・セイヴ・ザ・クイーン』とやる国だから、これも心のなごむ国家的ユーモアか。

ネタの百科全書　成熟した読みの妙

ピーター・ゲイ『シュニッツラーの世紀』田中裕介訳（岩波書店）
ピーター・ゲイ『小説から歴史へ』金子幸男訳（岩波書店）

「毎日新聞」２００５・１・23

職業としての本読み――我ながらこれは奇妙な日本語だとは思うけれど、ともかくそういう仕事をしている人間にとって大いに楽しいことが二つある。そのひとつは、初めて出会う著者の本を読むこと。手にしたのが良い本かそうでないかは別として、ともかく奇妙に胸がときめく。もうひとつは、ずっと読んできた著者の新刊を手にすること。そこには別の、言葉にはしにくい熟成した楽しさがある。私にとって、歴史家ピーター・ゲイはそういう存在だ。

彼は例えばこんなことを書く人だ。「夫が、出産の苦しい瞬間に立ち会うことは普通であった。彼らの多くは分娩の際にその場にいて、医者、あるいは助産婦を、力の及ぶ限り手伝った。グラッドストンは、『苦痛の色を浮べずに』陣痛に耐えている妻は『たいへん美しい』という感想を記している。一八六九年、リヒャルト・ワーグナーが息子ジークフリートの誕生に立ち会えなかったのは、耐えがたい陣痛に苦しむ愛人コジマ・フォン・ビューローが、彼の不安が自分に伝染すると考えて病室から追い払ったためである」。一瞬眼が点になる。夫が出産に立ち会うのは現代の若い夫婦の風俗だと思っていたら、何と、性の抑圧期として名高い一九世紀に、すでに行われていたとは。しかも、謹厳実直な政治家と音楽家の併置。

もちろん大したことのない歴史家でも、一冊の本の中で一度や二度はこうした芸を見せることがあるかもしれない。だが、ピーター・ゲイは違う。この種のネタを本の初めから終りまで延々とやるのだ。面白くないわけがない。避妊法に話が及ぶと、「イングランドでは、コンドームの価格は、一八六〇年代前後に、十ペンスから半ペンスに下がった」とやる。

興味深いエピソードで埋めつくされた感のある『シュニッツラーの世紀、中流階級文化の成立　一八一五―一九一四年』にはもちろん偉大な目的がある。とかく軽蔑されがちな一九世紀の西欧の中流文化、いわゆるブルジョワ文化の真の姿を歴史的にとらえ直そうということだ。

政治の歴史についてはすでに定説がある。労働者階級の歴史もたくさん書かれている。それに対して、意外と書きにくいのがブルジョワ階級の綜合的な歴史であった。この金満の、俗物的な階級の……しかし、本当にそうだったのだろうか。ゲイは『ブルジョワジーの経験』五巻（一九八四―九八）によって、この問題にすでに明確な解答を与えている。それをコンパクトにまとめながら、しかも単なる要約を越える面白い仕上げとなったのが『シュニッツラーの世紀』という本である。

その拠点とされたのは、フロイトと同時代のウィーンの作家シュニッツラー。この実に興味深い作家の言動をひとつの範型として、階級としてのブルジョワジーが説明され――それは「一にして多である」階級であって、ひとつの統一性をもつというよりも、数多の内部対立を抱えていた――その家庭生活のありよう、エロスの処理の仕方、暴力の問題（学校での体罰のあり方、帝国主義、死刑の扱い方など）、宗教意識、プライバシーの守り方などが解説されてゆく。そう、素晴らしく楽しい読み物として構成されたブルジョワ百科全書とでも言えばいいのだろうか。しかもそれがハイ・レベルの学問になっている。今この芸をもつ歴史家はピーター・ゲイひとりだけかもしれない。

これだけのことをやりながら、彼にはまだ十分に余力が残っているらしい。『小説から歴史へ』ではディケンズとフロベールとトーマス・マンを読んでみせた。彼がこの三人の小説家に与えた特徴規定は、順に、怒れるアナーキスト、恐怖症に挑む解剖学者、反抗的な名門市民というもの。扱われるのは『荒涼館』、『ボヴァリー夫人』、『ブッデンブローク家の人々』である。もちろん、これだけの有名作品になると、おびただしい先行研究があるので、さすがのゲイにしても、耳目を驚かすような独創的な見解の連発というわけにはゆかないが、先行研究を十分にふまえた成熟した読み方には感心するしかない。作家個人の伝記的事実と時代の歴史を、これだけ余裕綽々と交差させながら読まれると、何も言うことはない。文芸評論としても立派なものである。

最後の章は歴史小説論。「フィクションには歴史があるかもしれないが、歴史にフィクションがあってはならないのだ」という割り切り方には、私など賛成しかねるのだが、まあ、これくらいの鈍器的発言はよしとしよう。ガルシア＝マルケスの『族長の秋』にまで話が及ぶのだから。感心する方が先である。

一九世紀ドイツのアメリカ移住熱

山口知三『アメリカという名のファンタジー——近代ドイツ文学とアメリカ』（鳥影社）

「毎日新聞」2007・2・18

もしマルクスが今の時代に生きていて、何事につけアメリカ中心の世界の経済や政治をまのあたりにしたら、一体何と言うだろうか。ニーチェならどうか。その思索を激烈な言葉にするまえに、自分でさっさとどこかの病院に逃げ込んで、鉄の扉をとざしてしまっただろうか。

こんな暇な想像をいくらしても仕方がないかとは思うものの、それにしても、トーマス・マン、アドルノ、ホルクハイマー、フロム、マルクーゼと、ドイツ語圏から自由と平等の新天地アメリカ合衆国に（一時的にせよ）移り住んだ知識人は数多い。そうか、俳優をやっていたシュワちゃんにしてもそうだ。と言うことは、こうした有名人以外にも、ドイツ語圏からアメリカに移住した人々がたくさんいたはずだということでもある。

一九世紀の半ばにドイツで出版されたある小説の中には、すでに、「国中どこを探しても……兄弟姉妹か、親戚か、はたまた知人の誰か一人くらいはアメリカにいないような家は一軒も存在しなかった」という文が出てくるという。その背景には、当時のドイツの農村に拡がったすさまじいばかりの「アメリカ移住熱」があった。『アメリカにうんざりした男』（一八五五年）という長編小説まで出ていたという。

ドイツ系の移民がいかに多かったかを示す具体的な数字もある。一九九〇年の国勢調査の結果によれば、体内にドイツ系の血が半分以上流れているアメリカ国民は五八〇〇万人ほどで、英国系よりも二五〇〇万人以上多いとのことである。白人、黒人、ヒスパニック系、アジア系といった線引きをすればすむ話ではないことくらいすぐに分かるだろう。

問題は、そのようなドイツ系の移民たちがアメリカの中でどのように生き、成功していったのか、あるいは失敗して祖国に戻ったのか、その結果、ドイツの内部にはどのようなアメリカ像が形成されていったのかということである。政治、経済から始めて文化、芸能、スポーツにいたるまでことごとくアメリカ流儀になってしまった日本という国に生きていると、一九世紀以来のドイツの対アメリカの姿勢は実に興味深いものとなる。げんに役に立つはずなのだ。にもかかわらず、歴史家も、思想史家も、独文学者も、誰ひとりとしてこの問題に眼を向けようとしなかった。山口知三『アメリカという名のファンタジー——近代ドイツ文学とアメリカ』は初めてこの問題に挑戦した本である。面白い、抜群に面白い。七〇歳を迎えたこの研究者に、私は最大限の敬意を払う。

この本の中ではラーベ、ハウプトマン、トーマス・マンの作品に含まれているアメリカ像が検討されているのはもちろんのこと、アメリカに行ったこともないのにアメリカ西部小説を書きまくって、二〇〇万部も売ったカール・マイにも当然ながら話は及ぶ。いや、それ以外にも、通常のドイツ文学史では黙殺されてしまう作家たちが次々に登場する。例えばプロイセンの青年貴族とアメリカのブルジョワ娘の恋愛物語を軸におく小説『抗しがたい力』（一八六七年）——エマーソンとも交流のあった著者ヘルマン・グリムの父は有名なグリム兄弟の弟の方である。そして、一九世紀のドイツで最も人気のあったベルトルト・アウエルバッハ。この小説家を論じた六〇頁は素晴らしい。ドイツとアメリカの双方を生かす可能性を探ろうとしたこの作家を抹殺し、文学史から消してしまったのはナチス体制であった。このユダヤ人作家の存在を、私はこの本で初めて知った。

六〇年代の知的ヒーローの評伝二冊

シュテファン・ミュラー゠ドーム『アドルノ伝』徳永恂監訳（作品社）
ローレンツ・イェーガー『アドルノ　政治的伝記』大貫敦子・三島憲一訳（岩波書店）

「毎日新聞」2008・2・3

ずっと昔の人の伝記を読むときには、安心感というのか、奇妙な優越感というのか、何かそうしたものがあって、なんとなく心のゆとりがもてるものだ。だが、生きた時代が自分と重なり合う誰かの伝記となると、そうもいかない。かつての記憶が蘇り、懐かしさを覚える一方で、胸騒ぎがしてくる。

大学生協の書籍部の棚にはマルクス゠エンゲルス、レーニン、スターリン、毛沢東、金日成の本が並び（サルトルの翻訳もずらりと並んでいたが、その装丁、内容とも私には合わなかった）、ルカーチの『歴史と階級意識』も人気のあった頃、私にとって誰とも共有することのできないヒーローはエルンスト・ブロッホだった。今から四〇年も前のこと。そして、その彼とならんでベンヤミン、アドルノ。そのアドルノの伝記を二冊、今眼の前に置いて、胸騒ぎを覚える——もちろんあの頃は予想することもできなかった事態だ。

「ねじのように螺旋状に曲がりくねっている塔を思い起こさせ」る独特の文体で、マルクス主義の新しい可能性を切り拓いたアドルノ。フランクフルト学派の「批判理論」を体現した彼。

「文化産業は、個々の主体の差異を消し去って社会の機能に変えてしまうことに成功した。その結果、文化産業に完全に取りこまれてしまった人々は、もはや葛藤を覚えることもなく、自分自身の脱人間化を、人間的なことだと思って、暖かい幸福だと思って楽しむのである」。『啓蒙の弁証法』の中のこの有名な一節は今も生きていて、今われわれがひたりきっている文化状況への批判としても、その力を十分に発揮する。本来左翼的なリベラリズムを土台としてもっていたカルチュラル・スタディーズ（文化研究）も、アドルノの言葉から力を得ることができたはずである。

一九六八年前後に学生であった者にとって、彼は間違いなくヒーローであった。その時代の西ドイツの若者たちの知的な雰囲気を、ある鉄道の「駅構内の本屋」が証言している。「私どもの店でどのような本がよく売れているかをお知りになったら、きっと驚かれるでしょう。売り上げ冊数の多い順で言えば、ブロッホ、ヴィトゲンシュタイン、アドルノ、ベンヤミンです」。

このような人物の、思想家の伝記というのは一体どのようにしたら書けるのだろうか。まわりを囲むのはクラカウアー、ブロッホ、ベンヤミン、ホルクハイマーから、のちのハーバーマスにいたるまで、それこそ二〇世紀のドイツ語圏を代表する思想家のほぼ全員なのだ（無論ハイデガーも絡んでくる）。彼はさらに小説家トーマス・マンとも親交があって、小説中の某人物のモデルとなっているし、作曲家アルバン・ベルクやシェーンベルクとも交友があって、みずから作曲もした。

さらにやっかいなのは、オックスフォード大学に留学してフッサールの現象学を研究し、そのあとアメリカに渡って仕事をしているということだ。そこでの人脈をどう扱うのか。そもそも英国での「アドルノの博士論文の世話役はギルバート・ライルで……アドルノは、ライルを明らかにとても学識のある会話の相手と評価した」。まさしく分析哲学と批判理論の出会いという呼び方をしたくなるくらいだ。一体こんな人物の評伝をどのようにして書くというのか――ハイデガーとハンナ・アーレントの恋愛関係ほどではないにしても、女性も（そして男性も）多少は絡んでくるのに。前衛音楽にのめり込んで、多量の音楽評論を書く一方で、ジャズを巧みに演奏し、プレスリーは好きになれなかった彼。

このような人物の場合、伝記の書き方は二通りしかない。そのひとつは、ともかく可能なかぎりの事実を取り込んで、長大なものにするという方法である。それをやったのがミュラー゠ドームの『アドルノ伝』。翻訳は上下二段組で、七〇〇頁を越える。日本ではこれだけ長大な評伝というのは珍しいかもしれないが、例えば伝記マニアの国イギリスではこうした例は多々ある。読者としては、ただ時間をかけて読めばいいだけの話だ。この評伝は二〇世紀前半の雄大な思想史、社会文化史ともなっている。

もうひとつは、和田誠的伝記。つまり、極力簡潔に対象の特徴を際立たせるもの。イェーガーの『アドルノ』はそれをめざしたのかもしれないが、短い簡潔なものにはならなかった。但し、これは彼の責任ではない。アドルノが面白すぎるのだ。「アドルノが代表した知識人型のマルクス主義は、私にはもう維持不可能に思えた」と宣言した上でのこの思想史的評伝は、批判、裏話も含めて、実に刺戟的な一冊となっている。

5　イタリア・スペイン

文化遺産を守る少し複雑な哲学

チェーザレ・ブランディ『修復の理論』小佐野重利監訳、池上英洋・大竹秀実訳（三元社）

「毎日新聞」2005・9・12

高松塚古墳やキトラ古墳の貴重な壁画が傷んできたので、その修復作業を始めることになったというニュースが流れると、われわれはすぐなるほどと納得してしまうようになった。そのような修復の是非をめぐってめくじらを立て、哲学的な思索に沈潜するひとなどは、まずいないだろう。

ということは、私のようなズブの素人であっても、文化財の修復について、何事かを言えるかもしれないということである――暇潰しにちょっと考えてみよう。テーマは、キトラ古墳の壁画の修復について。要するに、いたんだ壁画を直して元に戻すのであるが、ここで早くもつまずいてしまう。元の状態？　元の状態とはどの状態のことなのか。制作時？　だとすれば、その制作時の状態を一体どうやって知るのか。それとも発見されたときの、すでにして損傷された状態にまで戻すのか。

もしこれがダ・ヴィンチの『最後の晩餐』の修復の話ならばどうするのか。時間の中で風化したある時点の状態まで戻すのか、それとも、この天才の手になる制作時の状態にまで戻すのか。

奈良か京都の或るお寺の五重塔が台風でこわれたので修復することになったとする。ところがこの塔は、たとえそうした被害がなくても何百年に一度修復かもしくは建て直しすることになっていた。となると、一体どの時点に合わせて修復すればいいのだろうか。

なんだかややこしくなって来たので、ここいらでコーヒーを一杯ということになるのだが、もし完璧に修復された五重塔の近くに缶コーヒーの自動販売機が設置されて、そのあたりの空間の配置が変わってしまったとしたらどうなるのか。これは、古墳の中にあった壁画をともかく修復して、美術館の中に展示した場合、それを本当の意味での修復と言えるのかというのと似たような問題だろう。過去に作られた美術品は必ず歴史の時間と、それが置かれている特定の空間とにささえられている。この二つと修復との関係も考えてみなくてはならない問題点ということだ。

もちろん、修復作業にはそのために必要とされる材料や技術の問題もあるだろうが、それ以外にもいろいろと問題が絡んでいるようである。暇潰しどころの騒ぎではない。要は修復の哲学、それが必要なのだ。それを持っているのは廃墟と遺物の先進国イタリアをおいて、他にはない。ローマの中央修復研究所の所長を長年つとめたチェーザレ・ブランディは、その哲学を次のように述べている。

「修復は、芸術作品の潜在的な統一性を回復することを目的とする。ただし、あくまでも芸術作品の経年の痕跡を消すことなく、また芸術的な偽りや歴史的な捏造を犯すことなく、芸術作品の潜在的な統一性の回復が可能である場合にかぎられる」。

難解だという苦情が出そうな文章ではあるが、古代ローマからルネサンスにいたる膨大な文化遺産の修復にあたるためには、せめてこの程度の難解さは必要ということだろう。私が日本における修復を想像しながらひねり出した疑問のすべてに、著者はイタリアの例を挙げながら、鮮やかに答えている。それは決して分かりやすい答えにはなっていないが、本当の意味で傾聴に値するものであることは否定できない。『修復の理論』はかぎりなく思考を誘発する、この分野の名著である。名著である以上、多少読みにくいのはしかたがないとあきらめるのが筋であろう。

托鉢修道士が説いた資本論

大黒俊二『嘘と貪欲　西欧中世の商業・商人観』（名古屋大学出版会）

辞書を引いてみると、ルネサンスとは、一四―一六世紀の西欧でギリシャやローマの古典文化の復興をめざした運動と説明してある。ダ・ヴィンチやミケランジェロの時代だ。中世の暗黒から抜け出して、人間性に光のあたり始める時代だ――そういう常識があれば、小説版にせよ映画版にせよ、『ダ・ヴィンチ・コード』は十分に楽しめるし、多少なりとも歴史の復習にもなるかもしれない。そう思っている眼の前に次のような文章が出現したら、一体どうすればいいのだろうか。

「共同の価格決定、市場評価、買占め批判、市場価格の陥る不条理などは、彼以前のスコラ学者がすでに論じていた」。

前半を読めば、誰もが現代の経済の話だと思うだろう。しかし、後半になると、彼以前のスコラ学者が……？　スコラ学は西欧中世の学問のはずである。一体どういうことなのか。彼とは誰なのか。『ダ・ヴィンチ・コード』の下手な謎解きよりも、こちらの謎解きの方がずっと面白いかもしれない。大黒俊二の『嘘と貪欲』はそれに挑戦した本である。

実はこの本は純然たる学術書、今日の商業の出発点にあった精神史を明らかにしようとした歴史研

「毎日新聞」２００６・６・４

究である。いわゆるルネサンス期に入る前のところで、キリスト教の世界観のために蔑視されていた商人や商業活動がプラスに評価され直してゆくさまを解明してゆく本である。

そんな経済史の本がなぜこんなに面白く、スリリングな本になってしまったのか。経済関係の資料のみを利用して、為替や銀行の源流の問題などを論じてあるだけならば、ここまで刺戟的な本にはならないはずである。これは単純な経済史の本ではないのだ。

著者はル・ゴフ他のフランスの中世史家が確立した心性史の方法を巧みに使いこなしている。民衆の気持ちのありようも歴史の重要な資料として使うのだ。どこをつつけばそんな資料が出て来るのかと言えば、説教である。

「一三世紀から一五世紀まで、地域はイタリアを主とし、説教の担い手としてフランチェスコ会、ドミニコ会などの托鉢修道会に焦点を合わせたい。……この時期、商人相手の説教で、商業倫理をもっとも精力的に説いたのも托鉢修道会士たちであった」。

説教のテクストを具体的に分析してゆく部分も面白いが（因みに、著者には抜群の語学力があるように思われる）、何よりも興味深いのは、托鉢修道会士たちが市井の商人たちに商売の倫理を説いたということ。彼らは清貧なる生活こそを目標とした人たちではなかったか。それが、なぜ？　時代からして、それが修道士一人ひとりの勝手な行動であったとは考えられない。ということは、フランチェスコ会などの内部に、商人の商業活動（物品の売買や金銭貸借など）をポジティヴに評価する考え方がすでに生まれていたということだろうか。

そこで著者は「スコラ学文献にみえる教会知識人の商業・商人観を検討する」ことにする。選び出された問題の人物「彼」の名前は一三世紀の人ピエール・ド・ジャン・オリーヴィ。今では「中世の生んだもっとも鋭敏な経済思想家」とも評価される彼の『契約論』が対象である。この一三世紀の『資本論』とも呼べる本の中で、彼は資本の役割を擁護した。フランチェスコ会の清貧の思想の代表者でもあった彼が、である。著者はその論理とレトリックを詳細に解読してみせる。そこにあるのは、資料から事実を引き出すことだけに満足して終わらない新しい歴史学の姿勢だ。

「毎日新聞」2005・10・9

九・一一のもとに浮上した輝ける七〇〇年

マリア・ロサ・メノカル『寛容の文化』足立孝訳（名古屋大学出版会）

この本を「七八六年、コルドバ」に始まり、「一四九二年、グラナダ」に向かうアンダルスの歴史と宗教と文化を描き出した傑作と紹介しても、多分読者にはほとんど何も伝わらないかもしれない。伝わるどころか、まず最初に、アンダルスって何、と質問されそうだ。

私にしてもスペインの歴史に関する知識などないに等しいのだが、それでもこの本の面白さくらいは判断がつく。アンダルスとは、かつてイスラム教徒（ムスリム）がイベリア半島を呼ぶときに使った呼称。要するにこの本はスペインの歴史についての本ということである。そして、一四九二年という年号を眼にしてわれわれが思い出すのが、コロンブスによるアメリカ大陸の発見なるものだとすると、この本はそこにいたるまでの七〇〇年間の歴史を語ったものということになる。

まず頭に浮かぶのは、そんなものが面白いのだろうかという疑問かもしれない。もちろん面白い、抜群に。この本を読み出せば、そのことはすぐに分かる。いや、読み出すまでもない。副題を見れば、読みたくなる――『ムスリム、ユダヤ人、キリスト教徒の中世スペイン』。それは三つの一神教が互いに衝突しながらも、互いに寛容になろうとして共存した時期であった。「単一の言語と単一の宗教」からなる国家をめざして、「統一と調和のモラルによって規定され、矛盾に対して遥かに不寛容な近代」への歩みが始まるのは、その時期に終止符がうたれたあとのことなのだ。

当然と言うべきなのか、それとも歴史の教訓とはこういうものと納得すべきなのか、中世のアンダルスの歴史のうちに、アメリカ帝国が世界にのさばるわれわれの時代の直面する難問を解決しようともがいたひとつの例がすけて見えるような気さえしてくる。

「ムスリムは、現代の世俗的なヨーロッパ諸国家に統合されうるだろうか。原理主義的なキリスト教徒は、彼らの子供たちを信仰の教育と同じく理性の教育に、聖書上の真実と同じく進化論的な諸理論に触れさせるべきだろうか。カトリックのクロアチア人、正教のセルビア人、ムスリムのボスニア人はバルカン半島で共存できるだろうか。寛容と不寛容はどうしたら並び立つことができるだろうか」。アメリカの研究者マリア・ロサ・メノカルはそうした問題意識を抱えながら、さらには九・一一以降の情勢をにらみながら、この本を書いている。

だからこそ、この本は生き生きとしているのだ。歴史の細部がそれ本来の輝きを取り戻すのだ。アラビア語の書物の焚書を命じ、「最も圧政的な異端審問の時代」を演出したカルロス一世をめぐるエピソードにしても、その一例としてよいだろう。彼はアラブの文化の魅力を知っていた。「一五一九年に神聖ローマ皇帝に即位するとき、カルロスはかつての皇帝フリードリヒ二世のガウン、フリードリヒがまことに愛したイスラーム風の外衣、さらにはアラビア語の刺繡された大きな折り返しをもつケープを身にまとって戴冠儀礼にのぞんだ」。

それだけではない。著者はアンダルスに形成された寛容の文化をふまえて、ボッカチオの『デカメロン』を、セルバンテスを、さらには現代の小説家ルシュディまでも読み直してみせる。『ドン・キホーテ』の背後にある歴史のある部分がこんなにも鮮やかに浮上してくるとは、まったくの予想外であった。

ウンベルト・エーコの奇蹟の推理小説

ウンベルト・エーコ『バウドリーノ』（上・下）堤康徳訳（岩波書店）

「毎日新聞」2011・4・3

何と評したらいいのだろうか、この作品は？　あれこれと考えた挙句に辿りついたのは、とんでもない小説、という言葉――随分と久し振りである、この言葉を使うのは。

ともかくひとつの例を挙げてみることにしよう。

「イングランド王とフランス王は海路での遠征を決め、フリードリヒは、一一八九年五月レーゲンスブルクから一万五千の騎士と一万五千の従者をしたがえて、陸路で出発した。フリードリヒが、ハンガリー平原で六万の騎士と十万の歩兵に閲兵したと言う者もいた。なかには、巡礼者の数が六十万人にのぼるという者もいたが、おそらく、誰もがみな数を誇張していたにちがいない……フリードリヒは二年間自活できる者だけに同行を許し、貧しい兵士はそれぞれが遠征中の食費として三銀マルクだけを受け取った。要するに、汝がエルサレムを解放したければ、必要な出費は自分で払え、ということだった。

多くのイタリア人が、遠征に参加した。シカルド司教とクレモーナ市民、ブレシャ市民、アデラルド枢機卿とヴェローナ市民、なんとアレッサンドリア市民も数人おり、そのなかにはバウドリーノの旧友も含まれていた。ボイディ……アレラーモ・スカッカバロッツィ……ガンバリーニ、チェルメッリ、みんな自費または町の経費で来ていた」。

このような文章がすんなりと収まるのは一体どんなジャンルの小説だろうか。最初に思いつくのは歴史小説かもしれない。引用の初めのところにも神聖ローマ皇帝フリードリヒ・バルバロッサの名前が出てくるし、彼が当時のイタリアの自治都市を支配下におさめようとするさまも、十字軍によるコンスタンティノープル制圧のことも書き込まれているのだから。しかも作者は、この物語の筆記者として、ビザンツ帝国の実在の歴史家ニケタス・コニアテスを登場させているのだから（彼には二一巻にも及ぶ『歴史』という著作がある）。

確かに一二、三世紀の西欧の歴史というのはわれわれになじみの薄いものではあるだろうが、歴史小説を通してであれば、少しはその姿が見えてくるかもしれない。そのような淡い期待を抱いて読みだすと、その期待は一瞬にして崩壊してしまう。問題は、引用した部分の最後に出てくる固有名詞群だ。このような恐らくは架空の人物がゾロゾロと出て来て、勝手に筋をかき乱してしまうのだ。その彼らに付随して、食べる物、着る物、身体の記述、セックスの話、そして多言語的な文化状況の話など、出るわ、出るわ。いろいろな町の話や宗派対立の話も。「世界はあなたがたの帝国よりも広いのです。北限の島ウルティマ・トゥーレとヒベルニア人の国があります。たしかに、コンスタンティノープルに比べれば、ローマは瓦礫の山、パリは泥だらけの村にすぎません」。

それでは主人公のバウドリーノはどこに位置することになるのかという話になるはずであるが……

彼が北イタリアの農民の息子であるのはいい。しかし、その彼がフリードリヒ皇帝の気に入られて、その養子となり、パリに遊学するのだ（彼には抜群の語学力があることになっている）。そしてギリシャの科学思想から文学、神学にまで触れることになる。イタリアに戻ったあとは、「司祭ヨハネのために宮殿を建てる」、「司祭ヨハネの手紙を書く」。この二つは目次からの引用であるが、読者は謎に包まれるしかない。一体これはどういうことなのだ、と。

物語は、紆余曲折を経由して、一一九〇年の皇帝の死へとつながる。皇帝は死の寸前に、エルサレムが解放されたら、「最も神聖な聖遺物を司祭ヨハネに返還しにゆこう」とバウドリーノに語っていた。彼は一二人の仲間と一緒に、「司祭ヨハネの王国を目指して旅立った」——だが、その国は何処にあるのか。

作品の後半はその旅の物語となる。「キリスト教世界最大の聖遺物……最後の晩餐でイエスが使った聖杯」を「インド」（東方）へ届ける旅は、しかしながら、それまでのような歴史物語であることをやめて、神話と伝説の世界の旅となる。そこには、主人公とヒュパティアと呼ばれる不思議な存在との出会いがあり、彼は「真実の愛を発見する」ことになるのだが、結局はひとりでコンスタンティノープルに戻ることになる。

そして、彼はそこで驚愕すべき事実を知る。フリードリヒ皇帝は実は暗殺されていたのであり、主人公の歴史と神話・伝承をめぐる旅はその謎解きに辿りつくための旅だったのだ。『バウドリーノ』は、なんと、推理小説だったのだ。殆ど奇蹟的な推理小説だったのだ！　そのことが分かるのは結末近くになってである。何という構成だ、絶句。

いや、絶句はしていられない。作者についても紹介しなくては。この小説の作者エーコはイタリアの哲学者、歴史家、小説家。映画化された『薔薇の名前』（東京創元社）はシャーロック・ホームズ物語のパロディであった。

メディチ家を演出した画家の伝説

ロラン・ル・モレ『ジョルジョ・ヴァザーリ』平川祐弘・平川恵子訳（白水社）

「毎日新聞」2004・5・2

「私の最大の幸福は、ミケランジェロの生きていた時代に生まれたことである。そして彼を師として持ち得、それもたいへん親しくつきあわせていただいたことである」。こんなことが書き残せたら、人生さぞかし楽しいに違いないと思うのだが、ジョルジョ・ヴァザーリ（一五一一―七四年）は実際にそう書き残した人物である。

もっとも、このヴァザーリという名前を聞いてどれだけのひとがピンとくるだろうか。西洋美術史に強い関心のあるひとならば、ああ、例の『列伝』の作者かぐらいの反応をして、それでおしまいかもしれない。しかし、それでは話にならないので、この有名な本の正式なタイトルを紹介すると、『アレッツォの画家ジョルジョ・ヴァザーリによりトスカーナ語で書かれたチマブーエから今日までのイタリアの優秀な建築家・画家・彫刻家列伝、及び、芸術に有用かつ必要な序説』となる。初版の刊行は一五五〇年、第二版が六八年。イタリア・ルネサンスの美術について何かを知ろうとすれば、必ず手にする本である（読む、読まないは別にして）。「ヴァザーリを読んで退屈することはない。それは、題材の多様性、自由自在な語り口、さまざまな文体、そして各々の伝記の内容の多様性によるのである。理論的な話、技術的な説明、作品の描写、それらについての批評、芸術家の心理状態、芸術家が出会った人物、その生涯に起きた出来事、逸話などが次々と書かれている」——このくだりなぞは、今書評しているロラン・ル・モレのヴァザーリ伝自体の説明として使えそうな気もするくらいだ。それはともかくとして、こういう派手な『列伝』をまとめる人物の人生は、概して退屈なものであることが多い。やたらと仕事が綿密で、遅くて、量だけが多くて。

『列伝』は、その分量が多いことにかけては常識的であるが、その著者の人生と性格はおよそ紋切型とは縁のないものであった。それは何よりも時代と環境のせいである。彼が生きた一六世紀のイタリアは、メディチ家のコージモ一世が絶対権をふるうフィレンツェという都市の政治・文化と切り離せないものである。「一五二七年五月六日、ブルボン元帥のドイツ人傭兵がローマに入り、町は完全に略奪し尽くされた。虐殺は残酷を極め、この世の終末の瞬間……絵画作品もまた虐殺、殺戮の対象となった。……システィーナ礼拝堂を馬小屋として利用し、ラファエルロ作のタペストリーを引きちぎった」。

ヴァザーリはこのような時代の中で生きてゆくために画家となり、みずからマニエリスム風の絵画を多数製作して成功し、ついにはメディチ家のコージモ一世の文字通りの側近となってゆくのである。彼はその主人の「政治的ナルシシスムを満足させるために、通りへ出て働くメディチ家の演出家として働いた」。彼は庶民のための祭りに協力したのはもちろんのこと、「ローマ風に、法王、皇帝、公妃たちの荘厳な入城式も企画立案した」。

そんな時代に生きた画家、文人、宮廷人の伝記を一体どのようにして書くのか。ロラン・ル・モレは、一六世紀イタリアとフィレンツェの政治・社会史とヴァザーリの個人史と、そして美術史をからみあわせながら、それをやってのけた。その成果は六〇〇頁に及ぶ詳細な大作となった。当然ながら、退屈な部分もある――私はそのことを讃辞として書きとめておく。退屈な記述であっても、必要と判断すれば書き続けるというのも学問の良心であるはずだから。

「毎日新聞」2008・3・9

傑作ドタバタ劇

カルロ・ゴルドーニ『ゴルドーニ喜劇集』齊藤泰弘訳（名古屋大学出版会）

来年はダーウィンの生誕二〇〇年になるので、世界の各地であれやこれやと賑やかなことになると思われる。それと直接の関係はないかもしれないが、昨年はゴルドーニの生誕三〇〇年にあたった。それに便乗するかたちで刊行されたのが、この『ゴルドーニ喜劇集』。彼の手になる喜劇九本の翻訳であるが、上下二段組で約六五〇頁ある。これだけ部厚い本になると、私などわけもなく嬉しくなってしまって、書評することにした。

しかし、それはそれとして、彼は何者なのだろうか。晩年は、ルイ一六世の妹のイタリア語の家庭教師としてヴェルサイユで暮らしていたものの、そこにフランス革命が勃発し、年金を打ち切られ、極貧のうちに世を去った。一七九三年一月六日のこと。若い頃はヴェネチアで弁護士をつとめていたが、のちに座付きの劇作家に転向し、ときには一年に一六本も書いたりした。要するに、一八世紀の西欧文学を代表する喜劇作家ということである。

それにしてもあきれるのは、喜劇や悲劇、歴史劇やロマンス劇と、時期に応じて書き分けながらというのならともかく、これだけ一貫してコメディばかりを書きまくるとなると、私などそれだけで感動してしまう。しかも、傑作だらけなのだ。

結論的にはそういうことで、あとは読者に任せればいいのかもしれないが、『骨董狂いの家庭、あるいは嫁と姑』の中からほんの少しだけ引用してみよう。

アンセルモ　もし別の……別の……掘り出し物があっターラ、持って来ターラ。

アレッキーノ　はい、持って来ターラ、また戻リーラ、またパクリーラ。

アンセルモ　「パクリーラ」って、どんな意味かね？

ブリゲッラ　旦那さまだけ「特別扱いする」という意味で。

アンセルモ　それはいい。もし君がわしをパクリーラするなら、わしも君をパクリーラだよ。

アレッキーノ　私、あなたをパクリーラするが、あなた、私をパクリーラしない。

アンセルモ　よろしい。約束しテーラ。

ブリゲッラ　行っターラ、行っターラ。

アレッキーノ　サヨナーラ。旦那ーラ（できることなら、ブリゲッラも騙しターラ）。

ブリゲッラ　待っターラ、待っターラ。

このテンポの速いバカバカしいやりとりの背景には外国語への茶化しと詐欺行為がある。

この場合だけではなく、ゴルドーニの喜劇には詐欺、賭博、借金、嘘のつき合いと騙し合い、相も変わらぬ男女のトラブル、主人と使用人のトラブル等々、今、われわれの眼の前で起きていることがすべて書いてある。そう、悪口の言い合いも、悪質のウワサ合戦も。読みながら、私など、テレビの画面に横行しているお笑い芸人を起用すればすぐに上演できはしないかなあ、それに、うけるだろうなあと思ってしまう。

お笑い芸人と呼ばれるひとたちは苦労してネタ帳を作ったりするということだが、もうその必要はない。『ゴルドーニ喜劇集』は秘宝の山のはずである。

もちろんその作品は超アップ・テンポのやりとりからなるだけではなく、格言めいた台詞も含んでいて、その双方が絶妙のバランスを保っていることも補足しておこう。それを探す仕事は読者に任せることにする。こんな喜劇もあるのだ。一八世紀のヴェネチア社会のドタバタが、そのまま今の日本にも横行しているとは……

「毎日新聞」2007・1・14

憂国の天才詩人——漱石・芥川も注目

レオパルディ『カンティ』脇功、柱本元彦訳（名古屋大学出版会）

本などを読んで、べつに感動とまでは行かなくても、なんとなく心に残った言葉を書き写し、自分なりの名言集をこしらえてみる。かつては普通に見られたこんな習慣も、今ではもうすたれてしまったのだろうか。しかしまあ新春のことではあるし、恒例のテレビ番組をつけっぱなしにしたまま、学生時代には自分でもやっていたこの暇潰しに戻ってみることにした。

「およそどんな完全さも無視して短時間で書かれた最近の書物は、事実よく見かけるように、しばらくは人気を博すかもしれないが、すぐに忘れられることになる」。

最近の新書刊行ブームのことを考えると、なるほど当たっているなあと思って苦笑いしてしまう。

もっとも編集者の立場からすれば、しばらくの間でも人気を博すれば十分ということになるのかもしれないが。

「大都会の人間たちは、際限のない雑念に囚われ、さまざまな気晴らしに気をとられ、精神は否が応でも浮薄と虚栄に向かわせられ、内的な悦びを感じることが難しい」。

これはちょっと発想が古いような気がする。しかし、その一方で、正論であるようにも思える。要は、このような批判をまともに受けとめる力を、今の大都会の人間たちはほとんど喪失してしまったということだろうか。「浮薄と虚栄」がセレブの名のもとにテレビの画面を闊歩している。次に挙げるのは強烈すぎて、「美しい国」の新春にはひょっとすると相応しくないかもしれないが。

「他の世紀もこの世紀も偉大な人物が非常に稀なのは同じだが、かつては月並みな者が圧倒的に大多数だったのに、今日ではまったくの能無しばかりになってしまった」。

ここで問題——この三つの痛烈な文章を書いた一九世紀の西欧の作家とは誰でしょう？　ニーチェ、ではありません。彼よりも半世紀ほど前のイタリアの作家レオパルディというのが正解。今ではイタリア文学の専門家でもなければ耳にしない名前かもしれない。われわれ一般の人々が知らなくてもいっこうに差し支えないということである。ところがその名前が漱石の小説『虞美人草』の中に出てくるのだ。「甲野さんは手垢の着いた、例の日記帳を取り出して、誌《つ》け始める。〈多くの人は吾に対して悪を施さんと欲す。同時に吾の、彼等を目して兇徒となすを許さず。又其兇暴に抗するを許さず。曰《いわ》く。命に服せざれば汝を嫉《にく》まんと〉細字に書き終わった甲野さんは、其後に片假名でレオパルヂと入れた」。

漱石という物知りはともかくこういう場所には出てくる人である。しかし、ともかく、私の抜き書き作りが甲野さんの伝統につらなるものであることが判って、よかった。さらに芥川龍之介の『侏儒の言葉』にもこの伝統につらなる資格があるだろう。次の文章はそこからの引用である。

「実際また偉大なる厭世主義者は渋面ばかり作ってはいない。不治の病を負ったレオパルディさえ、時には蒼ざめた薔薇の花に寂しい頬笑みを浮かべている」。

一七九八年、イタリア中部の田舎町の伯爵家に生まれたジャコモ・レオパルディは文字通り早熟の天才であった。すでに一八一三年には弱冠一五歳で『天文学の歴史』を刊行。古典文献学に没頭し、多くの言語を解し、そして詩作にのめり込み、諷刺的なエッセイを残した。喘息の発作と心不全のため、その生涯はわずか三九年をもって閉じられた。

彼の前にあったのは、ヨーロッパの各地を戦乱にまき込んだナポレオンの支配下であえぐ祖国イタリアの姿であった。そのような国情を見つめながら、一五歳の詩人は歌う。「いにしえをかえりみよ、おお、わが祖国よ、／見よ、数限りなき不滅の者らの隊列を、／そして泣け、おのれに怒れ、／苦しみに怒らぬはもはや愚かなことゆえに」。詩「ダンテの記念碑に寄せて」の中には、このような現状に対する失望と怒りがあふれている。言うまでもなく、それは誤解されやすい愛国的な詩であるが、それを黙殺してレオパルディについて語ることはできない。「いまだわれらに／なんらかの希望があるのか。われらはまったく／破滅したのか」という詩句も、「今やいったいなにが残るか……たしかなことはただひとつ、苦悩のほかはすべてむなしい」という詩句も理解できない。

彼の中で、祖国の現状への絶望は生そのものに対するペシミズムへと深化してゆく。「月よ、おまえは、空で、なにをしている、／言え、無言の月よ、おまえはなにをしているのかを」。「そして世界は汚泥にすぎず。／今ははや心よ黙《もだ》せ、これを最後に／望みを断つべし」。

レオパルディが残したのは、「読書の内に現在の快楽しか求めていない」人々にはおよそ無縁の文学であった。それが、今、私の前にある。

「毎日新聞」2011・1・9

過去への海外旅行

岡田温司『グランドツアー』（岩波新書）
富永茂樹『トクヴィル』（岩波新書）

年末年始の海外旅行と言えば、今ではテレビで普通に見かける光景になってしまっているのだが、こんな行動、一体いつの頃から一般化したのだろうか。あるいは、これと似た海外旅行が世界史の中に登場してくるのは、いつ、どこでのことだろうか——勿論すぐに見当はつく。一般人と呼んでよい人々が海の彼方にまで出かけてウロウロし始めるのは、一八世紀のヨーロッパのはずだから。産業革命を経由してそわそわし始めたイギリス人のはず。

それではその旅行先はどこだったのかということになるのだが、一ヶ所しかない。イタリアである。そこは気候的に暖かいし、伝統的な文化（の遺跡）があった。それに、ロメオとジュリエットの国でもあるし、ともかくシェイクスピアの所縁の地でもあるわけだから。一九世紀や二〇世紀にもイタリアを舞台とした英文学の作品はうんざりするくらいある。ジョージ・エリオット、ラスキン、ペイター、D・H・ロレンス、E・M・フォースターの小説や批評など。それにロマン主義の詩人たちの詩や雑文なども。

ここまで常識的な想像をしてきた読者は岡田温司の本を手にした途端に啞然としてしまうかもしれない。一八世紀のグランドツアーとは、「イギリスの支配階級や貴族の子弟たちが、教育の最後の仕上げとして体験することになる、比較的長い期間……のイタリア旅行のことで、一七世紀の末にはじまり一八世紀後半においてピークに達した」。実はそのような旅行者のそばには数多くの「画家や建築家や音楽家」の他に、「各国のコレクターやディレッタントたち」もいた。『イタリア紀行』を書いたゲーテも、例のサド侯爵も、ヴェスヴィオ火山の研究をしたイギリス公使ハミルトンもいた。いや、名前を挙げだすときりがない。

著者はこのようなグランドツアー絡みの人の交流が浮かびあがらせるイタリアのさまざまの人々、風景、遺跡、ローマやヴェネツィアの美術を、身振り、手振り付きの早口でガイドしてくれる。実に楽しい。美術館の定番の展覧会では眼にすることのない多数の図版は、それだけでお宝と呼んでいいだろう。

それに対して、一九世紀前半の激動期のフランスで仕事をした政治思想家トクヴィルが旅をしたのは、アメリカとイギリスの工業都市マンチェスターなど。「一八三〇年代にトクヴィルはただ『文明化したアメリカ』だけではなく、まだ残されている未開の荒野へもその足を向けています」。更に、「フランスによる植民地化の問題」を頭において、アルジェリアにも。

主著『アメリカのデモクラシー』が示すように、彼もまた外国の状況を――ギリシャ、ローマ以外の外国を――経由することによって、民主主義の何たるかを考えようとしたのである。言語も信仰も異なる多民族からなる国アメリカを見つめながら、「これほど多様な要素を一つにまとめる絆はなんなのだろう。なにがそのすべてから一国民をつくっているのだろう」と、彼は問う。

トクヴィルはみずからの立てたその問いに、「利益、それが秘密である。たえず姿を現わす個別の利益」と答えてみせる。その瞬間に、われわれの眼の前にはアメリカの巨怪な資本主義の姿が浮かんでくる。富永茂樹の狙いもそこにあるはずだ。彼は多数の思想書や文学作品と交差させてトクヴィルを読み解きながら、アメリカと日本の、そして世界の現状を鮮烈に浮上させる。これは過去への見事な海外旅行だ。

歴史家の洞察、歴史学の原点

カルロ・ギンズブルグ『糸と痕跡』上村忠男訳（みすず書房）
ジャンバッティスタ・ヴィーコ『新しい学』（全3巻）上村忠男訳（法政大学出版局）

「毎日新聞」2009・3・22

アウエルバッハの『ミメーシス』。この言葉を眼にしてある種の熱いノスタルジアを覚える人と、何、コレと怪訝な顔をする人の境い目は、年齢にして六〇歳くらいだろうか。私はもちろんノスタルジア派。この本は二〇世紀の文学批評の名著である。ホメーロスからヴァージニア・ウルフまでの西洋文学の現実描写のしかたを分析してみせた、あの厚い本である。

そのヴォルテール論を歴史学者カルロ・ギンズブルグが、文学批評家よりもずっと精密に読み直してみせる（ちなみに、私はこのイタリアの歴史学者が大好きで、彼の発言はおおむね信用する。それでしくじったことはない）。

その話題は、一八世紀初めのイギリスに滞在して、刊行されてまもない『ガリヴァー旅行記』などの影響を受けながら、当時のロンドン株式取引所について論ずる、一八世紀啓蒙主義を代表する哲学者ヴォルテールを論ずるドイツの批評家アウエルバッハである。要するに、哲学者、批評家、歴史家の競演ということだ。哲学者の言葉を読みとる批評家の言葉を読みとる歴史家の言葉が、私の眼の前にあるということだ。なんともリッチな気分になる。「アウエルバッハは市場の合理的な法則に規制された文化的に等質な大衆社会の到来を先取りしたものを読みとったのだった」。話は一八世紀初めのロンドンから、ニューヨーク他の株式取引所を経由して、われわれの大衆社会に直結してしまう。「そして株式取引所はすべての外国人の集合場所だ」、これも一八世紀初めの哲学者の言葉である。

しかし、それにしても、この哲学者のこのような洞察はどこから来たのだろうか。この疑問に答えるのは、今度は批評家ではなくて、歴史家ギンズブルグの番である。

「若いころからヴォルテールはインド会社に莫大な金を投資していた。そのインド会社が奴隷貿易に広く手を染めていたのである」。哲学者の方もそれくらいのことは承知していたはずであるが、その先にあったのは人種差別的な発言であった。「黒人の大部分、そしてカフィール人は全員が、愚鈍そのもののなかに埋没してしまっている」（補記。実はヒュームやカントのような哲学者も似たような人種差別の言葉を残している）。

それにしても、ひとりの哲学者の残した言葉（痕跡）から、このような論理のつながり（糸）を引き出してみせる歴史家の力量には舌を巻くしかない。しかも、それは意識的な方法なのだ。「ずっと以前から、わたしは歴史家を職業としている。痕跡を利用しながら、真実の歴史を物語ろうと努めている」。その証拠となる『チーズとうじ虫』のような著作が日本語訳で読めることは、衆知の通り。

ただ、この『糸と痕跡』の中で、彼が自分のテキストの読み方に似たものを見いだしたのは、『ミメーシス』という文学批評の中にであった。そのことは、はっきりと明言されている。『燈台へ』と『失われた時を求めて』から、アウエルバッハは、偶発的な出来事、ごく平凡な生活、たまたまとりあげられた文章の断片をつうじてこそ、より深い全体の把握に到達しうるという、伝統的な文学史とはまったく無縁の観念を引きだしたのだった」。

哲学者、批評家、歴史家をつなぐ糸をたどってきた私が啞然としてしまうのは、ヴォルテールとまさしく同時代のイタリアの思想家であり、現代の歴史学の原点に立つとされるヴィーコの『新しい学』の中に、次のような一節を見いだしたときである。

「薄汚くよごれ、切断され、本来の場所から外れたところに横たわっていたため、これまでは知識にとって役に立たなかった古代のもろもろの偉大な断片が、磨きあげられ、合成され、本来の場所に置かれて、偉大な光明をもたらしてくれるということ。……わたしたちに確実な歴史を語ってくれるすべての現象が、これらすべてのことがらをみずからの必然的な原因としているということ」。

歴史家ギンズブルグがこの一節を読んでいないはずはない。彼はそれを読んで、忘れてしまったのだろうか、それとも意図的に忘却したのだろうか。私の想像力は右往左往し始める。しかしそれは、何かの本を読んでいて最も楽しいときでもある。

すぐ分かる本？――バカバカしい。本を読むことの楽しさは、言葉の森の中で方向を見失って立ち往生し、「痕跡」探しにとりかかるときにこそある。全体的な理解などということはさて措いて、今眼の前にある細部に集中すること。これもまた正当的な本の読み方である。単純な感動などはどうでもいいことだ。いや、私は読書の一般論を書きしるしているのではなくて、デカルトもヴォルテールも吹き飛ばしてしまうヴィーコの『新しい学』の書評を書いているのだ。これは、まさしく歴史学の成立を体現した驚くべき奇書である。

最後の言葉

ベルナルド・アチャーガ『オババコアック』西村英一郎訳（中央公論新社）

「毎日新聞」2004・3・7

語り手がやって来るのは、「世界でここほど悲しく、退屈な村は他にはない」と形容される寒村である。場所はスペインのカスティーヤ地方。「老人ばかりで人口が二百人たらずの村では、そこに居を構えようとして、知らない人間が外からやってくるのは、一瞬にして大事件である。彼らは人を迎えることになれていない。……なじみとなった光景は、逃亡の光景である」。語り手はそのような廃村と化しつつある村に、一年間の休養のためにやって来る。「ビジャメディアーナには三百軒くらい家があり、それらのほとんどの家は、私が来る十五年か二十年前に捨てられてしまった」。

このような状況設定からわれわれが予想するのは、さびれてゆくスペインの寒村の生活を描いたリアリズム小説ということになるだろう。確かにそうした部分はある。自然の変化の美しさはあるものの、土地の因習に縛られた人々の単調な生活の描写は確かにある。しかしそれだけでは、スペインのバスク地方出身の作家ベルナルド・アチャーガの短編集『オババコアック』が現代の傑作となるはずはない。

アチャーガには自然の魅力と人々の貧しさを正確に見つめる眼の他に、巧みなストーリーを構成する才能がそなわっている。ほとんど推理作家のそれに近いような構成力がある。冒頭の短編「エステバン・ウェルフェル」を読むだけで、思わず、ほほうと言いたくなるくらいに、それは鮮やかなものである（残念ながら、ここでその種明かしをするわけにはいかない）。

「ビジャメディアーナに捧げる九つの言葉」では、村人とつきあうことをしない不思議な子どもらしき人物に語り手はつよく興味を引かれる。会いに出かけてみると、「扉がばたんと開いた。……瞬間、顔から血の気が引いた。目の前には小人がいた」。小柄というだけで、立派な身なりのこの人物はビジャメディアーナの伯爵ファン・デ・タッシス——王に対する不敬ゆえに死罪に処せられた詩人にして、かのゴンゴラの友人——の末裔であることが判明する。そのときこの村は一挙に歴史の次元を持つことになる。

それだけではない。この村の「ナガサキという風変わりな名前」の飲み屋には、一九三六年のスペイン市民戦争の名残りをひきずるかのように、「ムッソリーニやペロン」を支持する庶民が集まり、もう一方のカフェーには理性信奉の左翼が集まる。さらに「スペインの欧州共同体への統合をどう考えるか？」という議論も出る。そのとき、過去に埋もれたはずのこの寒村がまさしく現代に直結してくる。アチャーガはそれを狙っていたはずだ。都会派の現代作家には見えない視点、彼はそれを明瞭に、かつ強烈に意識しているはずだ。

彼は生来的なストーリー作りの才能を持つ素朴な作家などではない。それどころか、ポストモダニズムの文学の最前線に位置する作家でもある。つまり、作品を書きながら、その書くことについて考える作家でもある。「最後の言葉を探して」と題されたセクションに、「話について」「五分で話を書くには」「剽窃の方法」といった小見出しが並ぶことには何の違和感もない。「今、世界は巨大なアレクサンドリアです。そこに住む私たちは、すでに想像されたものについて批評することにもっぱら従事します。……ずっと昔にロマン主義者の夢想は消えてしまいました」。アチャーガは一冊の内に『ダブリンの人々』と『ユリシーズ』を合体させようとしたのかもしれない。

6　北　米

知られざる一九世紀の米文学

齊藤昇『ワシントン・アーヴィングとその時代』（本の友社）
鷲津浩子『時の娘たち』（南雲堂）

エマーソン、ホーソン、メルヴィル、ヘンリー・ジェイムズと並べて、さて、この作家たちに共通する点は何でしょうというクイズを出したとする——一九世紀のアメリカを代表する作家たちと答えたら、もちろん間違い（大学院の入試ならその程度の答えで合格かもしれないが）。正解は、生まれてまもない国の現状を見つめながら、〈母国〉イギリスのことが気になって仕方がなく、場合によっては移住までして、その文化を体験しようとした人々、というもの。この伝統の締め括りをしたのが、二〇世紀の詩人T・S・エリオットということになる。

ところでワシントン・アーヴィングの短編「リップ・ヴァン・ウィンクル」や「スリーピー・ホローの伝説」といえば、明治の頃からつい何十年か前まで、わが国の英語教科書には必ず登場する定番中の定番であった。とりわけ前者には、浦島太郎の伝説に似たところがあるものだから。

さて、ここで第二問。この二つの短編が収録されている『スケッチ・ブック』（一八二〇年）とは、何をスケッチしたものだろうか。そこに収録されている「田舎の教会」、「田舎の葬式」、「村の誇り」、「イングランドの田舎生活」といった文章を見ればすぐ分かることだが、そこでスケッチされているのは英国の文化と生活の諸相なのだ。つまりこの本は、れっきとした英国滞在記であって、アーヴィングもまた最初に挙げた作家たちの仲間のひとりだということである。いや、彼こそが原点なのだ。彼はアメリカが生んだ最初の国際的な作家だったのである。

それでは第三問。その彼とまったく同じ時代に生きて、『クリストファー・コロンブスの生涯と航海』、『コロンブスの仲間たちの航海と発見』の他に、『グラナダの征服記』や『マホメット伝』を書いて、ムーア人やイスラムの文化に深い理解を示したアメリカの作家とは誰だろうか。もちろん、アーヴィングその人以外にいるはずがない。その彼の最後の仕事は『ジョージ・ワシントン伝』であった。

問題は、こんな途轍もない作家の全体像を手際よく語ることができるかどうかということ。齊藤昇の『ワシントン・アーヴィングとその時代』はそれをやってのけた。これまでの学問研究の成果をきちんと踏まえて、作家の女性問題、出版社との交渉、興味深い探検談までも語る。作家の生涯と作品について語りながら、若き日のアメリカの歴史と文化についても語っているのである。

そのかたわらに鷲津浩子の『時の娘たち』を置いてパラパラめくっていると、ちょうど真ん中あたりに気球の絵がたくさん出てくる。時代は大体同じ、つまり、一八世紀の末から一九世紀にかけてだ。自動車や飛行機の写真と違って、気球の絵はいい——のんびりしていて、おだやかで、なんとなく間が抜けていて。私の個人的な感想であるが、気球にひかれる人というのは大体善人である。

それはともかくとして、著者が眼を向けるのは、この時期を代表する作家E・A・ポウの作品のあちこちに気球が顔を出してくるという事実にである。普通これは、作家ポウの茶化し精神の表われくらいに見られてしまうのだが、著者はそのことを十分に承知した上で、あえて思い切ったことをやってみようとする。「大袈裟に言えばポウが気球に託した思想・宇宙観」を語ろうとするのであり、「その手段は当時の気球がどんな歴史や意義を持っていたかを概観することである」。そして、そのためには科学史や思想史の中に迷い込んでしまうこともいとわない。文学の研究者なる人々が苦手とする行き方であるが、この著者はアメリカの大学の図書館にも気楽に足を運んでしまう。そういう時代がもう来ているようである。

例の『白鯨』の作者メルヴィルの短編「鐘楼」を読むときには、西欧における時計の歴史がまず検証され、西欧型の職人芸の産物としての時計と、大量生産のアメリカ型の時計が対比される。問題の短編では、「ルネサンス期の時計観と十九世紀の時計観が二つとも同時に登場することに意味があるのだ」。思いきり単純化してしまうならば、そこには、西欧の思想と技術の伝統をふまえながらも、それをアメリカ式に改新してゆこうとする姿勢が見てとれるということである。

科学技術の利用ということに限らず、自然を観察する眼にもそれが見られる。エマーソンの自然誌にも、ホーソンのそれにも、ポウの宇宙論にも。著者がそこに見るのは、ひたすら西欧にあこがれる文化ではなく、「啓蒙主義思想の壮大な実験室」となったアメリカであり、それを象徴したアメリカ文学である。刺戟の強い一冊だ。

「移住」の現実をえぐる二つの小説

ラン・カオ『モンキーブリッジ』麻生享志訳（彩流社）
フランク・J・ウェブ『ゲーリー家の人々』進藤鈴子訳（彩流社）

「毎日新聞」2010・7・18

当たり前のことではあるが、私たちの知らない文学がいたるところにある。今、この時代にも、過去の時代にも。今回は、ベトナム戦争と人種差別の問題を中心にかかえている二つのアメリカ小説を取り上げざるを得なくなった――読んで楽しい、面白いという理由からではなく、読み終えて、このまま放置しておくわけにはいかないからである。

ひとつは、アメリカの大学で教えている元ベトナム難民ラン・カオの小説『モンキーブリッジ』（一九九七年）。「一九七五年四月三〇日……母は一人祖父を残し、ベトナムをあとにした」。「わたしはサイゴンで知り合ったアメリカ軍大佐マイケルおじさんと、すでにアメリカにいた」。大学受験をひかえた難民の少女が冒頭近くに書きつけるこうした言葉だけからでも、われわれの眼の前に途轍もない世界が浮上してくる予感がする。

勿論、ベトナムの伝統的な生活、文化、風習の話や、現状の話も出てくるだろう。脱出も出てくるだろう。

しかし、その一方で、この自伝的な小説の中には、われわれの常識的な予測を越える展開も書き込まれている。幾つも。なぜ母は父と一緒にサイゴンを脱出しようとせず、祖父とともに国外に出ようとしたのか。なぜ、それが果たせなかったのか。そうした疑問に導かれながら、新聞やテレビのニュース報道では知ることのできなかった歴史的な事実や可能性を目のあたりにすることになる。たとえば父は、フランスの啓蒙哲学を専門とする大学の教授であり、「ベトナムの近代化を目指す革新的知識人」であった。祖父は？

「母さんが父と呼ぶババ・クワンという男がベトコンの一人だと、どうして言うことができたろうか……一九七五年四月三〇日、戦車でバリケードを踏み倒しサイゴンの大通りをものすごい勢いで凱旋した征服者の一人が……祖父だった」。敵と味方の間に単純な線引きをする紋切り型の考え方などまったく通用しないのだ。アメリカ移住後も決して平安が約束されるわけではない。「広い場所に出ると感じる得も知れぬ恐怖、この国で感じる疎外感、いつ国外追放になるかもしれないという不安」。「わたしにはアメリカの市民権がないのだ」。

さらに、ベトナム系の移民と、犠牲者としての一面ももつことになる退役軍人との関係についても、眼が向けられる。移民が営む店には彼らの姿が見られるのだ。「退役兵たちはわたしたち南ベトナムからの移民に囲まれ、控えめながら顔を上げることができた。アメリカに来て四年にも経たないうちに、わたしたち移民は［首都ワシントン近くの］アーリントン国立墓地からそう遠くないところで、安心して暮らせる家庭的な場所をつくり上げていた」。勿論、こうしたエピソードだけで終わる話ではない。時間をかけてじっくりと読むに値するベトナム系アメリカ文学の傑作である。

『ゲーリー家の人々』（一八五七年）というあまりにも平凡な表題の小説の中で、アメリカ南部ジョージア州の町サバンナ近郊の農園からフィラデルフィアに「移住」するのは、一組の夫婦とその二人の子ども。ただこれだけの設定が、（たとえ傑作とは言えないにしても）いかに恐るべき歴史小説に展開してゆくことになるのか、今の時代の読者には想像しづらいかもしれない。

そのときに手助けとなるのが、この小説の前書きの中にある次のような歴史的説明ではないだろうか。「自由州と奴隷州の境界であるフィラデルフィアの街には、ごく自然な形で、アフリカ系の人々や混血の人々が多く住みついておりますが……かなりの大きさの自由都市であるため、逃亡奴隷や解放奴隷が集まってきております……当時、奴隷制度を問いただそうとした北部の都市では、逆に反動的な南部の煽動を受けて、黒人たちに対する暴動が起きました」。アメリカ南部の奴隷制度、北部の自由といったまとめ方ではとても把握しきれない歴史的現実があったことを、この前書きは教えてくれる。それを書いた人物が誰なのか、想像がつくだろうか。

この前書きを書いたのは、『アンクル・トムの小屋』(一八五二年)の作者ストウ夫人である。フィラデルフィアの黒人の青年フランク・J・ウェブはそのような環境の中で、この小説を書いたのである。

農園主ゲーリーは富裕な白人、その妻は元奴隷。ジョージア州では白人と黒人の結婚が法的には禁じられていたので、二人は正式に結婚し、混血の子どもたちの相続権を確保するためにフィラデルフィアに移住するものの、そこで暴徒に家を襲われて惨殺される。その展開の周辺に配置されたさまざまの自由な身分の黒人たち、友好的な白人たち、白人の悪徳弁護士、そして黒人たちの日常生活——私はこのような小説の存在を知らなかった。リンカーンの時代にこれと似た小説が複数あったことも。

リンカーンは黒人選挙権に反対だった

エリック・フォーナー『アメリカ　自由の物語——植民地時代から現代まで』（上・下）
横山良他訳（岩波書店）

「毎日新聞」２００９・２・８

アメリカの黒人奴隷を解放したリンカーン大統領（これは誰でもが知っている歴史上の事実）にならって、オバマ新大統領が就任式をこなす（これはテレビの画面で観た事実）のを確認したあと、眼の前に開いた本の中で次のようなくだりにぶつかってしまった。

リンカーンは、人種的平等主義者ではなく、当時の社会で広く見られた人権剝奪の多くの事例を容認した。人生のほとんど最後まで、彼は黒人選挙権に反対し、折に触れて黒人の国外への植民について語った。

初めてこのような事実を知ることになった人には、相当の衝撃かもしれない。

しかし、この本は、歴史の事実を勝手にねじ曲げて、面白おかしく歴史を語ろうとするものではない。まったく違う。著者のエリック・フォーナーは今日のアメリカの歴史学界を代表する研究者であって、それこそオバマ大統領自身も、彼の手になるいずれかの本を読んでいてもおかしくないのだ。この歴史学者は、独立宣言起草についても、「周知のように、トーマス・ジェファソンは、自由に対する不可侵の権利を主張する不朽の文言を記したとき、一〇〇名以上の奴隷を所有していた」と、堂々と書ける人である。

更に、こんなことも書いている。

「一七九四年にフランス国民公会は、奴隷制撤廃を宣言した（数年後、ナポレオンによって奴隷制は復活する……）。奴隷解放は、独立したハイチの指導者とラテンアメリカの解放を要求するほとんどすべての人びとの目標だった。新たな国民国家の創造に伴い奴隷制が強化されたのは、合衆国だけであった」――私の見ていたかぎりでは、ワシントンに集まった二〇〇万人もの人々の背景にあったこのような歴史を多少なりとも説明しようとするテレビ局はひとつもなかった。ただ就任演説の感動度は、という話だけで。

『アメリカ　自由の物語』はその欠落を補ってくれる。そこには、アメリカの黒人たちがともかくさまざまのレベルでの自由を手にするまでの三世紀にわたる歴史が、実におびただしい量の資料を使って、わかりやすく語られている。これは一般の読者にも読めるように書かれた専門書であるということだ。その種の本としては最高の出来映えである。

もちろん著者は、人種問題の解決と自由とを短絡させているわけではない。何よりもその狙いは、〈自由〉という言葉のもつ内容が実に多義的で、歴史の中でさまざまに変化してきたことを説明することにある。自由とはすべての人間が生来的にもつ権利なのか。それとも政治制度と絡むものなのか。その政治制度が違えば（王制、貴族制、民主制、共産制など）、そこでの市民的自由も違ってくるのか。誰もが同じ経済的自由をもつのか。自由金融経済というときの自由とは何なのか。精神的自由というときの自由とは何なのか。人種、ジェンダー、階級についての自由は一体どう説明できるのか。

そうした問題のいずれかに焦点を絞った本ならばいくらでもある。著者はそうした問題のすべてがアメリカの歴史の中で絡み合うさまを追いかける。建国の前後から、一九世紀を経て、一九六〇年代の公民権運動、学生運動、フェミニズム、その後の「保守的自由」にいたるまで、この本の中には思想史、政治史、経済史、社会文化史が同居している。そして、女神の図像――「自由の女神」にこんな多数のパターンがあったとは！

びっくりすると同時に、苦笑いしてしまう。我々はアメリカの何を知っているのだろうか。

「毎日新聞」2007・8・12

意表突く黒人の系譜と「女性の異性装」

ジョー・ドレイプ『黒人ダービー騎手の栄光』真野明裕訳（アスペクト）

ルドルフ・M・デッカー他『兵士になった女性たち』大木昌訳（法政大学出版局）

今回はこの二冊。そこにどんな結びつきがあるのかと訊かれても、どうもこれといった理由を挙げかねるが、しいて挙げるとすれば、読みながら、歴史の中にはこんな事実もあったのか、小説よりも奇なりとはこのことかという衝撃が体中を走り抜けるということだろうか。

一冊は一九世紀の末から次の世紀の初めにかけて、アメリカ、ロシア、オーストリア、そしてパリで活躍した天才的な騎手の伝記。もう一冊は、一七―一八世紀の無名の一一九人の女性たちの……何と言えばいいのだろうか、破線だらけの物語？　彼女たちも実在したことは間違いないのだけれど。

一七世紀から一八世紀にかけてロシアに君臨したピョートル大帝は、身辺に何人ものアフリカ黒人をはべらせていた。そのうちの一人ハンニバルは、大帝の命令でパリに遊学し、フランス軍に入って対スペイン戦争に従軍し、そのあとロシアに戻る。「当時、彼は帝国屈指の知識人で、フランスから帰還する際マキャヴェリからラシーヌまで多岐にわたる書物四〇〇冊以上を携えてきた」。ほとんど信じがたい事実と言うしかないのだが、その彼は子孫も残している。「曽孫に当たるアレクサンドル・プーシキンは自分にアフリカ黒人の血が流れているのを誇りにしていた」。何ということだろうか。トルストイやドストエフスキーをもって代表させるロシア文学史とはまったく異なる血脈がここにはあるということだろうか。

そのロシアには、一八世紀の末から財をなしたラザレフという家系があった。少数民族のアルメニア人の家系である。アメリカで抜群の名声を手にしながらも、黒人であるがゆえに差別に苦しみ、将来を悲観していた騎手ジミー・ウィンクフィールドをポーランドに、一九〇四年に――つまり、日露戦争の時代に――呼びよせたのは、その家系を代表するラザレフ将軍であった。それから一〇年余、ロシアの競馬界の中心にいて膨大な利益をあげたのは、この二人であった。

ジミーはロシアの美しい女性と結婚し、社交界の花形となってゆく。ロシア革命前の、皇帝ニコライ二世時代の話である。祖国アメリカのケンタッキーの白人社会が、「黒人と白人の生徒が学校で一緒に勉強することを非合法化」する方向に動き出しているとき、「ここの人間は誰も彼の肌の色をとやかく言わなかったし、彼を他の者と差別するようなこともなかった」。差別するどころか、彼には「黒いマエストロ」という敬称まで与えられた。

伝記はもちろん一九世紀末のアメリカの競馬界のこと、黒人差別のこと、さらにオーストリアやパリでのジミーの生きざまのことを語ってゆく。あまりにも型破りの人生を語ってゆく。それと同時に、この天才騎手と並行して、アメリカの黒人文化を西欧に、みずからの体を通して輸出していった黒人の芸術家たちも紹介してゆく。大西洋を越える文化の交流を白人のレベルに限定してきたこれまでの考え方からすると、そこには何か衝撃的な力のうごめきが感じとれると言うしかない。原本の刊行は二〇〇六年のこと。とうとうこういう時代になったのだ。

それと較べると、オランダの二人の歴史学者の手になる『兵士になった女性たち』（一九八九年）は、もう少しおだやかな本のように見える。もちろん、それは錯覚にすぎないが。オランダの各地の裁判記録などの中から、男装して水夫や兵士となり、そのことがバレて裁判にかけられた女性たちを呼び出そうとするのは、今から二〇数年前には、十分すぎるほどラディカルな試みだったはずである。黒人の騎手の場合と違って、伝記的な復元を可能にする資料はないに等しいのだから。

二人の歴史学者は、資料の読みとりを不可欠の条件とする正統的な歴史学が踏みとどまるはずのところで、一歩二歩と前に踏み出してゆく。「男装をして男性として生活したため裁判にかけられた女性たちの事例」を前にして、資料不足を嘆くにとどめるということをしなかったのだ。

女性による異性装の伝統は「大衆文学や版画や歌のなかに引き継がれている」、つまりフィクションの中には生きている。だとすれば、そのようなフィクション上の例と歴史的資料をどうリンクさせるのか。二人の歴史学者は「一七、一八世紀に集中していた」女性の異性装という現象を説明するために、政治経済史、宗教史、犯罪史、社会史、文化史など、ありとあらゆる歴史的知見を投入してゆく。そしてこの現象がなぜオランダとイギリスに多かったかが追求されてゆく。痛快。ここにも、別のかたちの新しい力のうごめきがある。

差別と文化はどう結びつくか

ロバート・G・リー『オリエンタルズ——大衆文化のなかのアジア系アメリカ人』貴堂嘉之訳（岩波書店）

「毎日新聞」2007・11・18

『広辞苑』の最新版にも「チャイナ・フリー」という言葉は……まあ、入らないだろうなあ。それはともかくとして、この言葉は、ときには有害物質を含有しているような中国製品のボイコットを目的とした新造のアメリカ英語。極論すれば、『オリエンタルズ——大衆文化のなかのアジア系アメリカ人』は、そのような新造語が作られて、マスコミに流されてしまうようになる歴史的な背景を調べあげたカルチュラル・スタディーズ系の本である。

取り上げられるのは一九世紀の俗謡や雑誌の挿絵から、二〇世紀の初めのセオドア・ローズヴェルト大統領の有名な人種差別の発言、それと同じ頃のフー・マンチュー物の黄禍論小説。「フー・マンチューは最初に大衆に認知されたオリエンタルであり、極悪非道の原型となった」。

さらに映画『散り行く花』（D・W・グリフィス監督）や『サヨナラ』。SF小説を映画化した『ブレードランナー』。そして『ライジング・サン』も。当然のことながら、政治評論家サミュエル・ハンチントンの文明の衝突論も、一九九二年のロサンゼルス暴動も。そして、アメリカの帰化市民になろうとして連邦最高裁判所に拒否されたハワイ在住の日本人のことも。要するにこの本はとても読みやすく、興味の尽きない内容ではあるけれども、その副題が期待させるような軽い本ではない。むしろ、その逆である。

著者は人種、ジェンダー、階級からなるトライアングルの中で論点を追究するという姿勢を守りながら、一九世紀から今日にいたるまでのアメリカ合衆国における人種偏見と差別のあらわれ方、それと文化、政治、経済のときに隠微な、ほとんどつねに露骨におぞましい結びつき方を解明してゆく。上から下まで、あらゆるレベルでの結びつき方を読者の前に提示してみせる。その提示のしかたには多少芝居がかったところがあるものの、構やしない。逆に、これくらいは語り口の面白さのある方がいいようにも思われる。

第一章は、一九世紀アメリカの最大の問題であった黒人奴隷の話からは始まらない。一八五五年に出版されたある本の中での主張——「中国からの移民の到着が、カリフォルニアの『黄金』期を衰退させた直接的な原因である」——をめぐる周辺事情から始まる。続けて、こんな事実も紹介される。「一八五〇年には、外国生まれのアメリカ人は、十人に一人だけだったが、サンフランシスコ住民の半数は、外国生まれであった」——ということは、既に多人種、多文化、多言語の状況がそこにあったということである。

そのような状況の中でうごめく人種差別論を体現したヒントン・ローワン・ヘルパーという作家は、奴隷制の即時廃止を言う一方で、「異人種間混交」に、つまり異なる人種間での結婚に猛然と反対した。そして、広く支持された。アングロ・サクソン系の白人の血を守ろうとするこの発想は、一九世紀の末から強い力をもつことになる社会ダーウィン主義とやすやすと結びつく。重要なのは環境に適応できる白人という考え方になる。大統領ローズヴェルトもそう考えたし、同時代の「鉄鋼王のアンドリュー・カーネギーは、アジアの臣民が今後、アメリカに流入することは国民統合の脅威となりうる」と考えた。それは今日でも多文化主義の台頭と多民族の流入を結びつけて、それに反対する思想の中に生きのびている。

軽やかな書き方とは反対に、書き込まれていることは重い。そこには、今の時代の重い課題が露出している。

「毎日新聞」２００９・６・21

「熱狂としての読書」の入門と実践

J・ヒリス・ミラー『文学の読み方』馬場弘利訳（岩波書店）

藤平育子『フォークナーのアメリカ幻想』（研究社）

本を手にしたら、まずじっくりとその目次を眺める。これは読書の鉄則であるのだが、その楽しさを知っている人はどれくらいいるのだろうか——目次中毒症の私などは、ひょっとしたら少数派なのだろうか。

目次が本の内容をただ要約・解説しているだけならば、そんな本はまあ読まなくても大丈夫。目次はその本の内容だけでなく、その本の難易度や著者のセンスまで教えてくれる大事な場所なのだ。

例えばＪ・ヒリス・ミラーというのがどんな人物なのかまったく知らなかったとする。帯の宣伝文句は宣伝文句として軽く流すことにして、目次を見る。「文学よさらばか」、「では文学とは何か」、「亡霊の呼び出しとしての冒頭部」などとあって、「読み方を教えるのは骨折り損」、「良い読み方とはスロー・リーディングである」、「素朴な読みの賛美——それができればおみごと」なんてのまである。これは絶対にいい本だ。目次を見ただけで私ならばそう判断してしまう。「今もなお、多くの人々が文学なるものが存在することを最初に聞かされるのは、学校の教師からである」。こうした単純な事実をこれだけあっさりと語れる人の意見ならば、素直に聞くに値するはずである。

アメリカの近代語協会の会長もつとめ、いわゆる脱構築批評の代表のひとりでもあったミラーだけに、現代の文学理論のことを余裕をもって解説してくれる。彼の専門は一九、二〇世紀の英文学であるのだが、ここでその説明の材料として使われるのはドストエフスキー、ベンヤミン、ブランショ、デリダなど。「聖書は文学ではない」、「アリストテレスは生きている」、「スピーチ・アクトとしての文学」という見出しもあって、読みながら、現代の文学研究が直面している問題を、こちらも肩肘張らずに考えることができる。確かに珍しい良質の入門書だ。

最後の章「比較による読み方、あるいは骨折り損をすること」は素晴らしい。子どものとき以来六五年ぶりに読み直したという『スイスのロビンソン』と二つのアリス物語とクッツェーの『フォー』と、それから勿論『ロビンソン・クルーソー』を比較しての議論である。専門的な理論的分析と分かりやすく、なじみやすい説明の共存に脱帽。文学は生きのびられるかどうかという議論など、どうでもよくなってしまう。

同じように目次と言っても、藤平育子『フォークナーのアメリカ幻想』となると、話は少し違ってくる。これは難解なアメリカ小説『アブサロム、アブサロム！』を読み解こうとした専門的な文学研究の本であって、一般の読者にはきついということになるのかもしれない。イギリス小説の研究を仕事にしている私にとっても、本来は縁遠い本のはずである——にもかかわらず読み出してしまったのは、やはり目次というか、見出しのせいと言うしかない。その数はなんと八七。章のタイトルが一五。いやはや、何とも。

幾つか拾い出してみることにしよう。「ジュディスの愛と南北戦争」、「未婚女性は『吸血鬼』」、「墓石と手紙と遺書」、「監獄が表象するもの」、「農園台帳に書かれた真実——奴隷売買の記録」、「人種混淆への恐怖」、「《中間航路》の孤児たち」、「《アメリカ》文学から世界文学へ」。中間航路とは、かつてアフリカ大陸から南北アメリカ大陸に黒人奴隷を運んだ航路のこと。

数多くの章のタイトルや見出しの中からこれだけのものを選びだすだけでも、この本に込められた思いの深さと広さを示唆することはできるだろう。そうした数多くの見出しとタイトルは著者の思いに正確に対応しているはずである。「『アブサロム』には、アメリカは言うに及ばず、二一世紀の世界が抱える、民族、ジェンダー、階級、暴力、貧困、伝染病、さらには環境の諸問題が潜在しているばかりか、それらの難問への解決の糸口さえ仄見《ほのみ》えるのではないかと思われるのだ」。

『文学の読み方』とこの本の間には途轍もない落差があるように見えるかもしれない。確かに、表面的にはそうである。しかし、深いところでは、いや、実際の読みの現場ではこの二冊の本はすぐ近い距離にあるはずだ。『フォークナーのアメリカ幻想』では、この難解な小説についての先行研究がふんだんに参照され、作者による書き直しが検討され、作品から数多くの文が引用され、それへの評釈がなされ、アメリカの歴史文化とのつながりが考究されている。J・ヒリス・ミラーの目次を借りてくるならば、「熱狂としての読書」が実践されているのだ。

私はこの二冊の本をすんなりと続けて読んで、何の違和感も感じなかった。文学と理論の対立、文学への関心の衰退といった議論は一体何なのだろうか。文学は今でもいたるところにあって、面白すぎるのに。

見事な刺戟力──事典のもつ力

日本ウィリアム・フォークナー協会編『フォークナー事典』（松柏社）

『アメリカ文学研究』第四六号（日本アメリカ文学会、二〇一〇年三月）

私にとって二番目に幸福なのは、図書館の書庫の中で書棚の前にひとり立っているときであるけれども、その次に幸福なのは入口の近くにあるレファランス・ルームに向かうときかもしれない。諸々の辞書やさまざまの分野の事典のならんでいるその空間に立つと、その図書館のレベルがすぐに分かる。信頼するに値するきちんとした図書館であるならば、自然科学、人文科学を問わず、数えきれないほどの各分野に関係する事典の類がそこにひしめきあっているはずである。『フォークナー事典』もそこに行くはずだ。そして、その図書館がそこにあるかぎり、そこで到来者をこれから長い期間ずっと待つことになるはずである。

考えてみれば、本はどんな気持ちで利用者を待っているのだろうか。伸びてきた手を見て、帰れ、オマエには無理だとぼやきたくなることもあるのかもしれない。しかし、この『フォークナー事典』は違う──初心者から専門家までに気持ちよく対応してくれる仕上がりになっている。日本で出ている英米文学関係のこの種の本としては、確かに従来は見られなかったアイディアにあふれる本と評価していいだろう。

当然ながら、作家ウィリアム・フォークナーの家系や家族の項があるし、登場人物についても、よくここまでと感心したくなるくらいに細かく拾いあげて説明されている。これがどんなに有難い情報か、研究者であればすぐに了解できるはずである。しかも、作品の舞台となった場所の地図、登場人物の家系図までそなえてある。ひょっとすると、家系図なんて何の役に立つのかと言いだす人があるかもしれないが、とりわけ一八世紀後半のゴシック小説の登場以降、小説というジャンルの中ではその存在が、その存在の有無が、英米いずれの場合にも決定的な意味をもってきたのである。ピカレスク小説にしても（多くの場合、主人公は孤児）、教養小説にしても、推理小説にしても、中心にひそむのは家系であり、それを土台とした結婚と財産継承なのだ。言うまでもなく、フォークナーの場合には、それが血の継承、人種の血の混交の問題と絡んでくる（この人種間の混交、白人と黒人の血の混交の問題が一八世紀のイギリス国内にもあったことが、最近の歴史研究で明らかになってきている）。この事典の巻末近くにおかれた家系図は必ずしもそうした問題意識と連動するものではないのかもしれないが、少なくとも私の思考はその方に動き出してしまう。

別の言い方をするならば、この事典は読む者がそのように動き出すことを奨励しているのだ。各作品、各モチーフの説明のあとにつけられている「参考文献」のリストこそはその証拠ではないのか。事典なるものは決して終着点ではなく、ときには研究に行き詰まっている者をいずれかの方向に後押ししてくれる役割も担うものではないだろうか。そうだとすれば、『フォークナー事典』は大成功である。この本は下手な指導者など無用になるほどのアドヴァイスに満ちている。

そう書きながら、私は大橋健三郎先生のことを思い出している。もう三七―八年も前のこと、私は大橋先生の大学院のゼミでフォークナーを読んでいた。そのとき私が発表したのは『兵士の報酬』と『アブサロム、アブサロム！』について、計三回。イギリスのゴシック小説について修士論文を書きながら、フォークナーを読む——それを許して下さった先生の指導から学んだのは、そのアドヴァイスに後押しされて、いずれかの違った方向へ動き出すということであった。もし今、この本に満足してただ楽しんでしまうとしたら、私はその教えを裏切ってしまうことになりかねない。書評を書きながらここまで個人的な思い出が絡んできてしまうというのはまずあり得ないことなのだが、げんにそうなってしまっても、殊更に恥じ入る必要はないような気がする。私のフォークナー体験は大橋健三郎というフォークナー学者の存在と切り離すことのできないものなのだから。

そんなことを考えながら、「Race（人種）」の項に辿りついた。そこには、「フォークナーが作品を書き始めた二〇年代、三〇年代には南部における人種差別はほとんど固定されており、リンチ事件（lynching）が横行し、人種分離（segregation）は当然視されていた」とある。そこで次に「Lynching（リンチ）」の項を引いてみると、具体的なリンチ事件への言及があり、それが利用された短編「乾燥の九月」他の作品への言及が続く。"Dry September"（「乾燥の九月」）の項を引いてみると、この短編の初出、その内容などが説明され、英語の参考文献のリストがついている。このような説明の仕方が事典全体で貫かれているということは、一〇七名の執筆者から送られてくる原稿の整理にあたった何人かが多大な労力を費やして統一作業をしたということかもしれない。かつて私もこれと似た作業を何度かやっているのでそんな想像をしてしまうのだが、多分当たっているのではないだろうか。

そのことは認めるにしても、しかしながら、全面的には満足しきれない部分が残る。実際のリンチ事件と作品化の間にまだ何か空白があるような気がするのだ。このような場合に私が最初に打つ手のひとつは、他のフォークナー事典との比較ということである。レファランス・ルームの棚から引っぱり出した*Critical Companion to William Faulkner*の該当する項と読み較べてみるということである。偶然にも、両者とも二〇〇八年の刊である。そこには、次のような説明がある。

一九〇八年一〇月、二〇〇〇人強の暴徒が、フォークナー家から騒ぎの聞えるところにあるオックスフォードの広場で、ネルス・パットンという名前の黒人の酒の密売者をリンチした。彼は白人の女を襲ったとして告発されていたが、暴徒は監獄に押し入ってパットンを広場にひきずり出し、裸にして電話柱に吊し、一斉射撃をしたあと、夜通し吊したままにした。フォークナーが一九三一年の短編「乾燥の九月」で使ったのはこのパットン殺人の思い出かもしれない。

この事件については地元の新聞などにも関連記事がのっているかもしれない。私が知りたかったのはこうした歴史的な事実の方であって、口当たりのよい常識的な知識に心をときめかせていたわけではない。勿論、事典のすべての項目に心ときめかせていたのでは過労しか残らないかもしれないが。*Critical Companion*の「Faulkner and race」は分量的にはダブル・コラムで四頁。他にも、フォークナー家にも黒人の召使いがいたこと、祖先のひとりが元奴隷の女性との間に「少なくとも二人の子ども」をもうけていたことも教えてくれる。小説家の子ども時代のミシシッピーにおける人種ヒステリーはとりわけひどかったこと、そうした歴史的事実を反映したThomas Dixson, *The Clansman*（一九〇八年）のような作品があったことも教えてくれる。パットンの殺害の数週間後にこの作品が芝居化されたとき、その劇場を所有していたのは小説家の祖父であったことも。

もしも私がフォークナーの専門家であったなら、私はここでこの二冊の事典とは訣別する。そして新聞他の歴史資料に眼を向け、大きく様変わりした黒人史の研究を読み、それらを脇において、フォークナーの作品の精読を始めるだろう。勿論、何十年か前の新批評的な作品論などもう通用しないことは言うまでもない。しかし、それではどうすればいいのかと頭を抱える必要などまったくないのだ。自分のそばにいる指導の教師が、最近の文学理論が理解できないために文学理論を毛嫌いしている人物だとしても、何の問題もない。眼の前には『フォークナー事典』があるのだから。

まず「Criticism（フォークナー批評・研究）」の項目を開いてみるといい。約二〇頁にわたるこの項では、一九二〇年代から今日にいたるまでに批評と研究の動向がどのように変化してきたかがまとめられている。批評や研究はどんなに時代遅れになったとしても、決してその効力を全面的に喪失するわけではないので、こうした振り返りはやはり不可欠なものなのである（排除すべきは、新旧いずれの批評・研究であれ、ひとつの方法のみに固執するタイプのものである）。

更に、従来の批評の方法を一新したと評価されることの多いディコンストラクションやニューヒストリシズムについても解説され、フォークナー研究にそれを応用した例が紹介されているので、それを手掛かりとして、新しい批評の方向に独力で歩みだすことも十分に可能だと思われる。確かに、そこにも危険がないわけではない。どういうことかと言えば、脱構築や新歴史主義の方法自体の説明があまりにも簡潔になされているために、それらの方法が誤解されてしまいはしないかということである。それらの方法は、更に言えば、フェミニズム批評にしても、別にフォークナー研究を本来の目的として開発されたものではない。むしろ、かなりの程度まで御都合主義的にそこに転用されたものと考えるべきであろう。その場合に起きやすいのは、水で薄めたような新しい批評が闊歩してしまいかねないということである。それを防ぐために有効な方法のひとつは、フェミニズム批評なり、脱構築、新歴史主義なりの方法がしかるべき成果をあげている例を読んで学ぶということであろう。他の作家の作品を対象としてそれらの批評方法が成功している例を読むということであろう。残念ながら、この点についてはﾞ『フォークナー事典』は必ずしも強力な方向指示をしてくれるとは言いがたいようではあるものの、だからといってそれで愚痴をこぼすのはバカげている――それは読者が自分で、自力でやるべきことだ。逆に、完璧なものが眼の前にあるときの息苦しさを知らないのだろうか。

そのように考えてみると、脱構築の項におけるデリダの解説の不十分さについてとやかく言う気もなくなるし、新歴史主義を説明するにあたってミシェル・フーコーの名前も、ヘイドン・ホワイトの名前も登場しないことに啞然としても仕方がないという気持ちになってくる。事典は終点ではないし、あくまでも通過点なのだから。その価値を決めるのは、それを使う側の心構えである。

もう一度、「序」の言葉に返ってみることにしよう。「本事典は、フォークナーを読む一般読者、学生・院生および研究者がよりいっそう作品理解を深められるように、関連するすべての領域にわたって基本的な解説と資料を提供することを目的として編集されました」。その目標は十分に達成されている。

「毎日新聞」2011・7・3

知的接触の熱気――米仏の現代思想

フランソワ・キュセ『フレンチ・セオリー』桑田光平ほか訳（NTT出版）

まず人名を列挙するところから話を始めることにしよう。

「バルト、デリダ、ラカン、ルネ・ジラール、ジャン・イポリット、リュシアン・ゴルドマン……ジョルジュ・プーレ、ツヴェタン・トドロフ、ジャン＝ピエール・ヴェルナン」

一九六八年の所謂大学紛争の前後の思想史に多少とも興味のある人ならば、ここに並んでいるのがその主役たちの名前であることとくらいすぐに分かるはずである。

実は、ここに挙げたのは、一九六六年一〇月一八日から三週間にわたって、アメリカのボルチモアにあるジョンズ・ホプキンズ大学で開催されたシンポジウムに招聘されたフランスの知識人の名前なのである（お金を出したのはフォード財団）。それは、アメリカの知の歴史の中でもおよそ前例のない事件であった。しかし、そのような場で、まだ三〇代半ばのデリダはレヴィ＝ストロースの文化人類学の根柢にある考え方を批判し、まだ五〇歳前であったポール・ド・マンと初めて出会っているのである。今から振り返ってみれば、それは二〇世紀後半の欧米の思想がポスト構造主義なるものに大きく方向転換してゆく転機であったのだ。のちに『構造主義論争』という名前の本として刊行されたそのシンポジウムの記録を見ると、アメリカ側の参加者にしてもすごい名前が並んでいる。ただ日本には、この知的接触の情報はまったく伝わってこなかった。

（今になってみると、顔をおおいたくなる偶然と言うしかないが、一九六六年に大学に入った私の前にあったのは、つまり大学の書籍部の本棚に並んでいたのは、サルトルやメルロ＝ポンティであり、マルクス、エンゲルスやレーニン、毛沢東そしてルカーチなどであった。アドルノ、ベンヤミン、ブロッホなどはもう少しあとの話になる）。

当時の日本の英米文学の研究者は、いずれにしても、アメリカ国内の、とりわけ文学研究の分野における激変には何の関心も示さなかった。その理由のひとつは、この新しい動きに関わった人々が、その名前からして、所謂英米系でないように見えたということがあるかもしれない。げんにポール・ド・マンはベルギーからの移民であったし、デリダの『グラマトロジーについて』（ジョンズ・ホプキンズ大学出版局刊）を一九七六年に英訳して決定的な貢献をすることになるガヤトリ・スピヴァクは、インドからの移民であった。

この新しい思想と文学研究の新しい流れを正面から受けとめて、更に深化・拡張していったのが、イエール大学の「文学界における四人の新たな英雄たち」であった。ド・マン、ハロルド・ブルーム、ジェフリー・ハートマン、J・ヒリス・ミラーの四人がそれであるが、その別名は「解釈学マフィア」（このうちの一人はのちに日本英文学会の講演に招待されている）。更にイエール大学は毎年デリダを講師として呼び、彼から直接指導を受ける機会を学生に提供するという手も打った。そして、この五人による論文集『脱構築と批評』（一九七九年）の刊行。

このようなプロセスを淡々と追いかけるだけでも興味の尽きない批評思想史となるはずであるが、キュセの『フレンチ・セオリー、アメリカにおけるフランス現代思想』はそれをはるかに越える作業をやってのけた。それは何かと言えば、単に思想的分析の列挙をやったのではなく、アメリカの大学の教育事情、政治との絡み、若者文化との交錯、フェミニズムや人種問題との交差などを説明しながら、それをやってみせたということだ。それは二〇世紀後半のフランスの思想が、アメリカというきわめて特異な多民族かつ多文化の国家の中でどのように受容され、どのように変容していったのかをあとづける作業ともなる。そこにはフーコー、デリダ、リオタール、ドゥルーズ、ガタリなどの思想の受容・変容の説明だけでなく、それらとカルチュラル・スタディーズやポストコロニアリズムの交差をめぐる議論も導入されて来ることになる。

その熱気。読みながら、私にはそれが楽しくてたまらなかった。奇妙な言い方になるかもしれないが、キュセがこの本の中で挙げている本や雑誌をひとりで興奮しながら読んでいた——勿論、彼がこの本の中で提示してみせるパースペクティヴなどいっさい持たないまま――かつての自分のことを思い出して、ひとりで赤面してしまう。

それと同時に、今だからこそ私の頭に浮かんでくる難問というのもある。キュセは、本書の終りの方では、フレンチ・セオリーが世界の知的な遺産になる可能性も考え、日本にも言及しているにもかかわらず、なぜイギリスのカルチュラル・スタディーズとアメリカのそれの比較を試みなかったのだろうか。なぜ、西インド諸島出身の思想家スチュアート・ホールには言及することすらしなかったのだろうか。

アメリカへの冷静な眼

「毎日新聞」2005・1・13

アルジェリア出身の思想家ジャック・デリダ、パレスチナ出身の批評家エドワード・サイードに続いて、アメリカの批評家スーザン・ソンタグが去年（二〇〇四年）の暮れに他界した。鮮烈で多才な文芸評論家であり、小説家であり、映画監督でもあった人だが、追悼記事の多くがイラク侵略、九・一一テロ、コソボでの活動、人権問題などをめぐる最近の彼女のリベラルな活動をたたえるものになるのは、今の時代の状況からして、当然のことかもしれない。

しかし、一九六六年に二八歳で評論集『反解釈』を出したときの彼女は違った。その中心をなしていたのはフランスの新しい文学と不条理演劇とゴダールなどの映画に関する評論である。それらをはさむようにして、作品の意味の解釈にばかりこだわる文芸批評を「反動的で息がつまる」と切り捨て、「芸術のエロティックス」を要求する評論と、高度消費社会における新しい感性のありように注目したエッセイが配置されていた。その根底にあったのは一九六〇年代フランスの華やかな知的活動——とくにロラン・バルトの仕事であった。少なくとも初めの頃はフランスかぶれの才女という印象が濃厚であった。

そのこともあって、私はソンタグの評論を好きになれなかったのだが、その彼女の別の側面をつよく引きだすことになったのは、ベトナム戦争と、個人的な癌体験であったかもしれない。彼女の最も優れた評論集『土星の徴《しるし》の下に』の中には、倫理的な批評家としての姿がある。そして、『反解釈』を否定するかのような響きを聞くことができる。特徴的なのは、この本で扱われている素材の多くが、ベンヤミンの思想やジーバーベルクの映画など、ドイツ系のものであるということだ。フランス系からドイツ系へ。いずれにしても、彼女の批評は母国アメリカとイギリスの文化事象を取り上げることが少なかった。

そのために彼女は、アメリカの内側からながめると、西欧世界オタクにも見えてしまうことにもなる。そして、その分だけ、同じように西欧オタクの多い日本ではうけがいいことにもなった。しかしソンタグはそこで立ち止まってしまうことはなかった。母国アメリカを見つめる冷静な眼は、何よりも、その政治戦略を批判するときのリベラルな姿勢を通して輝きを放ったのだから。

それだけではない。彼女はイギリスとアメリカという二つの国を正面から見すえようとしていた。二つの歴史小説を通して。『火山に恋して』は、一八世紀末のイギリスの貴族（ヴェスヴィオ火山の研究者）と、下層出身の美しい妻と、国民的英雄ネルソン提督の実際にあった不倫関係を核とした歴史小説。そこでは、フランス革命期の西欧を舞台として、国家と政治の関係が問われている。『アメリカにて』では、一九世紀の末にポーランドからカリフォルニアに移民してきた女性ヘレーナ・モジェスカの物語が核に置かれている。彼女は実在した女優。英国の作家ワイルドの友人。彼女に随行した若きジャーナリストが、のちに小説『クォ・ヴァデス』を書くことになるシンキエヴィッチであった。大英帝国と移民の国——この二つの国家像を埋め込まれた二つの歴史小説の中にこそ、批評家としてのソンタグのすべてが結集されている。それと結びつけて考えないかぎり、彼女の政治活動や最近の評論の意味は正確には摑めないはずである。

7 南　米

キリスト教とコロニアリズム

岡田裕成、齋藤晃『南米キリスト教美術とコロニアリズム』（名古屋大学出版会）

「毎日新聞」2007・10・21

読み始めて、息をのむ。面白い。間違いなく、ワクワクするほどに面白い本である。問題は、この痛烈な面白さをどう伝えたらいいのかということだろう。

ともかく、舞台は南米大陸である。われわれの側から見れば地球の反対側に位置することになる南米について、一般にはどれだけのことが知られているのだろうか。サッカー王国ブラジル、ペルーのフジモリ元大統領、地球温暖化の被害を受けているアマゾン河流域の密林――しかし、この本はそんな現代の南米を取りあげているわけではない。ナスカ平原の地上絵、マチュ・ピチュの空中都市、侵略される前の先住民の古い文化遺産――いや、この本はそんな遠い昔のことを議論しているわけでもないのだ。

「ペルー、ボリビア、パラグアイ、アルゼンチンの四ヵ国において、一一六ヵ所、一五八の聖堂（遺構を含む）を実地に調査し」、「総計約一万五千カットの写真を撮影するとともに、各地の文書館などでの史料調査」を続けてきたこの二人の研究者――ひとりは美術史学を、もうひとりは文化人類学を専門とするこの二人組——が眼を向けたのは、一六世紀の初めにスペインの侵略を受け、その支配の下で生き続けるしかなかった先住民たちの生み出した美術であった。日本人の手になるものとしては初めての画期的な研究である。

「征服と支配というコロニアリズム/植民地主義の結果としてつくり出された」南米の聖堂群の背後にある「あまりに複雑で屈折した文化のありよう」に、二人の眼は向けられる。もっと直截的な言葉を引用しよう。「征服者たちの信仰と深く結びついたキリスト教美術は、どのようにして植民地に移植されたのか、そして先住民たちは、それをどのように受け入れ、理解したのか」。

侵略者として先住民を殺しまくったスペイン人の持ち込んだキリスト教美術。この問いかけは限りなく重い意味をもつだろう。中世からルネサンスにかけての西欧のキリスト教美術に心酔しているだけの人たちには、その意味が理解できないとしても。

そのキリスト教美術を学んで、独特の変形をしていった先住民たち。彼らには模倣して作り出す力があった。侵略以前の先住民の文化遺産のみを賞讃するような美術展は、その実彼らに対する侮蔑になってしまうのではないだろうか。この本にはそのような強烈なメッセージが込められている。一見浮世離れした問題を扱っているように見えるこの本は、現代という時代に生きる読者をそれこそ正面から見すえているのだ。

植民地美術は「盲目的な従属でもなければ、英雄的な抵抗でもない、その両極のあいだのさまざまな通路を切りひらいていくものだった」という議論は、今日のポストコロニアリズムをめぐる論争や批評にも生かされるべきものだろう。何世紀も前の南米の植民地芸術は、権力による押しつけか、抵抗かという単純な図式を、それこそ、とっくの昔に突破していたと言うべきかもしれない。

この本が素晴らしい魅力と強烈なインパクトをもつのは、そうした主張が力まかせに振り回されているのではなく、資料の分析をふまえて提示されているからである。その主張はおびただしい図版資料の分析にささえられている。歴史学者や文化人類学者が図版資料を使う場合、図版がそこに並べられているだけ、わずかな説明が付与されているだけということが多い。しかし、この本は違う。共著者のひとりが美術史学の専門家で、図像学的な分析がこなせるということが実に有効に働いた。

そして、もうひとりの著者である文化人類学者の方も、人類学者らしからぬ特色をもっているように見える。それは彼が歴史学的な視点をもっていて、資料をそのように読みこなせるということである。そこには歴史人類学的な眼というよりも、社会史的なそれが感じとれると言っていいかもしれない。この二人の協同作業ならば、確かに新しい方向に踏み出せるはずである。

二人は協同して、美術品を聖堂の中から外の世界に出すこともする。一六世紀の南米の歴史社会につないでみせるのだ。「南米にキリスト教美術を持ち込んだスペイン人に加えて、先住民が立役者としてかかわる『もうひとつの植民地美術』……が生み出された社会空間は、スペイン人植民者が集中する都市ではなく、都市の外部に広がるもうひとつの空間、先住民が人口の大多数を占める空間である」。もちろん、これだけで話が終わっているわけではなく、その都市の仕組みが説明され、さらにスペイン本国の対先住民政策の軸となる「集住化」にも話が及ぶ。二人にはそれを描きだす歴史的想像力がある。

私はこの本を本棚の、サイードの『オリエンタリズム』とアンダーソンの『想像の共同体』の隣りに並べることにした。

「多文化社会」をふまえた批評と世界史

キャリル・フィリップス『新しい世界のかたち——黒人の歴史文化とディアスポラの世界地図』上野直子訳（明石書店）

バーナード・ベイリン『アトランティック・ヒストリー』和田光弘、森丈夫訳（名古屋大学出版会）

「毎日新聞」2008・5・25

なんだか物凄い変動が進行しつつあるような気がする。それなのに眼に入らないというのは、その変動のさまが決して見えないからではなく、われわれがそれを見ようとしないからではないのか。

キャリル・フィリップスの『新しい世界のかたち』を読みながら、そんなことを考えてしまう。この評論集の副題は「黒人の歴史文化とディアスポラの世界地図」——著者は今五〇歳、カリブ海地域からイギリスへの移民の第二世代に当たり、有名なサッカーのチーム、リーズの熱狂的なファンでもある（このことは、大学の研究室で、本人から直接聞いた）。いや、その前に、今世界で最も注目されている小説家のひとりと紹介すべきかもしれない、たとえまだ一冊の日本語訳も出ていないとしても。

彼は自分のことをこう紹介している。「祖先のアフリカ、生を受けたカリブ、育ったイギリス、そして現在の生活の場である合衆国を、ひとつの調和のうちに理解しなければならなかった。……書くことによって、人間を国籍や人種というお粗末なクリシェに還元しようとする二十世紀後半の世界に対峙してきた。……これが新しい世界、二十一世紀の世界だ。移民、難民、亡命者たちの声を無視できない世界。……ある人々が、力無き人々に上からものを言うような旧態依然とした旧《ふる》い世界のかたちはもう過去のものだ」。

その彼がアメリカ、アフリカ、カリブ、英国の文学と文化を論ずる。ボールドウィン、クッツェー、ナイポール、マーヴィン・ゲイ、他を。ここにあるのは、これまでの文芸批評や文化論とは違う新しい批評だ。われわれの周辺に漂っている紋切型のイギリス論とはまったく違う。

その彼だからこそ、一七二三年の「毎日、たいへんな数の黒人がロンドンに入ってきているらしい」という新聞記事も紹介できるわけである。一七二三年と言えば、『ロビンソン・クルーソー』（一七一九年）と『ガリヴァー旅行記』（一七二六年）の中間の時代である。そんなときのロンドンに黒人が？

しかし、この啞然とするような事態も歴史学によって解明され始めている。日本史、東洋史、西洋史という枠組みにしがみついているかぎりは、たとえそこにあっても歴史学者の眼には映らなかった領域が浮上してきているのだ。一五世紀末のコロンブス以降、世界を動かしてきたのは大西洋である。ヨーロッパ、南北アメリカ、西アフリカをつなぎ合わせるこの海こそが、この交易ルートこそがヨーロッパの歴史的運命を左右してきたはずである。小説家として、評論家としてのフィリップスの活動の足元にも、この歴史的な場がある。「私の大西洋の『故郷』は三角形をしていて、一つの頂点にイギリス、もう一つの頂点に西アフリカの海岸、そして三つめの頂点に（カリブ地域を含む）新世界、北アメリカがくる」。こんな場所を故郷と呼ばざるを得ない作家がいるのだ。

この大西洋史の第一人者バーナード・ベイリンの『アトランティック・ヒストリー』が同じ時期に翻訳されたのは、まさしく信じがたい幸運だ。この小さな本は、われわれの持っている世界史像を激変させる。この二冊を是非とも一緒に読んでほしい。これからの時代が必要とする情報が、間違いなく、そこにある。

米中心とは違うグローバリズム

エレン・リー『ルーツ・オヴ・レゲエ、最初のラスタ、レナード・ハウエルの生涯』

鈴木ひろゆき訳（音楽之友社）

「毎日新聞」2004・2・1

エチオピアと聞いてわれわれの頭に浮かぶのは、アフリカ大陸のマラソンの強い国というくらいのことだろう。ジャマイカはどうか。レゲエという音楽の祖国というくらいか。なにしろアフリカ大陸とカリブ海では距離がありすぎて結びつけようもない——これが地図に縛られた日本人の偏見である。『ルーツ・オヴ・レゲエ、最初のラスタ、レナード・ハウエルの生涯』という、何だか苦しそうなタイトルをつけられたこの本は、そうした偏見を一瞬にして叩き壊してしまう。三つ並んだタイトルのいずれもが少数のオタク的読者にしかアピールしないように見えるかもしれないが、是非読んでみてほしい。二〇世紀の社会史、文化史、宗教史としてもきわめて重要な本である。もちろんレゲエ・ミュージックの誕生秘話としても面白い。

これは、アメリカ中心のそれとは違うもうひとつのグローバリズムを解き明かした本である。著者のエレン・リーは一九七〇年代に五年間日本にも滞在していて、山本寛斎や三宅一生のファッション・モデルをつとめ、寺山修司の天井桟敷のフランス・ツアーの成功にも貢献した人。その彼女が足で歩きまわって関係者にインタビューし、資料を調べ上げてまとめた本である。

一九三四年一二月、ムッソリーニがエチオピアに侵攻した。国際連盟には当然ながら加盟国のエチオピアを救う義務があったはずであるが、ムッソリーニとヒトラーが協調路線を走るのを恐れた西欧諸国は二の足を踏んでしまう。そして、エチオピアの皇帝「ハイレ・セラシエがイギリスの保護国になること」を受け容れるのを期待した。

翌年八月、ジャマイカの新聞に「イギリス西インド連隊の退役軍人たち」の手紙がのる。「イタリアと我らが母なるエチオピアのあいだに起きた戦争を前にして、我々ホンジュラスの黒人はエチオピアのために自分の命を捧げるのが義務であると感じています。ジャマイカや他のカリブ海諸国の同士とともに共同戦線を組むことはできないものでしょうか」。

エチオピアとカリブ諸国の連携――それがラスタファリ運動の土台であった。ハイレ・セラシエ皇帝の摂政時代の呼び名はラス・タファリと言った。この黒人皇帝は、かつてアフリカから西インド諸島に奴隷として移動をしいられた人々の子孫にとって、故郷アフリカへの帰還を誘うシンボルとなった。彼らはこの黒人の皇帝を「真のメシア、有色人種の救世主、黒人帝国の皇帝」とみなしたのだ。その彼らのことを英語ではラスタファリアンと呼ぶ。

その彼らの共同体がジャマイカには存在したし、志を同じくする人々はかつての宗主国イギリスにも移り住んだ。レゲエはその彼らのもたらした文化遺産のひとつである。「人生とは、たくさんの記号に満ちた大きな道。そこを旅するとき、心を混乱させてはいけない」という、何だかロラン・バルト臭い科白を軽やかに口にしてみせたレゲエのスーパースター、ボブ・マーリーをはぐくんだのもこの文化。そして、こうした音楽の研究がイギリスのカルチュラル・スタディーズの有力な出発点のひとつになったのは周知の事実である。「アフリカ、東洋、西洋という三つの世界の思想が混ざっている」このラスタの世界の中心にいたひとりがレナード・ハウエル。その伝記が個人の生涯の物語というレベルを超えて、二〇世紀の、いや、西洋とアフリカとカリブ海をつなぐ近代の文化論となったのは、ごく自然なことであった。

平凡な青春放浪から強靱な革命家へ（チェ・ゲバラ）

エルネスト・チェ・ゲバラ『チェ・ゲバラ　モーターサイクル南米旅行日記』棚橋加奈江訳（現代企画室）

「毎日新聞」２００４・10・31

二人の青年が中古のオートバイにまたがって南米を放浪する。その記録。その二人のうちのひとりが、「一九五一年一二月、友人のアルベルト・グラナードと共にブエノス・アイレスから待望の旅に出発する時から書き始め、以後アルゼンチンを大西洋岸沿いに下り、パンパを横切り、アンデス山脈を越えてチリに入り、チリを北に向かってペルー、コロンビアを通り、最後にカラカスに到着するまで」を綴る。確かにこれは日本一周とも、ヨーロッパ一周とも違う冒険の旅である。

しかし、そのときの体験を物語風に書き直したこの旅行日記なるものに何が期待できるのだろうか——何も。青年の放浪なるものから期待できるものなどたかが知れている。まず、中古のオートバイがこわれるだろう（現にこわれる）。そこで二人はヒッチハイクを始め、空腹に悩まされ、やさしい人々や冷たい連中に出会い、騒ぎに巻き込まれ、楽しさを満喫し、女性ともたわむれる。私にあらかじめ想像できることはすべて出てくる。その他に二人が乗るのはトラックと船と筏。

それだけ平凡な内容の詰まっているこの旅行記を、それにもかかわらず魅力的なものにしているのは、彼らの通過してゆく風景と情景だ。二人の足跡をたどるすべのない私には、それが一種の心おどる旅の案内のようにも読めてしまう。二人の青年の心情など忘れて、そこに描かれている場所の方を想像してしまう。例えば、「遠くパスクア島のハンセン病治療所のこと」――パスクア島とは例のイースター島のスペイン語名である。二人はそこには行けない。「唯一の往復便である船はもう出航してしまっていて、一年以内に別の船便が出ることはないので、パスクア島に行くのは無理だということが説明してあった」。われわれが紋切型に思い浮かべてしまう巨大な人面像の島に、そんな施設があったのか。二人はその施設を訪ねるためにイースター島に行きたかったのか。

そうかと思うと、世界遺産に指定され、テレビでもよく取り上げられるマチュ・ピチュの遺跡にも二人の放浪の足は向かう。そして、日記を書き綴る青年は言う、「僕らはここで、アメリカ大陸で最も強大であったインディヘナ文明の純粋な表出を、目前にできるのだ」。しかし、それと同時に、「ここでは、この民族が作っていたさまざまな社会階級の間の違いをはっきり観察することができる」。こうした言葉を眼にすると、この平凡そうに見える南米旅行をしているのが、どうやら平凡な青年ではないことが実感できるようになるだろう。

彼の名前はチェ・ゲバラ――いや、このときはまだ、一九五二年二月一九日付のチリの某地方新聞が、「アルゼンチンのハンセン病専門医二人、オートバイで南米の旅」と報じた二人組のうちのひとりにすぎなかった。四年後にはカストロと共にキューバの独立運動を指揮することになろうとは、それこそ誰ひとりとして想像できなかった青年である。本書に収録されている何枚もの写真を見ると、とりわけアルゼンチン時代の写真を見ると、まさしく映画スターのようにハンサムと言うしかない青年だ。裕福な家庭に生まれて、医者となる道を進んだ青年。

その彼と友人の南米旅行は、見たところ平凡きわまりない青春放浪は、実は一本の強烈な糸に貫かれていた。それは南米各地のハンセン病の治療施設を回るということである（相棒のグラナードはカラカスのハンセン病患者の村に残る）。それはあまりにも真摯な旅の目的であったと言うべきかもしれない。ひょっとしたら、この旅行記の他の部分をおおいつくしている多少なりとも滑稽なドタバタ風のエピソード群は、そのことを隠すための青年らしいジェスチャーなのだろうか。おそらくそうだと、私は思う。チェ・ゲバラは眼の前に展開する事象に、露骨すぎる正義感をかぶせようとはしない。

「単純なことかも知れないが、僕らを一番感動させたことのうちの一つは、患者たちとの別れだった。全員の間で一〇〇・五〇ソルを集め、それに美しい手紙を添えて僕らにくれたのだ。そのあと何人かの患者が個人的に別れを言いに来て……いつか何かのきっかけで僕らがハンセン病に真剣に取り組むようなことになるとしたら、その何かとは、どこへいっても患者が示すあのやさしさであるに違いない」。チェ・ゲバラ青年はそこで急に文章の方向を変え、「リマは副王領の都市として長い歴史があるのに、それらしいところを必ずしも……」と書きつなぐ。なぜそうしたのかと問う必要はない。私にはそのときのチェ・ゲバラの瞳を想像することができる。このやさしい革命家の恥じらうような強さが、そこにはあるはずだ。

本書には、キューバ革命が成功したのち、一九六〇年八月一九日に彼が行なった講演が付録としてそえられている。その講演「医師の任務について――私はすべてを旅で学んだ」の中には、今度は革命の強靭な英雄がいる。

植民地とナチスのあとの人生は……

エドゥアール・グリッサン『レザルド川』恒川邦夫訳（現代企画室）

インゲボルク・バッハマン『ジムルターン』大羅志保子訳（鳥影社）

「毎日新聞」2004・7・18

選挙投票小説。かりにそのようなジャンルがあるとしても、今の日本ではロクな作品は書けないだろう。それくらいのことならば私にだって簡単に断言できる——ところが、時と場所が違えば、そうとばかりも言いきれないようだ。

たとえば『レザルド川』（一九五八年）という小説。舞台はフランスの植民地であったカリブ海の島国マルチニック。「一九四五年九月の第一日曜日、国中の人々が町に集まってきた。ついに選挙の日が来たのだ。戦争という暗いトンネルをぬけて……人々は自らの誕生を確認することに酔っているみたいだった。今回の選挙は単なる選挙ではなかった。単に一人の『代表』を選ぶ問題ではなかった。果たしてこれで夜が終わり、ついに暁が来たのかどうか」。エドゥアール・グリッサンの小説は、この選挙をひとつの核にして、その前後と左右にひろがる歴史と若者たちの行動を描いた傑作である。

決してやさしい、口あたりのよい作品ではないし、そのストーリーも決して追いかけやすくはない。むしろ、難解な小説と言ってよいだろう。熱帯の自然の描写はときにシュールな散文詩といってよい趣きさえたたえている。その中で、国を取り戻すための殺人が起きる。若者たちの恋と騒ぎと別離がある。ときには神話的と呼んでよいほどの神秘的な次元の侵入がある。

しかもこの作品は、間違いなく、ポストコロニアリズムの問題群をはらんだ強烈な小説でもあるのだ。「昨日、この場所はぼくたちの父祖の血を吸った、今日、この場所はぼくらの声を所有している」。グリッサンは一筋縄ではいかない事態の複雑さを十分に理解しながらも、その政治的メッセージに美しいかたちを与えた。作品中にちりばめられた言葉はほとんど箴言としての美しさを達成していて、読者の心に残る。「我らが父祖アフリカ人、契約労働者としてやってきたブルトン人、ヒンズーのクーリーたち、中国人の商人たち。そして、人々は我々にアフリカを忘れさせようとした。しかし我々は忘れなかった」。ここで言われている「人々」が誰をさすのか、それすら忘れてしまおうとするグローバリズム謳歌の時代には痛切な響きを残す言葉である。「ここでの偉大さとは、世界に向って声を挙げたことだ。ここの民衆は、どんな島に押し込められていても、打ち棄てられていても、軽蔑と忘却のマントの下に隠されていても、世界と対峙しているのだ」。こうした言葉の背後には、同じ地域出身の詩人・政治家エメ・セゼールの言葉が響いている。

このような熱気は、ヨーロッパでは体験しようのない何かでしかなかったのだろうか。あるいは、そうかもしれない。インゲボルク・バッハマンの中篇小説「湖へ通じる三本の道」の中の次のような文章を眼にすると、そう思いたくなる。「この地の人々が、この世界の片隅で、ニュースをゆがめれて読まされようと読まされまいと、それが一体重要なのかどうか……大部分のパリっ子は、南アメリカやアジアの国々で起こった恐ろしい出来事によってではなくて、そうした物凄い犯罪行為と並べられたら当然みすぼらしい印象を与える、彼ら自身の悲惨や離別や過労や鬱病によって疲れ果てている」。何という落差かと思う。一九七三年に四七歳で、錠剤依存症とそれが引き金となった火傷のために世を去ったこの作家は、動きのとれない世界の中に生きていたと言うしかない。『ジムルターン』

（一九七二年）に収められた五つの作品に共通するのは、動きのとれない戦後の世界の雰囲気である。そこには女たちの日常が描かれているだけのように見えるが、そうではない。それは動くことを、そしてそれが何かにつながることを禁じてしまう世界である。「わたしが動かなければ、わたしたちは落ちはしないわ。彼女は泣きたかったが、泣くことができなかった」（「ジムルターン」）。そうした想いの先にあるのは――二つの作品を強引につなげてしまうならば――「血を流しながらそれでもまだ彼女はこう思った。これは何でもないわ、何でもないのよ、だってわたしにはもう何も起こるはずがないんだから」という言葉である。

バッハマンの描く女たちの心の世界は、作家としての彼女の実体験に対応するだけではないだろう。あのナチの時代のオーストリアで成長した彼女の言葉の中には、時代の重圧の影も落ちているはずである。植民地支配とナチスによる支配、その歴史の影の中で書かれたまったく異なるタイプの二つの小説。そのいずれかをではなく、私はその両方をとる。両方ともがすぐれた文学作品だから。

「毎日新聞」２０１１・10・9

想像を超える巨大な画家の全貌

加藤薫『ディエゴ・リベラの生涯と壁画』（岩波書店）

メキシコ――この国名を前にして、われわれは何を連想するだろうか。観光旅行の目あてにもなる古代マヤ文明の遺跡だろうか、スペインのエルナン・コルテスによる征服の歴史だろうか、それとも二〇世紀の革命の英雄エミリアーノ・サパタのことだろうか。高校時代の私ならば、メキシコと聞けばすぐさまテレビ番組の「怪傑ゾロ」か、覆面レスラーのミル・マスカラスを思い浮かべただろう。

勿論、今は違う。大学に通うために渋谷の駅を通るたびに岡本太郎の巨大な壁画を眼にしては、ディエゴ・リベラの巨大な壁画群を思い浮かべてしまう。そして、フリーダ・カーロのあの独特の雰囲気をもつ絵を。この二人の絵を眼にしたあとでは、メキシコを連想しないことの方が困難かもしれない。しかも、この二人は二度結婚しているのだ。

この本の三七一頁に「新婚直後のディエゴとフリーダ」の写真がのっている。カエルのような顔をした超肥満のディエゴと（彼は「二〇歳頃には身長一八五センチ、体重一〇〇キログラムを超える巨体となっていた」）、何とも美しく、すらりとした彼女。彼の方は「生涯に四人の女性と五回の結婚生活」をしている。

こうなると、二〇世紀のメキシコを——と言うよりも、二〇世紀の世界美術を代表するその画業以前に、その人間性に興味を引かれてしまうことになるのだが、フランスの小説家ル・クレジオの証言がある。「支配欲と肉欲の原型、女たちの前では小児同然の臆病者、エゴイスト、享楽主義者、移り気で嫉妬深く、ストーリーテラー、虚言癖、さらに力と熱情と強さと、ほとんど異常なまでの無邪気なやさしさの化身」。その彼は、「自分はイタリア人、ロシア人、スペイン人、ポルトガル人、メキシコのクリオーリョ、メスティーソ、インディオ、それにアフリカ人の血が混じった国際的混血人だと自慢していたこともあった」。まったくわれわれの想像の届かない人物だと言うしかない。そのような彼が第一次大戦の時代のヨーロッパに留学して、キュビスムの画法を習得して戻って来るのだ。

もっとも、彼の性格からしてマティスからピカソに至る線上におとなしくとどまっているはずはなかった。それを徹底的にメキシコ化したのだ。その技法を巨大な壁画にしていったのだ。その代表作

「メキシコの歴史」はスペイン人による侵略以前からの先住民の歴史を描き出す。ピカソのように、ひとつの歴史的出来事に集中したのではなく、壁画という空間を利用して、その歴史の全体像を描き出したのだ。そこに幾つもの顔を描き込んで。彼の手になる壁画は、彼の手になるものであることがすぐに分かる。誰かがそれを模倣すれば、それがディエゴ・リベラの模倣であることが分かる。

『ディエゴ・リベラの生涯と壁画』は、そのような稀有な画家の評伝である。本文が七五〇頁ほど、注などが約一〇〇頁ほど。いや、もっと大切なことがある。図版や写真などが五〇五点収録されているのだ。彼の三歳のときの絵「鉄道と汽車の素描」を始めとして、藤田嗣治による「ディエゴ・リベラの肖像」、リベラによる「川島と藤田の肖像（キュビスム風の）」、そして革命家サパタの写真も。私生活から美術、政治や経済との関わり、日本との関係にいたるまで、ともかく彼と関わりのあることは恐らく殆どすべて説明されていて、超肥満化したすばらしい本である。ヨーロッパに執着するだけの絵画観を超えた人物についてのすばらしい伝記である。

「毎日新聞」2009・8・16

いじましい人々の精力的な喜劇

アール・ラヴレイス『ドラゴンは踊れない』中村和恵訳（みすず書房）

この小説の特徴を手短に伝えたいと思うのだが、うまい言葉が見つからない。傑作、稀に見る傑作――そういうことではあるのだが、読みながら激しく揺さぶられてしまう自分の気持ちをどう表現すればいいのだろうか。

ヨーロッパ産の小説を読んでいるときには味わったこともないような感動。そう、恥かしさをかなぐり捨ててそう言うしかない。しかも、気安く感情移入できる劇的な主人公などひとりもいないのに。いじましい人物たちが次々と登場するだけなのに。劇的な展開もないのに。教養小説、社会小説、心理小説、モダニズム、ポストモダンの歴史小説、そのどれでもなく、一九七九年に出版された底の浅い風俗小説、いや、あまりにも奥の深い歴史小説。それがカリブ海の島トリニダードで展開するのだ。登場するのは勿論土地の人々。それなのに、最後の一頁で、「あの娘はオルドリックを探しにいっちゃったのよ」という言葉を眼にして、こんなに単純な一文を読んで読者がうける微笑まじりの衝撃をどう説明すればいいのだろうか。

『ドラゴンは踊れない』は素朴な土俗的な小説ではない。そのことはひとつの引用で証明できる。「あわてんな、おれたちもうすぐここを出てくんだからよ」。彼はそこで死んだ、壊れかかった家がぼろぼろと自分の周りに落ちてくる中で死んだ。十五年、一本の花も植えず、柵ひとつ直さずに。あの娘には男がいる。そのことを彼は笑えなかった。笑えねえよ、正直。でも今朝、彼は自分の気持ちの前で、謙虚になっていて、それほど恐れていなかった。自分の気持ちを呼び戻し、感じたいと思った。おれは自分自身から遠く離れてしまっている、まるでおれじゃなくてどっか別のところで生きているみたいだ。自分自身に帰ってこれたら、そう彼は考えた。

(念のため、前段と後段の「彼」は別人である)。欧米的にはポストモダンの文学技法と呼ばれかねないものが、ここではごく自然にそこにある。私は最近話題になっている事件のことを思い出してしまった。

白人の警官に誤認逮捕されてしまったひとりの黒人の文学研究者ヘンリー・ルイス・ゲイツ・ジュ

ニアのために、なぜオバマ大統領があれだけ迅速に動いたのか。ゲイツは一世紀にひとりと呼ばれるほどの学者だからである。その彼が、『意味するサル』（一九八八年）という研究の中で、フランスの哲学者デリダの解明した言葉の働きは、アメリカの黒人の言葉の中でも生かされていたことを論証してみせていた。私はそのことを想い出した。彼はこの小説を読んでいたのだろうか。そしてオバマ大統領は？　この大統領の出版した自伝自体がみごとな文学性を持っているのだが。

『ドラゴンは踊れない』の中心の舞台となるのは、トリニダードの首都ポート・オヴ・スペインのそばにあるスラム街。そこで、年に一度のカーニバルのときに身にまとうドラゴンの衣裳をひたすら作り続ける男が、家賃もまともに払えない男が出てくる。アフリカ奴隷の子孫だ。「おれたちは人民解放軍だ。スラムの、丘の、貧民街の兵士だ」と叫んで街に出て、刑務所に放り込まれる彼。オックスフォード大学を出て、フランツ・ファノンやマルコムXを読む黒人弁護士。スラム街で商人として這いあがるインド系の住民。さまざまのタイプの女たち。作者がそこから作り上げたのは苦悶に満ちた悲劇ではない。エネルギッシュな息遣いに満ちた混乱の喜劇なのだ。本当に。

「毎日新聞」２０１２・１・22

移民をかかえた現代文明

フィリップス『はるかなる岸辺』上野直子訳（岩波書店）

セゼール『ニグロとして生きる』立花英裕ほか訳（法政大学出版局）

ただもつれて、錯綜していて、読みにくいというのとは明らかに違う。『はるかなる岸辺』は十分に計算された手法上、テーマ上のもつれが幾重にも交差する見事な小説と言うしかない。「イングランドも変わってしまった。最近では、誰がこのあたりの生まれで、誰がそうでないのかよくわからない。誰がここの人間で、誰がよそ者なのか。落ち着かない気持ちになる。何か間違っている感じがする」。

このおだやかな、誰かのつぶやきのような書き出しを眼にすると、何か単純なリアリズム小説を読むような予感がしてしまうかもしれないが、その予感はすぐに崩れてしまう。書評のために粗筋を紹介しようとしても、それが不可能に近いのだ。少し読み進めたところで、この屈指の傑作を放棄してしまう人がかなり出るのではないだろうか。もったいない、それは殆ど犯罪的な放棄である。それを防ぐための工作をしなくては……。

まず第二部から読み始めるのがいいかもしれない。この部分の主人公ガブリエルは、アフリカの或る国から国内紛争を逃れるために脱出し、飛行機と鉄道と船を使って、イタリア、フランス経由でイギリスに不法入国する。難民申請の法手続きのことまでも取り込まれている。その次には、第四部。そこには、「自分の名前はソロモン」と名乗る人物が登場する。「僕の英国居住を合法と認めるとの知らせ」が届く――あの、彼だ！　彼は何人かの村人と親しくなるものの、他の諸国からの移民にいじめられたりする。

次に第一部に戻ろう。その主人公はドロシーという、学校を中途退職した音楽教師。話は亡き両親のこと、妹シーラのこと、結婚と離別のことなど。或る意味では、この部分は正統的な英国小説の雰囲気をもっている。ところが、この第一部に未だ正体不明の黒人がすでに登場していたのだ――「村で白人でないのはソロモンひとりだ」。

つまるところ、これはただ読めば分かる小説ではないということである。推理小説とは違ったかたちで、読者に考え、感ずることを求めているのだ。移民の問題を、アフリカやアジアからの移民をかかえたイギリスの現状を、そして学校教育や性の問題を、老人介護の問題を。現に第三部では、妹(同性愛者)が癌で世を去るし、結びの第五部ではドロシーが介護施設で死を待っている。そして、ソロモンはすでに第一部で、村の若者たちに殺されていた。何とも見事な小説である。

カリブ海のセント・キッツ島出身で、オックスフォード大学卒業という学歴をもつフィリップスの手で、ポストコロニアル小説はここまで来てしまったのだ。その近くにあるマルティニック島出身の政治家兼詩人でもあったエメ・セゼールと、フランスのポストコロニアリズムの研究者であるフランソワーズ・ヴェルジェスの対話は、この小説と併読すると、また別の面白さを発揮してくる。

例えばセゼールの発言、「フランス人は普遍を信じてきた……彼らの文明があるのみ……イギリス人は、フランス人よりも前に、単数の文明など存在しないことをはっきり理解していた。存在するのは複数の文明です」と、『はるかなる岸辺』を比較してみよう。そしてヴェルジェスのポストコロニアリズムの現状を論じた論文と比較してみよう。一九七八年、サイードの『オリエンタリズム』によって動き始めたこの方向の文学と思想のもつ刺戟的な迫力は、依然としてわれわれの眼の前にあると認めるしかないだろう。

故郷ハイチへの想い——小説と地震

ダニー・ラフェリエール『帰還の謎』小倉和子訳（藤原書店）

ダニー・ラフェリエール『ハイチ震災日記』立花英裕訳（藤原書店）

「毎日新聞」2011・11・20

久し振りに、すごい小説に出会ってしまった。いや、正確に言えば、この『帰還の謎』という作品を小説と呼んでしまっていいのかどうか迷ってしまうのだが。そもそも、こんな詩行で始まる小説というのがありうるのだろうか。

その知らせが夜をふたつに分かつ。
熟年になれば誰しも
いつかは受け取る
避けがたい電話。
父が亡くなった。

そう語るのは作者のダニー・ラフェリエールであって、今はカナダのケベックで仕事をしている小説家である（一九五三年生まれ）。父はハイチの独裁政権に抵抗して、ニューヨークに亡命した。母や親戚はハイチに残っている。「ぼくは書いたものの中では／たえず母のもとに戻っている」。実は作者自身も独裁に反対して祖国をあとにしているのだ。そうした事実を並べてみるだけで、この作品がポストコロニアル風の移民小説にはならないことが推測できるはずである。植民地問題や人種問題を単純に焦点化する小説にならないことも。

作品は多数の詩と小説的な散文（カッコを使わない会話を含む）の一見バラバラとも見える組み合わせからできていて、そのストーリーと構成は乱雑そのもののように見える。個人的には、私はこういうのが好きなのだが、いわゆる一般読者という名の特権階級の好みにはもちろんそぐわないかもしれない――勿論作者はそのことを意識している。このような実験的なスタイルを使う人物としては当然のことであるけれども。二六〇頁まで来たところで、彼は我慢してきた読者をねぎらうかのように、こう囁いてみせるのだ。

「ぼくは、ちっぽけな出来事を、同じようにちっぽけな一連の出来事に結びつけながら、それにある種の広がりをもたせることができる。じつはぼくは、話というのはそれ自体小さくも大きくもなくて、すべてが互いにつながっているものだと思っている」。この考え方は作者の人生観そのものでもあるだろう。

だからこそ彼は、みずからの自伝と、かつてはフランスの植民地であったハイチの歴史と、そこの人々の生活を、詩と散文を交錯させて語ることができるのだ。ただ単純にハイチと言って、それを西欧諸国と対置するのではなく――彼がカナダのフランス語圏から戻って来ること自体象徴的である――そのハイチの都会と地方を交錯させ、そこにあるヨーロッパ文化の生きた痕跡と土着の文化を交差させるのだ。音楽も絵画も、宗教も食べものも混在している。豊かに。この自伝的作品の中にあるのはそのような豊かさであるだろう。

カツオドリの群れのように
ぼくたちはほとんど同時に出ていった。

地球のいたるところに散らばったのだ。
そして今、三十年後に、
ぼくの世代は戻り始めている。
しかし、父の追悼のために戻って来た現在のハイチを前にして、作者は次のようにも感じ、次のようなこともやってのける。

ぼくは自分の存在にたいする
あらゆる意識を
失ってしまいたい。
自然の中に
溶けて、
一枚の葉、
一片の雲、
あるいは虹の黄色になるために。

甥とぼくは、断崖の端で
小便をする。
二本の連続した噴射。
完璧なアーチ。
ぼくと彼の微かな笑み。

「甥とぼく」は、世代を越えて、このハイチの自然の中でつながっている。この一見品の無いようにも見える場面の中にひそむつながりとやさしさ。これは、ヨーロッパの征服的な文明の中の光景ではない。

そのようなラフェリエールが、二〇一〇年一月一二日、ハイチの首都ポルトープランスで、「運命の時——一六時五三分」を迎える。ハイチを襲った大地震だ。『ハイチ震災日記』はそのときの記録である。さまざまの人々のさまざまの反応と対応を書きとめたものである。メモのような短い文章とエッセイに近いものとが混在する。感動的な、という評言は避けることにする。手にとって、読んでほしい、私に言えるのはそれだけだ。そして巻頭に付された詩の一部分を引用する。

私の師匠の芭蕉が呟いている。

「苦界に咲いた
まことの花を
見てごらん」
このギリギリの優しさ
そして、こんな言葉——「地震がねじ伏せたのは、固いもの、固定されたもの、地震に抵抗しようとしたものだ。セメントは崩れ落ち、花は生き延びた」。

冷たい床の上で

『環』2012・4

春休みの間も大学院の授業をやるのはいつものことなので、あの日も六階のかなり広い教室で二〇数人の院生を相手にして、二時から演習を始めていた。そして、二時四六分に揺れが来た。

地震の大きな揺れにぶつかるたびに、私の記憶は殆ど瞬間的に、四六年前に田舎から東京の大学に出てきた年のひとつの体験に戻ってゆく。月日は覚えていないが、或る日の夜中に大きな揺れがあって、私は下宿先のアパートの二階の部屋から寝巻き姿で外にとび出した。うす暗い道に人影はなく、外に出て来る人もいなかった。それまでの私は地震らしい地震を体験したことがなかったのだが、東京の住民にとってはあの程度の揺れは何でもなかったのかもしれない。学生たちと一緒に階段を降りて、今度は別の建物の九階にある研究室に向かって階段を登り始めたとき、私の頭に浮かんだことのひとつはそれであった。

私の研究室には本と机しかない、パソコンも何もない。棚から落ちた本を元に戻すのには三〇分もかからなかった。窓から見えるかぎりでは高層ビルの崩壊はないようだが、海の方角に黒い煙があがっている。

私の勤務している大学は、渋谷の駅から一〇分ほどのところにある。夕方キャンパスの外に出てみると、異様な静けさの中で車が渋滞し、人の列が動いている。JR渋谷駅はすでにシャッターを降ろし、商店街にも入れない。私は激怒した、一体何だ、この判断力は……。

バス停の人の群れ。飲食店はまだ大抵開いていた。何軒かのコンビニに残っていたのはアイスクリームの類。

自宅にはすぐに連絡がとれて、ともかく無事であることも確認できていたので、その日は研究室に泊まることにした。机の下に頭を突っ込んで、冷たい床に横になる。近くにある合同研究室のテレビの画面を見たあとでは、体を暖かくしようという気になれない。そして起きあがって本を読み、また床に横たわる。

八時頃、中国人の院生がやって来た。「先生、食べるもの買って来ました」。しばらくすると、別の院生も来た。「大丈夫っスカ。本の下敷きになってんじゃネーカと思って」。彼はこれから数時間歩いて帰宅するという。

翌日、九時過ぎに大学を出て、渋谷から吉祥寺へ。その駅前で一時間ほど行列してタクシーに乗ったのだが、まだ若い運転手の表情が妙に硬いので、話しかけてみると、福島の出身だとのこと。その二、三日後、町内会で顔見知りのおばあちゃんから、道で、いきなり、「山田町の姪が……」と話しかけられる。そして、イギリスに帰国している友人からの電話。生まれたばかりの子どもを連れて福島県に帰郷している奥さんと連絡がとれない、と。

テレビ、新聞、週刊誌などに溢れかえる情報にはそれなりに眼を通してはいるのだが、そこに流されるジャーナリストや学者や政治家を自称する人々の言動にはシラけるか、怒りを覚えるかのいずれかでしかない。とりわけ地震に関する予知情報を流す人々、そしてそれを取りあげるテレビや週刊誌のジャーナリストにいたっては、ただメディアを利用して騒ぎをあおっているだけではないかと思えることがある。やがて来るとされる大地震の悲惨な状況を描き出すものとしてテレビで流される画像——あれは、誰が、いかなるデータに基づいて作成したのだろうか。作者は誰なのか。どのような能力をもつ人物なのか。

ひょっとすると、今回の震災で最も悲惨であったことのひとつは、劣悪なメディア環境の中でそれが起きてしまったということかもしれない。もしそうであるとすると、このメディアまみれの東京で生活している私にとって、やれることとは何なのか。あれこれのまことしやかな言葉や行動に梱包されてメディアの表層に浮かんで来ることのない人々の姿を思いめぐらせて、記憶し続けることも、そのひとつだろうか。

被災した人々は東北地方にいるだけではない。やがて、必ず私の前にも来るだろう——例えば、学生として。私は、教える。自分の経験を、記憶を、知っていることを踏まえて、できる限りのことを。私は大学の英語の教師なので、学生用のテキストとして、『タイムズ』の二〇一一年三月二一日号の記事や、『ニューズウィーク』の同年三月二八日・四月四日合併号の記事を使う。あるいはオークレイ・ブルックスのインドネシアの『津波警報』(二〇一〇年)や、ポール・ファーマーの『ハイチ、地震後の』(二〇一一年)を使う。毎年の三月一一日だけでなく、いつでも想起してもらえるようにするために。私にとっての始点のひとつはそこにあるかもしれない——あの日、私は床の上でそんなことを考えていた。

8　アフリカ・中近東・アジア

『世界中のアフリカへ行こう——〈旅する文化〉のガイドブック』

中村和恵編（岩波書店）

『神奈川大学評論』第64号、2009・11・30

「まず驚くのは、アフリカをひとつの国だと思っている人がいること。さらに、テレビのなかのアフリカに影響されて、飢餓のためにお腹が出て苦しんでいる子どもと、豊かな自然や動物くらいしか思い浮かばない人が多いことである」。

例えばこういう指摘を聞かされて思わずハッとする人が、今の日本にはどれくらいいるのだろうか。あの巨大な大陸を「アフリカ」の一語でまとめてしまうことの愚かしさを自覚できる人はどれくらいいるだろうか。「国全体でいえば、民族は約二百五十、国民語とされているのはキコンゴ語、リンガラ語、スワヒリ語、チルバ語の四つだが、二百数十の言語が存在し……しかし公用語はかつての宗主国ベルギーの言語、フランス語である」というアフリカの国がどこなのか、答えられる人がどれだけいるのだろうか。一九世紀の末（日本風に言えば、明治二〇年代に）ベルギーの国王レオポルド二世の「私財」となり、一〇〇〇万を越す民衆が殺されてしまった国。コンラッドの有名な小説『闇の奥』（一八九九年）の舞台となった国。その国「コンゴ産のウランは、日本に投下された原爆にも使用された」。

こうした事実を知らされて、すぐにコンゴに、あるいはその周辺の国々に興味関心をもつようになる日本人は、日本の若い人々は一体どれくらいいるのだろうか。勿論、これが修辞的な疑問の域を出ないものであることくらい、私も承知している。問題は、どのようにしてそのアフリカに好奇の眼を向けさせるかということだろう――まず、単純な好奇心をかきたてること。ひょっとすると、その中からアフリカに対する本物の好奇心が育ってくるかもしれないのだから。そのためには、どんな策が有効なのだろうか。

かつてオーストラリアの原住民アボリジニのところに出かけて、気に入られ、共同生活をしていたこともある中村和恵は、アイヌ人に強い関心を抱くかと思えば、カリブ海にも出かけて友人を作ってしまう。その彼女が、いいアイディアを思いついた。その成果が『世界の中のアフリカへ行こう』である。一見軽そうに見えるし、げんに軽い気持ちで読めるのだが、素晴らしい構成のエッセイ集だ。表紙には人の顔をしたアフリカと南北アメリカ大陸、その三角対面の構図から、おぞましい列強だけの西欧はきれいに消されている。

彼女の発想を想像してみるならば、まず第一に、今日のアフリカの姿を具体的に提示することが必要だと考えたはずである。その具体的な日常の姿を伝えなくては、と――彼女が選んだのはケニヤとコンゴ（勿論その選択には執筆を頼める人材の問題が絡んでいる）。しかし、この角度からのみの提示ではどうしても上滑りになってしまいやすい。

どうするか――アフリカの過去と歴史をそこに絡ませるのが最善の策かもしれないが、西欧の列強による帝国主義的な侵略と奴隷売買の物語だけでは……それに代わるべきテーマはいくらでも探せるはずであるが、彼女が思いついたのはイモとトウモロコシであった。この二つの食べ物はアフリカと南米の間を往来し、今や世界を支えているではないか。旦敬介の「アフロ・アメリカの旅——大西洋を移動したもの」という正統的な標題の文章のテーマは各種のイモと各種のトウモロコシと各地での調理法。

過去と今とをつなぐのは、口に入れるものだけではない。口から出すものも、身体そのものも歴史をつなぐ力をもっている。そう、カリブ海の、アフリカのダンスやレゲエはそれにあたる。ここまで来ればアフリカをアフリカのみに閉じ込めておくことは不可能になってしまうし、不毛になってしまう。文学にしたところで、事情は似たものになってくるはずであって、アフリカで生まれた文学がその土地にだけとどまっているということは考えられない。この本の中でも、一八世紀のイギリスで一七八九年に、つまりフランス革命の年に、自伝を発表し、黒人奴隷の解放運動に大きな貢献をしたオラウダー・イクイアーノから、カリブ海からイギリスへの移民の第二世代にあたるキャリル・フィリップスまでの作家が紹介されているのには何の違和感もない。『世界中のアフリカへ行こう——〈旅する文化〉のガイドブック』というこの本のタイトルは、そうした経緯を実にみごとに包み込んでいると言うしかない。

「移住、増殖、混交、変異、回帰などを繰り返し、どんな方向にも動いて流れていくもの。旅するアフリカ文化は『純粋な文化』などというフィクションをつねに裏切っていくのだ」。中村の頭の中には息苦しいナショナルな文化の概念などはないし、アメリカ的なものと英語とをおしいただくだけのグローバリズムなど滑稽なものとしか写っていないに違いない。他の寄稿者たちにしても、その点では同じ考えであろう。その意味では、この本は楽しいガイドブックどころか、挑戦的な本ということになる。

そんな本を読みながら、私はときおりある種のなつかしささえおぼえてしまう。途中で言及されるエヴァンズ＝プリチャードの『アザンデ人の世界』――大学紛争の只中で、私はこの本を読んだ。マイヤー・フォーテスやヴィクター・ターナーの本も。そしてアフリカの宗教の側から『闇の奥』を読み直す卒業論文を書こうとした。げんにそれを大方仕上げたのだが、結局のところそれを使うことはなかった。もしあのときこの本が眼の前にあって、私の指導教官が中村和恵先生であったなら、と考えると――いや、まあ、これは想像するだけで十分。今、このような本を手にすることのできる学生たちがうらやましいだけである。

類例なきポストモダン

オリーヴ・シュライナー『アフリカ農場物語』（上・下）大井真理子・都築忠七訳（岩波文庫）

「毎日新聞」２００６・10・22

時代的にみると、一八八三年に刊行された『アフリカ農場物語』はイギリスの世紀末文学のひとつということになるのかもしれない。ともかくその作者のオリーヴ・シュライナーは、有名なペイターやワイルドと同時代の女性である。小説『テス』の作者ハーディもこの時代だ。

もっとも、このユニークな小説は、その形式においても内容においても、そうした作家たちの作品とは似ても似つかない。まず書き出しからそうである。「アフリカの満月の光が蒼い空から広い荒涼とした平原に降り注いでいた。……平原の周りに連なる低い丘陵。……そういったすべてのものが白い光に照らされて、奇妙な重苦しい美しさを漂わせていた」。読者としては、このあとに一体どんな展開が期待できるだろうか。

舞台は南アフリカの平原である。しかも一八七〇年代になると有名なダイアモンド・ブームが始まっているから、それを歴史的な背景とした冒険小説だろうか。それとも、アフリカの大自然を背景にした旅行記風の小説だろうか。そこに移民とラヴ・ロマンスを絡ませて……と、まあ、想像はあれこれと広がるのだが、結論的に言うと、そのどれでもない。

『アフリカ農場物語』はポストモダン風の形式をもつフェミニズム小説であり、宗教小説としての一面も合わせもっている。文字通り類例のない作品と言うしかない。ドイツ人の農場管理人の息子、英国系の二人の少女、ボーア人の女、使用人のホッテントット、カフィールの子ども——彼らの住む農場に突然どこからともなくやって来たアイルランド人ボナパルト・ブレンキンズ。もちろんこの男は名前からしてイカサマ師だ。作品の第一部は、彼らの繰り広げるドタバタの戯画的な笑劇からなっていて、お世辞にも傑作などとは言えないだろう。性格の描写もうまいとは言えず、農場をとり巻く共同体も登場せず、筋の展開にも一九世紀のイギリスの小説らしい有機性が乏しく、読者としては頭の中に？を去来させつつ読むしかない。この作家は下手なのだろうか。

それでは第二部はどうなのか。まず、主人公の少年の宗教体験を語る自伝だ。その次は「真理の狩人」の姿を描くアレゴリー——構成も文体も明らかに意図的に使い分けられている。ということは、そう、第一部も意図されたデザインということだ。それは一九世紀の小説というよりも、現代のポストモダンの文学のそれである。

そのような作品の第二部でヒロインをつとめるリンダルは、こう言う。「私は自分の頭を男性の足の下に急いで置こうだなんて思っていないわ。それに赤ちゃんの泣き声がそんなに素晴らしいものだとも思えないわ」。もちろん時代からして、このような女性が幸福なヒロインになれるはずはない。教育を受け、読書をし、自分で思考し、それこそ自立した「新しい女性」となる夢を抱えた彼女は、最後にはホテルで息を引きとることになる。彼女の「小さな赤ん坊は二時間しか生きることができなかった」。彼女を愛した人物はなんと女装して、看護婦として、その最期を看取るという設定になっている。

作品全体に見事な着想をちりばめてみせたこの作者の周辺には、実はそのような思考実験を可能にした一九世紀英国のインテリ集団がいたことが分かっている。性科学者ハヴェロック・エリス、統計学者カール・ピアスン、社会主義者エドワード・カーペンター等の。彼女の弟はのちに南アフリカのケープ植民地の首相をつとめた。

「毎日新聞」2006・4・30

イスラムと西欧の交錯する小説

オルハン・パムク『雪』和久井路子訳（藤原書店）

トルコ、遠い国。地理的にはイギリスやフランスよりもずっと近いのに、われわれの気持ちの上では遥かに遠い国。その国から届いたオルハン・パムクの小説『雪』を紹介しようとして、当惑する。九・一一のテロ事件の数ヶ月後に完成したこの小説を一体どう紹介したらいいのだろうか。ひょっとしたら、そのもの珍しさを強調するという悪趣味な方法こそが逆にいいのだろうか。

三人称形式で始まったこの長編小説が最後のところまで来ると、読者はこんな文章に直面させられる。

「……何物も人間を幸せにしないこの世で愛以外には書いた小説も見た町もわたしはひどく孤独だ人生でここでこの町であなたの近くで一生の終わる日まで生きていたいと言ったらあなたは何と言うだろうかわたしに？

『オルハンさん』とイペッキは言った」。

どうやら作者と同名の人物がこの小説の中に登場して、この小説を書いているらしいのだ。

もちろんジョイス以降のポストモダンの文学においては、この程度の技巧は驚くようなものではない。しかし、この『雪』という小説は何となく文学後進国のようにも見えるトルコから出現した作品なのである。

しかも西欧の読者がそれを読んで感動し、トルコの社会を理解したと錯覚することを禁じてしまう。「カルスを舞台にする小説に俺を入れるなら、俺たちについてあんたが話したことを読者に信じてほしくないと言いたい。遠くからでは、誰も、俺たちのことをわかりはしないのだ」。これを読まされる欧米の読者は、イスラム系の社会の実状をこのリアリスティックな小説を通して多少なりとも理解したという思い込みに歯止めをかけられてしまうだろう。日本人の読者である私にしても、同じこと。紹介しにくいと書いた所以である。

もっとも、この先が実は文学の醍醐味である。どんなに巧妙なテクニックが使ってあろうと、所詮は文学なのだから、へえ～と感心して、あとはこちらが勝手に読みとればいいのだ。それこそ読者の自由というものである。当然ながら、多少の誤解はともなうにしても、この小説からは、現代のトルコ社会のある断面があざやかに浮かび上がってくるのだから。

舞台となるのは有名な大都会イスタンブルではなく、トルコの東の国境線に近い町——つまりアルメニアやグルジアにも近い町——カルス。「全てのものから遠く離れたこの世の片隅」。フランクフルトでの一二年にわたる政治亡命から帰国した主人公がこの町にやって来るところから、この小説は始まる。彼は有名な詩人。来訪の目的は、この町の市長選挙と少女たちの自殺の取材である。

この一見奇妙なテーマの組み合わせは、実は周到な計算の上で設定されているだろう。それは政治、宗教、女性問題などの絡み合う場を提供してくれることになる。そこに詩人と、さらに演劇人まで絡んでくることになれば、『雪』は政治小説どころか、ある時代の諸面を描き出す綜合小説と呼んでもいいくらいの作品になりうるだろう。現にそうなっている。

カルスの町にしても、たんなる田舎の町ではない。かつてはオスマン・トルコとロシアのぶつかり合う地で、ペルシア人、ギリシア人、グルジア人、クルド人、チェルケズ人などの住む多民族空間であった。「無数の戦、殺戮、大虐殺、反乱などの後、町はアルメニア軍、ロシア軍、さらには一時英国軍の手におちた。第一次世界大戦後、ロシアとオスマン・トルコの軍が去った後、短い期間カルスは独立国となった。一九二〇年十月に……トルコ軍が町に入った」。このような歴史をもつ町であれば、そこに秘密警察を配置することも、宗教対立絡みの殺人を持ち込むことも、軍の擬似クーデターとその抑圧を書き込むことも、決して無理な話ではなかったろう。現に作者はそれをやってみせた。このミクロコスモスを十二分に活用してみせた。

話の展開を云々するよりも、登場人物を紹介する方が、この作品の全体像を伝えるのには有効かもしれない。主人公の詩人は「イスタンブルで政教分離の共和国を信奉する家庭で育った。小学校の宗教の授業の時間以外にはイスラムの教えを習ったことはなかった」。他には、イスラムの神秘主義の指導者。イスラム主義をふりかざす過激な指導者。かつては詩人とともに学生運動に参加したものの、今は市長候補となっているイスラム主義者。SF作家になることを夢見ている宗教学校の学生。ドイツに移民したトルコ人。秘密警察めいた組織の密偵。演劇人。新聞記者。ポルノビデオの女優。そして、スカーフをかぶるイスラム社会のしきたりを前にして揺れる女性たち。

要するに、今世界の読者が知りたい西欧とイスラム社会の出会いを強烈に要約してみせた小説ということである。

多言語状況下の謎解き

ボリス・アクーニン『リヴァイアサン号殺人事件／アキレス将軍暗殺事件』
沼野恭子訳／沼野恭子・毛利公美訳（岩波書店）

「毎日新聞」2007・4・22

ロシアより愛をこめて、送り届けられた推理小説二冊。面白いと言えば面白い本であるが、どう面白いかはあとで紹介するとして、初めに、次のような人には、ボリス・アクーニンには手を出さないように警告しておきたい。

まず第一に、推理作家、その編集者、その出版社の社員。このような職業の人々はアクーニンを読んだとたんに転職したくなるはずだから。プロの眼から見ても、例えば『リヴァイアサン号殺人事件』の面白さは尋常ではないはずである。正直なところ、アガサ・クリスティの『オリエント急行殺人事件』が児戯に見えてしまう。

次に、純文学の作家、もしくはそこいらへんを狙っている人々。アクーニンの文体の書き分け、構成の巧みさ、そして歴史的・思想的な奥の深さ広さに触れると、ひたすら落ち込む以外になすすべがないはずだから。ポストモダンの文学手法など自由自在に使いこなせる作家であって、推理作家だから謎解きだけが主眼で、文体など……というのとはまったく違う。今回はまだ訳されていないが、一八七七年のロシアとトルコの戦争を、とくにその取材にあたった外国特派員のキャンプ（つまり多言語の飛び交う場）を重要な舞台とした『トルコのギャンビット』を読んだときなど、私は仰天してしまった。

私の頭に浮かんだのは、去年ノーベル文学賞をもらったトルコの作家オルハン・パムクのことだ。彼がどんな感想をもつか、聞いてみたいと思う。もしかりにノーベル文学賞がいわゆる純文学以外の作家にも行くとしたら、最初にそれをもらうのは、間違いなくこのアクーニンのはずである。

三番目に、エンターテインメント系の人たちも手を出さないほうがいい。面白さのレベルが違う。ロシアで次々にテレビ・ドラマ化されるというのも当然のこと。

この三分類以外のすべての読者に、純文学や歴史小説や推理小説などのファン全員に、私はボリス・アクーニンの作品を勧める。ただちょっと困るのは、推理小説という性格の手前、中味の一番おいしいところの説明がやりにくいということだ。

しかし、遠慮せずにやってしまおう。『リヴァイアサン号殺人事件』の冒頭に置かれているのは、一八七八年三月にパリで起きた大量殺人事件についてのパリ警察の警部の調書と、二つの長い新聞記事。これだけで事件を設定し、一九世紀末のパリの風俗をチラっと見せ、次の第一章の冒頭では、

「スエズ運河の北端の町ポート・サイドで豪華客船リヴァイアサン号」が登場する。舞台となるのはイギリスの港を出て、スエズ運河経由でカルカッタに向かうこの豪華客船。パリの警部は犯人がこの船に乗っているものとして捜査を続けるが、当然ながら失敗する。

われわれ日本人としてワクワクするのは、この船にギンタロー・アオノなる日本人が乗っているからだ。しかも彼は漠然とした日本人ではなく、島津公に仕える武家の三男青野銀太郎という青年。作品の中にはその彼が書く日記も出てくる。その中の一節、

「ロシア人が本質的に半分東洋人だから……ロシアは多くの点で日本に似ている。どちらも西洋に惹かれる東洋だからだ。ただロシア人は日本人と異なり、船が航路を進む際の目印にしている星を見失い、首をあちこちに振り回してばかりいる。『私』を前に突き出すか、『私』を強大な『私たち』の間に溶け込ませるか。ここに西洋と東洋の違いがある」。

この比較論は、どう見ても、普通の推理作家に書けるような代物ではない——一体アクーニンとは何者なのだろうか。

アクーニンは「悪人」と書く。本人がそう書いているのだから仕方がない。本名はグリゴーリイ・チハルチシヴィリ、あまり背は高くなく、がっちりとした体格で、その風貌からすると、世界中で翻訳されているシャレた小説を書く人物には見えなかった——東京で本人と握手をしたとき私はそう感じた。彼は日本への留学経験もあるし、三島由紀夫他のロシア語訳なども手がけている。

その彼がパリの警部には捜査に失敗させたあと、モスクワから来た青年ファンドーリンに謎を解かせる。見事だ。一九世紀の各国の歴史をひきずる多言語状況での謎解きは、多言語、多文化のグローバリズムが世界を被うわれわれの時代の好奇心を猛烈に刺戟する。ファンドーリンは一九世紀の末に

今の時代を生きてしまった人物なのだ。『アキレス将軍暗殺事件』では、在日ロシア大使館で働いていた彼が、横浜で命を救けた「ヤクザ」の青年マサヒロが、忠実な従僕として登場する。この推理小説は一九世紀末のモスクワの生きた社会史でもある。

歴史と宗教の中を巡る思想の旅

レザー・アスラン『仮想戦争——イスラーム・イスラエル・アメリカの原理主義』白須英子訳（藤原書店）

「毎日新聞」2010・10・10

九月一一日——毎年この日がめぐって来るたびに、われわれはニューヨークの世界貿易センター・ビルと国防総省へのテロ攻撃の場面を想起するしかないのだろうか。今年もそうであった。しかも、コーランの焼却騒ぎまで付随してしまった。

毎年この時期になると、あのテロ攻撃を引き起こした政治と宗教と文化のコンテクストを、たとえ遠くからであるにしても、考え直してみるしかないようだ。時の経過とともに変化してくるその歴史的な意味を。

レザー・アスランの『仮想戦争』はそれを試みた一冊ということになる。その背景にはこれまでとは違う状況がある。今大統領の地位にあるのは、「カンザス州出身の白人キリスト教徒の母とケニア出身の黒人ムスリムの父親」の間に生まれたバラク・フセイン・オバマ。「片手を胸に星条旗に忠誠を誓うように教えられたアメリカの権化である」。それに対して著者は一九七二年、テヘランの生まれ。七歳のときにオクラホマ州に移住して来て、「イランのアメリカ大使館員人質事件、イラン・イラク戦争、イラン・コントラ・スキャンダル、ベイルートのアメリカ軍兵舎爆破事件、二度にわたるパレスチナのインティファーダ、第一次湾岸戦争などのあいだ、ここで育った」。しかし、「公民権があるのはアメリカで、国籍上はイラン人、民族的にはペルシア人、文化的には中東人で、宗教的にはムスリム、性別は男性」である。アメリカの大学で学び、アメリカの大学で教えている。そのような経歴をもつこの著者の意見はともかく聞いてみるに値するはずである——。しかも彼は、テレビ番組では中東問題のアナリストとしても仕事をしている。そして、一九世紀のアメリカを代表する小説家メルヴィルの、「われわれアメリカ人は特異な選民、現代のイスラエルである」という言葉を引用してみせるだけの読書量もそなえている。

この本は政治や宗教や経済問題に的を絞った単なる地政学的な評論ではない。端的に言えば、歴史と宗教の中をかけめぐる思想的な旅行記ということになるかもしれない。各章の副題に使われている地名を抜き出してみるならば、パレスチナ、エルサレム、イスラエル、アメリカ（「アメリカに誕生した『原理主義』」の解説を含む）、イラク北部の町トゥズ・ホルマト、英国の移民の町ビーストン、カイロということになる。著者はそうした土地を実際に訪ね、そこの紛争的な雰囲気をともかく体感し、あるいはテロリストの育った環境を調べる。更に、遠い過去にまでさかのぼって歴史的、思想的な背景を確認してゆく。

それは大変な仕事だが、「イラン人として、ムスリムとして、アメリカ市民として」多重の帰属意識をもつ、というか、もたざるを得ない著者は、それに挑戦してみせる。

その中核にある状況認識とは、おおよそ次のようなものであるだろう。「グローバル化は個人の帰属意識《アイデンティティー》に対する非宗教的ナショナリズムの締め付けをゆるめ始めているので、人々は国家機構が簡単にコントロールできない宗教や民族といった……帰属意識を中心に再集合し始めている」。その背景には移民問題も横たわっている。「ヨーロッパには二〇〇〇万人以上のムスリムがいて、その大半がヨーロッパの旧植民地からの移民である」。こうした現況もにらみながら著者が希望を託す「民主主義の……継続的な推進」という言葉の重みは、今われわれのまわりを飛びかっている安易な用法とは何と違うことか。

「毎日新聞」2010・3・14

インド洋の政治経済史

S・スブラフマニヤム『接続された歴史——インドとヨーロッパ』
三田昌彦・太田信宏訳（名古屋大学出版会）

本を読むことの醍醐味は、そこで知らないこと、理解できないことにぶつかって、立ち止まってしまうことである。

少し気取ってそんな私的な格言を作ってみるのもいいのだが、問題はそのあとである。そのあと、どうするのか。読みやすく、分かりやすい本の方に手をのばすのか、それともその理解しづらい本とにらみ合いを続行するのか——勿論、どの方向に動くのかは各人の勝手ということになるだろうが。

スブラフマニヤムの『接続された歴史——インドとヨーロッパ』は、私にとってはそんな本の一冊であった。一六、一七世紀の、つまり大航海時代から西欧帝国主義の荒れ狂う時代にいたるまでの中間の時期の政治・経済史とでも言えばいいのだろうか。この時期の大西洋を舞台とした歴史とくらべると、一般にはあまり知られていないインド洋を舞台とした西洋とアジアの交渉史とでも言えばいいのだろうか。私の前にあるのはそんな本である。この分野についての予備知識と言えるようなものはないに等しいのだから、当惑して立ち止まってしまうのは当然ということになる。

「東インド会社の使節がムガル朝の文脈においてどのようにして意思の伝達を行ったのか、また、使節がムガル朝をどのように認識し表象したのか」とか、「一七世紀にイギリス東インド会社がムガル朝宮廷に派遣した外交使節二人の比較」といったくだりは、まだしも理解したような気になれる。しかし、一六世紀中葉の西インドのグジャラート・スルタン朝の話になると、お手上げ。「マフムード・シャーは、一五三七年に一一歳で即位し、一七年後にブルハーンという者によってやはり暗殺された。一五五四年に後を継いだ兄弟のアフマド・シャーもまた、有力者のイーティマード・ハーンにより七年後に同じく暗殺された。アフマド・シャーの後に即位したムザッファル・シャーは一五七三年にムガル朝に破れると、先がない抵抗運動を率い、一五九〇年代初頭に自殺によってその掉尾を飾った」。

しかし、こうした文章を楽々と書いてゆく著者は、パリのフランス社会科学高等研究院で教え、オックスフォード大学のインドの歴史・文化講座の初代教授をつとめた人物なのだ。いや、そんな経歴をたとえ知らなくても、翻訳の巻末につけられた地図と系図を見ながら、もう一度、もう二度と、ゆっくり読み始める。理解できなかった本の生みだした当惑が興奮へと変わる瞬間である。私にとって、それは本を読むことの最も大きな喜びの瞬間でもある。

そうしてこの本をゆっくりと読んでいると、唖然とする一節に出会ってしまった。「有名な事例は、黒澤明の一九八〇年の映画『影武者』に見ることができよう。映画の舞台は日本の一六世紀戦国時代であり、盗人が処刑を免れる代わりに、強大な戦国大名である甲斐の武田信玄……の替え玉となることに同意する様子が描かれている」。著者は「替え玉」をテーマとするアレクサンドル・デュマの『鉄仮面』、アンソニー・ホープの『ゼンダ城の虜』、ジョゼ・サラマーゴ（ノーベル賞作家）の『生き写し』にも触れながら、一七世紀の歴史的事例を解読してみせる。見事である。

いずれにしても、東西の文献を精読しながら、サイードの『オリエンタリズム』の発想を拒否してゆくこの本は、ブローデルやトドロフの歴史学の手法にも疑問を突きつけ、実に読みごたえのある一冊となっている。

「毎日新聞」2008・4・20

ポルポトによる虐殺のグローバルな背景

松村高夫、矢野久編著『大量虐殺の社会史、戦慄の20世紀』（ミネルヴァ書房）

フィリップ・ショート『ポル・ポト、ある悪夢の歴史』山形浩生訳（白水社）

これはと思う本を読んで書評を書く――いつもならば、これは大なり小なり楽しい仕事であるのだが、今回は違う。今回はそうはいかない。読もうと決めて机の上に置いた本をなかなか開くことができなかったし、読み始めてからも中断することが多かった。

それも当然かもしれない。『大量虐殺の社会史、戦慄の20世紀』を開くと、その一頁目で、次のような指摘にぶつかるのだから。

「第一次世界大戦中のトルコによるアルメニア人の虐殺六〇万人以上、第二次世界大戦中のナチス・ドイツによるユダヤ人などの虐殺六〇〇万人、一九七〇年代のカンボジアにおけるポル・ポト政権による虐殺一七〇万人、イラクにおけるクルド人虐殺一〇万人、一九七五年以降のインドネシア軍による東ティモールの二〇万人虐殺、そして一九九四年のルワンダにおけるフツによるツチ虐殺八〇万人等々」。

なぜ、「等々」なのか。それは三頁から五頁にかけての虐殺事例のリストを見ればすぐに了解できるだろう。あまりの数に絶句するしかない。しかも広義の虐殺には、国内的なそれだけではなく、国際的な戦争も含まれるとするならば、「広島・長崎への原爆投下、中国のチベット侵略と占領……アメリカのヴェトナム戦争」もそこにつけ加えなければならないだろう。更に二〇世紀以前にも眼を向けるとしたらどうなるか。

これまでにも個別の戦争の歴史を研究した本や、幾つかの戦争を比較した歴史の本は数えきれないほどあった。この論文集が衝撃的なのは、虐殺（ジェノサイド）という視点から世界各地の事例を比較することを試みたところである。そこからは一体何が見えてくるだろうか。そこに共通するものがあるとしたら、それは何なのか。

松村高夫は「ジェノサイドを根源的には国家犯罪」とした上で、それが人種、民族、宗教などの線に沿って起きやすいことに注目する。考えてみれば、それらは、グローバリズムが文化や経済や政治の各分野で声高に吹聴されるときに必ずついてまわる問題点でもあるのだ。そのことに気がつくと、この論集はとても速読などできるものではなくなってくるはずである。

『ポル・ポト、ある悪夢の歴史』もつらい本である。各種の資料を調べあげて書かれたこの伝記は、ポル・ポト伝としては間違いなく決定版としていいだろう。しかし、その対象が対象であるだけに、それを面白いと評することはできそうにない。むしろ、苦痛である――しかし、それでも読まなければならない本だと断言できる。

一九七五年にカンボジアの政権を奪取し、それから三年八ヶ月の間に国民の五分の一を虐殺することになるクメール・ルージュについて、著者フィリップ・ショートはこう要約してみせる。

「ポル・ポトたちがその春に承認したのは、現代初の奴隷国家だった。……スターリン、ヒトラーなど多くの第三世界の独裁者たちは、基本的人権と自由を奪うことによって国民を精神的に奴隷化したと言える。だがポル・ポトは、難民らがのちに『壁のない牢獄』と呼んだ社会的および政治的な構造にカンボジアの国民を幽閉し、国民を文字通り奴隷化した。人々は幹部が命じた作業をどんな内容でも報酬なしで遂行させられ、失敗した場合には配給の差し止めから死刑におよぶ罰を受けるおそれがあった」。

実際に、都市部から農村に移動させられた人々の多くが拷問を受け、虐殺されたのだ。しかし、なぜ？　著者はアンコールワット以降のクメール文化と人々の気質について、歴史的に説明する。ポル・ポトの行動の背景にあった思想とはどんなものであったのか。著者によれば、フランスに留学中のサロト・サル（これがポル・ポトの本名）には、マルクスを理解する能力はなかった。彼が最も興味を引かれたのは、ロシアの無政府主義者クロポトキンの『大革命』という本であった。「カンボジアの状況にもっとも近い『国家革命』は中国やロシアの革命ではなく、ブルジョア階級の知識人と農民が手を結んでルイ十六世に対抗した一七八九年の革命だったのだ」。しかし、なぜ、このような思想的なつながりになるのか。

著者は、フランスによるカンボジアの植民地支配、ベトナムとの敵対関係、中国の思惑、アメリカの暗躍といった背景を説明してゆく(現にカーター大統領は、ポル・ポト派による虐殺を知りながら黙認していたのだ)。そこから浮上してくるのは、大量虐殺を誘発してしまうグローバルな諸関係とその地域の文化、民族性の絡み合いというきわめて今日的な問題である。そこからは、グローバリズムと呼ばれる動きの暗黒の部分が浮上してくる。

多民族、多文化のオーストラリアの文学

ケイト・ダリアン゠スミス　有満保江編『ダイヤモンド・ドッグ――《多文化を映す》現代オーストラリア短編小説集』(現代企画室)

ドリス・レッシング『老首長の国』青柳伸子訳(作品社)

「毎日新聞」2008・8・24

よけいな解説や耳障りな応援は聞きたくない。テレビの音を消してオリンピックを見る。そうすると奇妙に注意が集中して、いろいろなことが、思いがけずによく見えてくる。選手の緊張した表情や体の動きも。とくに、競技をおえたあとの選手が見せる複雑な……何か。

日本や中国の選手を見ているときには何の違和感もないのだが、他の地域の選手になると、国旗が気になる。肌の色が気になる。大抵の場合、国名と肌の色はこちらの予備知識と一致するものの、そうでないことも。オリンピックのために本人が国籍を移したのだろうか、それとも移民の何代目かなのだろうか。

それに、どんな言葉を話すのだろうか。ジャマイカの選手がインタヴューに英語で答える――なぜ、

イギリスからは遠い西インド諸島の選手が英語で？　今や英語がグローバルな言語だから？　もちろん私はその理由を知っている。知っているからこそ、私にとっては、オリンピックがスポーツの祭典につきるものではなくなってしまうのだ。

「夫婦は面倒から逃れたくてこの島に移住してきた。ところが、夫婦の十代の娘には、島が両親を乗せて漂う幽霊船みたいに思えてきた」。ふだんならば短編小説の一節として読みすごしてしまうような部分が、まったく無縁のはずの北京オリンピックのせいなのか、意識のどこかに残ってしまう。「中国人の一家が隣の家に引っ越してきた」。

「道には迷いっこなかった。オーストラリアの田舎の風景を眺めながら、このすてきな、整備の行き届いた新しい道路を行けばいいだけだ……赤カンガルーが一頭、ハイウェイの真ん中を、彼らのほうに向かって跳ねて来る。白いラインからはずれることなく、何かに憑りつかれたかのように、ひたすら跳ねてやって来る。ラインの切れ目を三つか四つずつ、力強い爪先で規則正しく蹴りつけながら、やって来る。……彼女はハイヒールの爪先をつかんで、カンガルーを死ぬまで殴りつけた」。そんな文章にもぶつかる。

異なる国から来た、人種の異なる人々の融和の物語のかたわらに、こんな物語をおかざるを得ない国オーストラリア。別の短編では、一九五〇年の夏、「初めて顔を合わせたときには、全員がオーストラリアに移住してきたばかりの難民だった」。どこから移住してきたのかと言えば、「つい五年前、レニア・ベンスキーはアウシュビッツに、ゲニア・ジャノバーはベルゲン・ベルゼンに収容されていた」。そんな彼らに対して、みずからも一〇年前に移民してきた女性の口にする台詞、「最近のユダヤ難民のせいでオーストラリア人は反ユダヤ主義者になってしまいますわ」。

日本人の多くがおそらく、美しい大自然の残る格好の旅行先と思い込んでしまっているオーストラリアは、西欧とアジアからの移民と、在来の住民（アボリジニ）によって構成される多民族、多文化の国家である。一六の短編はそのことを鮮烈に伝える。現代の世界が抱える問題に最も鋭い、かつ極端なかたちで取り組むことを余儀なくされた文学がそこから出てくるのも当然のことかもしれない。

もちろん作家たちの出自もバラバラだ。パプアニューギニアを舞台として、旧日本軍にまつわる物語「アリガト」を書いた作家は、一九四六年、シドニーの生まれ。中国の湖北省生まれの作家もいるし、フィリピン生まれの作家もいる。母は先住民、父はベルギー人という作家も。ひるがえって、オーストラリアのオリンピック選手団はこのような多民族性をどこまで代弁しているのだろうか――もちろん記録の問題はあるにしても、そのことを承知の上で、考えてしまう。

どの種目だったろう、ジンバブエの選手の姿が一瞬画面をよぎった。この国の今の政情のことを考えると、この選手は祖国ではどのような位置にあるのだろうかと考えてしまう。ジンバブエ、旧ローデシア。かつてこの国を蹂躙したのもイギリスだった。

去年ノーベル文学賞を受賞したドリス・レッシングの短編集『老首長の国』の舞台は、かつて彼女自身が暮らしたローデシアに置かれている。彼女が眼にし、作品に書き込むのは、融和自体が困難をきわめる多民族社会ではなく、イギリス人という白人と現地の黒人が向かいあう社会である。現地の人々の土地を奪い、彼らを酷使しながらも、決してそこに安住できない白人社会の姿だ。ときには酷使されながらも白人たちを出し抜いてしまう黒人たちの、武骨なほどのユーモアだ。そしてアフリカの壮大な自然。これもひとつの書き方かと納得するしかないのかもしれないが。

9 日本

『平家物語』を語る琵琶法師

兵藤裕己『琵琶法師――〈異界〉を語る人びと』（岩波新書）

「毎日新聞」２０１０・１・10

著者の性格が悪いためなのか、一緒に仕事をした編集者のせいなのか、それとも双方の性格の悪さの相乗効果なのか、巻末につけられた琵琶法師の貴重なＤＶＤに、こんな但し書きがついている。「このＤＶＤは、一部の機器で構造上再生できず、故障の原因となることがあります　ご注意ください」。どうやら故障が起きるかどうかは、再生を試みてみないと判別できないようで――まず、苦笑い。

ともかく読み出してみることにする。高校生のとき、古文の授業で『平家物語』を読むときに出くわすのが琵琶法師の挿絵だ。盲目の芸人。それ以外のところで出会うことはまずないはずの芸人であるが、実は芭蕉の『奥の細道』にも登場する。

「その夜、盲目法師の琵琶をならして、奥浄瑠璃といふ物を語る。平家にもあらず、舞にもあらず、鄙《ひな》びたる調子うちあげて、枕近うかしがましけれど、さすがに辺土の遺風忘れざるものから、殊勝に覚えらる」。

ということは、琵琶法師は『平家物語』の成立した時代にも、元禄時代にも存在したことになるはずだが、原点はどのあたりになるのだろうか。

兵藤裕己は、このコンパクトな本の中で、その歴史について語ろうとした。まず、楽器そのものの由来について。「大陸・半島から西日本へ直接渡来したとみられる琵琶法師の琵琶は、京都中央に遣唐使などの公式ルートで伝えられた雅楽琵琶とは、楽器の構造も、その奏法も大きくことなっていた」。それは華やかな宮廷文化とは無縁の場で、盲目の僧たちによって使われてゆく。

「平家の物語が琵琶法師によって語りだされたのは、平家一門が壇ノ浦で滅亡してからまもなく、その死霊のたたりがいわれはじめた当初からだったろう」。勿論、著者はその周辺の事情を丁寧に説明したあとで、今度は『徒然草』の第二二六段を引用してみせる。「この行長入道、平家物語を作りて、生仏《しょうぶつ》といひける盲目に教へて語らせけり」。

実はこの本の中に引用されているのは『徒然草』や『奥の細道』のような有名な古典だけではない。新書としては例外と言ってよいほどの多数の引用は、本当の専門家でなければ知らないような文献からのものである。そうした引用の例を通して、兵藤は琵琶法師の〈歴史〉がそこにあったことを語ろうとしているのだ。一般の読者には分からない？ その意味が読みとれない？ だからどうだというのか。極論するならば、私などは、この引用の例の中に著者その人の琵琶法師的な語りを聞く思いがする。

学生の頃からこのテーマに心をひかれ始めた彼にとっては、これはひとつの自伝でもあるだろう。「一九八二年から十年あまり、九州の琵琶法師のフィールド調査を行なった」。その調査を中断せざるを得なかったのは、彼の眼の前で、その歴史がとだえたからである。巻末につけられているDVDには、その最後の琵琶法師といってよい山鹿良之《やましかよしゆき》の姿が収められている——最後のひとりの姿が。

ただ著者は悲哀だけを残したくはなかったのだろう。この本は、琵琶法師の存在の上に成り立つラフカディオ・ハーンの「耳なし芳一の話」をめぐる話から始めて、その影響下に書かれたアントナン・アルトーの「哀れな楽師の驚異の冒険」につながるように構成されている。それは「異界の声」を聞く伝統が、時空を超えて、『平家物語』からシュールレアリスムにまで伸びていることのあかしでもあるだろう。

「毎日新聞」2004・4・4

聞き上手が引きだす能・狂言の魅力

松岡心平編『世阿弥を語れば』（岩波書店）
野村萬斎・土屋恵一郎編『狂言三人三様』（岩波書店）

一二月九日、東京、水道橋。宝生能楽堂の舞台にシロウトが二人立っていた。体つきも顔つきもガッチリとしたいかつい感じの男と、身振り手振りも、話の内容も、いかにも軽い感じのする男——この二人が「橋の会」を二四年間にわたって支えてきたのである。

齢不相応に若くて軽い芸人然とした人物は松岡心平。東京大学教授、五〇歳。能の研究を専門とする国文学者である（もっとも、学生たちからも心平ちゃんと呼ばれているとかで、貫禄の欠如は歴然たるものがある）。

『世阿弥を語れば』は、その彼と一一人の対談を集めたもの。その対談の相手が丸谷才一、大岡信から始まって、横道萬里雄、渡辺保、観世栄夫と続く、なんとも豪華なもの。そこに水原紫苑や多田富雄も加わる。まず第一に不思議ではないだろうか。東大教授で、能研究の専門家たるものが、自分の専門の研究対象である世阿弥について、これらの人々から何を聞きだそうというのだろうか。東大教授として、専門家として、教えるというのならまだ話は分かる。しかし、そうではないのだ。松岡は聞こうとしているのだ。シロウトの愛好者から話を聞こうとしているのだ。

端的に言えば、そこに彼の学者としての新しさと抜群のセンスのよさがある。この対談集を読めば、彼の研究者としての能力が頭抜けていることは簡単に分かる。だが、それだけでは能楽研究における世阿弥至上主義から抜け出すことはできなかっただろう。「金春禅竹は、中世神道的な、宿神的な思考の世界を能に結実させた空前絶後の存在ではないかと思います」という自信に満ちた発言はできなかっただろう。観世寿夫の舞に衝撃をうけ、学生時代に謡や仕舞を習い、そして研究者への道を歩む——まさしく典型的な国文学者の順路にしたがっていた彼を救ったのは、彼の学問の根底にある「素直な眼」であった。

「突然、主観的な言い方をしますが、世阿弥の能は素人には退屈な部分がかなりありますね」と多木浩二に言われて、素直に衝撃をうける松岡心平。多木に、「能はすべて悲劇。なぜ悲劇なんですか？」と訊かれて、「私もお伺いしたいんですけど、なぜなんですか（笑）」と応じてしまう心平ちゃん。「その『儀理』っていうのは、本当はどのように理解すればいいのですか」と訊かれると、「難しい（笑）」と答える国文学者。心平、ガンバレ。多木浩二との対談はこの本の白眉である。

もうひとつが、橋の会の相方であった土屋恵一郎との対談。『重衡』、『布留』、『逢坂物狂』など、橋の会による復曲の経験をふまえて、土屋はこう言う。「復曲した能、失われた能のなかの世阿弥はわれわれが考えている既成の概念を打ち破るものだった」。「能のドラマとしての可能性をほんとうの意味で確立したのは元雅、禅竹だった」。土屋のこのような明哲な発言に触発されて、多木浩二との対談では「ガンバレ、心平ちゃん」だった松岡が、言いきる。

「世阿弥が非常に明晰で合理主義的な言説のトポスを形成するのに対して、その対極にあるのが金春禅竹で、現代思想の潮流、例えばドゥルーズみたいなものと共鳴させると金春禅竹がみえてくる」。松岡はただ素直に聞いているだけではない。『世阿弥を語れば』の中で彼はシテも、ワキも自在に演じてみせているのだ。

土屋恵一郎の方は野村萬斎と狂言の本を三冊編集した。『野村万作の巻』のあとがきにもある通り、「引っ込み思案で臆病のかたまりのようなものだから、自分から誰かに近づくことは今でもできない」彼ではあるが、舞台のプロデュースとか編集の話になると異様なばかりの才能と決断力を発揮する。『狂言三人三様』は『茂山千作の巻』、『野村万作の巻』、『野村萬斎の巻』からなる。三人の狂言師それぞれへのインタビューと、彼らの芸をめぐる本格的な評論によって構成されている。そして、こと舞台を見るとなると実に鋭い批評眼を発揮する土屋が、みごとなくらいに自分を消して、インタビューをする側に徹している——いや、そうではなくて、相手の特色をフルに引きだすためにその批評眼を駆使している。そこにあるのは、松岡心平のそれとはまた別の聞き役である。しかし、そうでありながら、彼もまた幸福な聞き役でもある。「ここでの聞き書きは、それは萬斎だけでなく、千作の場合も、万作の場合も、文字ではなく映像で残したいと思った。当然のように、三人は、身振りを交えて話をする。それが実に見事だった。もったいない。……贅沢な時間だった」。うーん……。こんな言い方をされると、嫉妬をおぼえない方がおかしい。

一九世紀英国美術の日本ブーム

谷田博幸『唯美主義とジャパニズム』（名古屋大学出版会）

「毎日新聞」2004・12・12

どういうわけだか、イギリス人には日本に対する強い憧れがあるらしい。例の『ガリヴァー旅行記』（一七二六年）では、ガリヴァー船長が江戸と長崎に来ることになっているし——しかも踏み絵もどきのことをめぐって一悶着ある——今でもイギリスのスーパーで買えるミカンにはサツマという名前がつけられているくらいだ。

その程度の国だから、よくも知らない日本のことを題材にして芝居を作るくらいのことは平然とやってのける。その実例のひとつが『ミカド』という喜歌劇。一八八五年三月一四日が初演で、六七二回の連続公演という記録が残っている。その舞台はティティプ（秩父のつもりらしい）で、「ミヤサン、ミヤサン、オンマノマエニ、ピラピラスルノハ、ナンジャイナ、トコトンヤレトンヤレナ?」という合唱まで登場する。まあ、ともかく、あきれた話ではあるが。

というのが前口上で、以下本題。問題は一九世紀末のイギリスでなぜこのような作品が作られて、なぜ大好評を博したのかということである。フランスの場合ならば、浮世絵が印象派の絵画に大きな影響を与えて、いわゆるジャポニスムが云々と話が展開することになるはずだが、イギリスではどうだったのか。一八八〇年代のロンドンで日本ブームがあったことはよく知られているが、その実体はどうであったのか。

『唯美主義とジャパニズム』はその問題に正面から取り組んだ本である。収録されている図版資料が多くて、パラパラとめくっているだけでも楽しい本だ。その出発点となったのは、「一八六〇年代末だ限られた一部の人々の趣味にすぎなかったものが、やがて一八七〇年代ともなると、E・アスリンが『その流行は同好の士の間で最高潮に達し、日本趣味と唯美主義とは事実上同義語と化していた』と言った状況が生まれる」という洞察である。

そして、日本への関心と唯美主義がからんでいたとすると、そこには世紀末のイギリスの唯美主義を主導したとされる文人や芸術家たちもからんでくるはずであるが――そう、彼らがこの本の中には次から次へと登場して来ることになる。作家のオスカー・ワイルド、ロセッティ兄弟、『パンチ』の挿絵画家デュ・モーリエ。批評家ラスキンとその喧嘩相手となった画家のホイッスラー。その他、唯美派の画家、その周辺の人々の総出演である。

話は当然ながら日本にも及ぶ。詩人にして画家のD・G・ロセッティを崇拝した蒲原有明、さらにはその詩人とロンドンで面談したと思われる薩摩藩留学生の話も出てくる。貴重な一次資料を利用して、これまでほとんど知られることのなかった部分に光をあてる手さばきは見事なものである。

著者はきちんと資料を検証しながら、日本の浮世絵や美術工芸のどの部分がイギリスに吸収されたのかを跡づけてゆく。そのさいに、実物の美術工芸品の与えた影響のみにこだわらず、「書物の挿絵を通して如何なる日本の美術品が紹介されただろうか」という風に問題をたてる。この小さな方向転換ひとつからでも興味深いことが幾つも分かってくる。ブック・デザインの問題も、日本と古代ギリシャを類比する世紀末の趣味の問題も、そうした小さな方向転換の生み出した成果だったのだ。それを踏まえて著者は主張する、フランス美術史型のジャポニスム論だけでは不十分だ、と。この本は折目正しい手続きによって西洋美術史のある部分の再考を求める。

「日本経済新聞」2009・11・15

「犬」でたどる驚きの植民地史

アーロン・スキャブランド『犬の帝国』本橋哲也訳（岩波書店）

最近は野良犬を目にすることはなくなった。逆に、ペットとしての犬が飼い主を連れて、そこいらじゅうを散歩している。それに、テレビには例の日本語の達者な白い犬が出てくるし、いかにも高価な外国産のペット犬も登場するし……というようなことを考えながらこの本を読み出すと、それこそ一瞬にして目がさめる。

「日本が経験したファシズムの文化のなかでハチ公が果たした重要な役割」という説明を目にして驚かない人がいるだろうか。「一九三〇年代の文脈でみれば、ハチ公の話は複雑に絡み合った不穏とさえ言える意味合いを帯びてくるのである。ハチ公が有名になったのはほかでもない、この犬が愛好家から政府官僚にいたるまで国家の理想を体現するもの、すなわち日本的性質、純血、ひとりの主人への献身、恐れを知らぬ闘士と見なされたからである」。これはただ人目を引くためのハデな主張ではない。このアメリカ人の研究者は多量の日本語の資料を使いこなして、この主張を導き出しているのだ。

しかし彼は、「記号としての犬」のもつ意味をファシズム形成期の三〇年代に固定するのではなく、欧米の帝国主義が日本にも到来した明治期から始めて、今日のペットブームの時代まで、その歴史を追いかけてみせる。使われるのは欧米人の旅行記、新聞、挿絵から写真、マンガまで。できあがったのは、なんとも斬新な植民地史、帝国史である。

実は『犬の帝国、幕末ニッポンから現代まで』という標題を目にし、目次の中に「植民者の犬と日本に昔からいる犬」、「ポストコロニアルの犬」、「血と血統」、「帝国にふさわしい犬」、「軍用犬は家庭から」、「伴侶にして製品」というような表現を見つけた瞬間に、これが面白い本であることを、私は確信した。その確信は当たった。

なにしろ書き出しは、一八五四年、徳川将軍がペリー提督に四匹の犬（チン）を贈る話なのだから。「チンは日本を象徴するイヌだった」。そのうちの二匹、ミヤコとシモダの絵まで収録されている。しかも、社会ダーウィン主義との関連まで！

「毎日新聞」２００９・４・19

日本人は外地でどう公権を得たか

浅野豊美『帝国日本の植民地法制——法域統合と帝国秩序』（名古屋大学出版会）

この本をどう紹介したらいいのだろうか。常識的には、本文六五〇頁、註は二段組みで一二〇頁もある純然たる学術書を新聞の書評欄で取りあげるのは、非常識ということになるだろう。その文章は決して気楽に読めるようなものではない。扱われているテーマも、私の専門（英文学）からはかけ離れている。それでもなおかつこの本を取りあげるのは、一般の人には手の出しにくいこうした本の存在を伝えることも書評の仕事のひとつではないのかという気がするからだ。

著者は冒頭で、「近代日本が帝国として構築した法システムである帝国法制の起源と展開」を明らかにするのがこの本の狙いであると、まず宣言する。「日本がその周辺に構築しようとした地域がどのような法的論理によって日本本土と結ばれ、そして国際関係の一部となっていたのかを明らかにする試みである」とも説明される。著者は、そのことを、「帝国法制の形成と植民地版条約改正は、近代日本を周辺地域に君臨する帝国として国際的に承認せしめた契機」であったとも言う。

近代日本が周辺の地域に進出し、侵略をしていったことは、もちろん歴史の教科書でも教わる。その背景にどんな思想があったのか、その進出・侵略の結果として人やモノがどう動かされたかについても学ぶことができる——そこまではいいとして、その背景に、それと併行して重大な問題があるはずなのだ。政治家や思想家、企業家、軍部などの暴走だけが近代日本の侵略のすべてではないはずなのだ。単純化してしまえば、そうした暴走を許し、ときには正当化し、その後始末をする仕事が当然必要になる。侵略と呼ばれるものはただメチャクチャな暴走ではなく、何かしらのルールに基づいた行動のはずである。それでは、そのルールは何なのか——国が定める法律ではないのか。

国内だけで通用する法律ならまだしも、外地、外国人、外国との交渉に関わる法律がどうなるかとなると、その複雑さは誰にでも想像できるはずである。さらに台湾にいる日本人、朝鮮にいる日本人、満州にいる日本人にはどんな法律が適用されるのか。さらに、さらに、そうした法律と現地の既存の法律の関係はどうなるのか。さらに厄介なことがある。日本側が、ことは日本と現地（台湾、朝鮮、満州）の問題だと主張しようとしても、ことが複数国間の問題である以上、そうはいかないはずである。そうした地域にはイギリス、アメリカを始めとする国際社会も絡んでいるのだから。明治期に西欧から押しつけられ、やっと振り払った「治外法権」を、今度は日本が周辺地域に押しつけられるのだろうか。

そうしたことを考えただけで頭がクラクラして来る。さらに悪いことに、こうした法律関係の場合、資料がやたらと保存されていることが多い。勿論著者はそのことを承知している。「帝国日本の植民地法制」というテーマのもとで、二〇年間かけて資料を読み、このような本をまとめるというのは、とてつもなく大変な……いや、学者冥利につきることであろう。

私などは、「在満日本人が、日本国民でありながら満州国の一切の公権・私権を享受する」という事態に唖然としてしまうところだが、著者はそのような事態が生まれるにいたった経緯を、資料的に解明してみせる。他にも実にさまざまの問題点を。たとえ読者の数は限られるにしても、この本には存在する理由があり、意義がある。

一九六八年——四〇年後に検証された特別な年

毎日新聞社編『1968年に日本と世界で起こったこと』（毎日新聞社）

「毎日新聞」2009・7・19

一九六八年、日本では何が起きていたのだろうか——そう問いを立ててみると、今四〇歳よりも若いひとたちにとっては、自分の知らない歴史の話ということになるだろう。その一方で、六〇歳以上のひとにとっては、自分の若い頃の体験史ということになるはずだ。ひとつの時代が、ひとによって、実体験した歴史とも、実体験しなかった歴史ともなる。その意味では、四〇年前の歴史をさまざまの角度から検証する本というのは面白いアイディアであるし、何よりも一九六八年というのは特別の年であった。

それは明治維新から数えて一〇〇年目、パリの五月革命の年であり、大学紛争の年であり、オバマ大統領が敬愛してやまないキング牧師が暗殺された年でもあった。ベトナム戦争がまだ継続しており、ベルリンの壁が崩壊する二〇年ほど前であった。私の通っていた大学の書籍部には、マルクス＝エンゲルスの著作はもちろんのこと、レーニン、スターリン、金日成、毛沢東の翻訳が並び、少し離れたところの棚をサルトルの翻訳が占領している、そんな時代であった。西欧文学の名作の翻訳を読んでおくのが当然という雰囲気の時代であった。

そのような時代をさまざまの角度から語るエッセイを二〇本、インタビューを二〇本集めたのがこの本である。取り上げられるテーマはベトナム戦争、文化大革命、ASEAN発足、米国の「核の傘」問題、公害、美濃部都政（革新自治体）のことなど——グローバリズムと金融経済とテロ、そして地球温暖化と食糧危機を問題とせざるを得ない現代とくらべてみると、なんだか静かであったような錯覚すら覚えかねない。もちろん、本当は静かであったわけではない。四〇年後の世界と地球の激変を予想する力がなかったというだけの話であるが。

それからマイカー、テレビと深夜ラジオ、アングラ演劇、映画、少年マンガ……。そうか、こうしたものが時代の文化と雰囲気を代弁していたのか。折しも大学を留年中であった私は、こうしたテーマのどれひとつにも興味をもたなかった。そのことを思い返して、思わず苦笑してしまう。

たまたま手にしたメキシコの批評家オクタビオ・パスの『レヴィ＝ストロース』の英語訳（英国のジョナサン・ケイプ社刊）を読んだあと、私は勝手に知の暴走を始めてしまった。一九六八年、学生の前には強烈な知の熱狂があったはずである。東京という大都会になじめない田舎者であった私は、結果的には、そこを一人で走り回っていたようである。聞くのは黒人歌手ハリー・ベラフォンテとアンデス山脈のフォルクローレ。私にとっての一九六八年とは、そんなムチャクチャな自由を認めてくれた年であった。

そして翌六九年一月、東大安田講堂の「落城」と東大の入試の中止。それは決してひとつの大学の入試の中止ということにとどまるものではなく、実に多くの受験生がドミノ倒し式にその影響を受けてしまった。それこそ人生計画が狂ってしまった受験生もいたはずである。この本の中には、その入試の中止をめぐって、「あれは私たち学者グループで発案し、楠田さんを通して佐藤首相に上申したアイデアです」という証言も含まれている。四〇年後にその経緯を知って、言葉を失うしかない。ともかくどの頁を開いても気楽には読めない本であって、やたらと胸騒ぎがすると言うしかない。

独創的な読書案内

子安宣邦『昭和とは何であったか——反哲学的読書論』（藤原書店）

大塚信一『哲学者・中村雄二郎の仕事——〈道化的モラリスト〉の生き方と冒険』（トランスビュー）

「毎日新聞」2008・11・30

軽い言い方をするならば、多少風変わりな読書案内二冊ということになるのかもしれないが、但し、二冊とも強烈すぎるインパクトを持っている。読みながら、途中で深く息をついたり、眼を閉じたり、両手で顔をおおったりすることになるだろう。何度も、何度も。

まず、『昭和とは何であったか——反哲学的読書論』。「あとがき」から読むことにするならば——

日本ではここにホンネを書くあとがき文化とでも言うべきものがあるので、書店で新刊を手にしたときには、まず第一にここを読まなくてはならない——「昭和という時代をどのように人々が経過したのかを言説上に追体験的に辿りながら昭和を読み解く」と、目的が明記してある。日本思想史学会の会長もつとめたことのある人なので、私としても、そこでもうある種の覚悟が決まる。昭和思想史の本格的な解説を期待する。

ところが、この人、ケチだ。「高い定価のついた貴重な古書には一切目もくれない。いわゆるゴミと称される薄汚い古書を中心に見て歩くのである。私はそこで出会う」。このくだりを読んだ瞬間に、私はこれがズバ抜けた本であることを確信した。

どこかの書店でこの本を手にとって、例えば一六一頁から数頁をめくってみてほしい。「清水安三は北京における当時最大のスラム街であった朝陽門外で中国人子女の自立のための学校崇貞学園を創設し、維持し、その発展にもてるすべてのものを注いでいった」とある。その創設は一九二〇年五月二八日のこと。彼の志はのちの北京の公立中学校にもうけつがれ、北京市陳経倫中学校は二〇〇二年に創立八〇周年を祝った。「その日、正門内の小庭に建つ清水安三と美穂を記念する碑の除幕がされた」。そのような人物の手になる『朝陽門外』を大阪の古本市で、著者は入手する。「すごい本であった……私は読みながら泣いた」。

角田房子『閔妃暗殺——朝鮮王朝末期の国母』や田辺元『種の論理の弁証法』に対する怒りも強い説得力をもっている。しかし、著者が古本市で入手するのは、大なり小なり有名なそうした本だけではない。『文藝春秋』昭和一三年新年号、文部省『小学国語読本』巻一一、大阪毎日懸賞論文『五十年後の太平洋』などである。沖縄に眼を向けるときには松島泰勝『琉球の「自治」』と新崎盛暉他

『沖縄修学旅行』を手に取ることになる。

この独創的で衝撃的な昭和の思想史を書きあげた子安宣邦は昭和八年の生まれ、岩波書店の編集者、社長でもあった大塚信一の生まれたのは昭和一四年、哲学者中村雄二郎の生まれは大正一四年である。年代的にも、この三人の仕事は昭和の思想史、文化史に絡むものとならざるを得ないだろう。

その中村はフランスの思想家パスカルの研究者としてスタートする。その動機について大塚は、「第二次大戦の敗戦に際しての、お手軽な〈価値の転倒〉を眼前にし、なぜパスカルが自分のなかで切実な意味を持ち始めたかを、改めて明らかにする」ためであったと考える。そのために中村はアリストテレス以降の西欧哲学と向かい合うことになるのだが、「三木を超えてその背後にある〈西田哲学を中心とする〉〈日本思想〉と向い合わねばならなくなった」。

さらにそこに、もうひとつの事情が重なってくる。西欧の文化や思想を研究する者に、それこそ強迫的な義務としてつきまとう留学体験がそれである。「大学紛争が本格化する以前に、私は在外研究でフランスにいて、パリで例の『五月革命』に遭遇したのです……目の前に大きな歴史が展開するというのはこういうことなのか、と思いました」。中村は従来の思想研究の方法をくつがえしかねない構造主義とも対峙し、それを吸収せざるを得なくなる。

『哲学者・中村雄二郎の仕事』はその彼の足跡を、丹念に、執拗に追いかけてゆくものとなる。それは決して単なる中村論にとどまるものではない。ひとりの思想家の実に多方面にわたる仕事を敬愛の念をこめて追いかけながら、大塚はこの四〇年余の思想史を書き上げたのだ。

編集者が、誰か交友のあった著者の思い出を書くとなると、ほとんど例外なしに裏話物となる。しかし、大塚のこの本は違う。ひとつの時代の思想史の形成を現場で見つめ、その形成にさまざまのかたちで関与した者として書かれている。編集者とはそういう立場にあるものだと、私は思う。それだけ重要な仕事なのだ。この本は、編集者という職業とは何なのか、その使命とは何なのかという問いかけを秘めた独創的な読書案内でもある。こんな本を二冊同時に読めるとは……。

但し、実物の大塚氏は長身で丸顔、いつもニコニコと営業用の笑顔を絶やさないひとである。

「毎日新聞」2007・7・1

「知恵」を語る言葉のおだやかさ

中井久夫『こんなとき私はどうしてきたか』（医学書院）

ある本を書評に取りあげるかどうか、どのようにして決めるのかと云えば、私の場合には、あまり複雑かつ慎重な手続きはふまないことが多い。何かの本を手にとって、パラパラとめくって、これでいってみようかということになる——時折は外れるが、まあ大体は何とかなる。

この本もそうして選んだ。えらく軽いタイトルだなあと思いながら。そして、本番。最初の頁から読み始める。最初の二行を眼にして、私の体に衝撃に近いものが走った。

「みなさん、こんにちは。みなさんは、患者さんがいちばん必要としている情報は何だと思われますか」。

この本は二〇〇五年六月から約一年半、兵庫県の有馬病院で行なわれた医師・看護師合同研修会での講義内容をまとめたものである。私はこのような始まり方をする精神医学の本を読んだことがない。こんなおだやかな口調でいきなり核心に着地する本を。その瞬間に私はこれが素晴らしい本であることを確信した。

「診断とは、治療のための仮説です。最後まで仮説です。『宣告』ではない。……しかし医学は、つい後者(回復に向かおうとする力が働いていること)を忘れがちです」。この指摘は結論として置かれているのではない。始まって数頁に出てくる言葉なのだ。著者は自分の精神科医としての体験から引きだした知恵を——そう、文字通り「知恵」を——若い医師や看護師のために、惜し気もなく、軽やかに、ユーモラスに語ってゆく。

明晰な論理がある種の冷たさを漂わせることなく、おだやかな説得力をたずさえて読む者の心に届く。暴力を振う患者にどう対応するか、病棟をどのように運営してゆくのか、医師と看護師の関係をどうしてゆくのか、病室をどのような構造にし、使用するベッドをどう配置してゆくのか。みずからの体験と他の研究者や医師の考え方を組み合わせながら語ってゆくその語り口の巧みさに、思わず心がなごんでくる。下手な文学的エッセイの比ではない。

初めての患者に接するときは、医師の方も緊張して、相手の顔を正面から見つめるのがきついこともあるのだという。「そういうときは、やんわりと鼻の根もとか、少し下を見るのがよいと思います。鼻というものは、見ているとどれもユーモラスな形をしていて、こちらの心にゆとりを与えてくれます」。この鋭い観察を、著者はこれだけおだやかに語ってゆくのだ。精神の病いを治療する現場で培われたこのやさしさと心遣い。それこそが治療を可能にする何よりの力かもしれないが。

著者は眼の前にいる医師や看護師に次のようにも語りかけている。患者を収容する「保護室のにおいをコントロールして、臭くないようにしてください。ウンコまみれだから汚くていいだろうというのは逆ですね。細いスリットを両側の窓のプラスティック・パネルに設ければ通風は十分です。ごく細くてよいのです。ただ、いきなり外気だとどうなんでしょう。廊下が外に必要な一つの理由です」。このアドバイスを聞いて、ともかくそれを実行してみようと思わない人がいるだろうか。

要するに、著者は抜群の言葉の使い手であるということだ。もちろん、私は驚きはしない。中井久夫という、会ったこともない著者の本をずっと読み続けてきた者としては。この本が多くの読者を得るように願わずにはいられない。ここには、どのような境涯の人にとっても大切なアドバイスが、数えきれないほど含まれている。

「毎日新聞」２００５・３・27

現場発、歴史の証言

発行人・小山内美江子『２００４年度学校をつくる会活動記録集』（ＪＨＰ・学校をつくる会）

夏の北海道。その広々とした畑で子どもが六人、カボチャを作る。四ヶ月をかけて育ててあげた数は一四〇〇個、それをみんなで売って、手にしたお金が二六万円――そのお金はどこへ消えてしまったのか。海を越えてカンボジアに渡り、そこの子どもたちの学校に変身したのである。テレビのドラマになりそうな話であるが、これはれっきとした実話で、北海道の千歳市立東千歳中学校の六人の生徒とカンボジアの橋渡しをしたのが、ＪＨＰ・学校をつくる会。今私の前にあるのは、この会の二〇〇四年度の活動記録集である。

書評に取りあげる本をどうやって選ぶのですかとよく訊かれることがあるが（大きなお世話である、それは営業上の秘密というもの）、この本はあるとき人混みの中で、知らないオバちゃんからもらった。どうして私がこの本をもらう破目になったのかよく分からないが、まあ、それはそれとして、ともかく。

こういう組織の年次報告書であるから、当然のことながら、一年間の活動のまとめや会計の報告などもきちんとのせてある。それはもちろん大切な部分ではあるが、私が関心をひかれたのはその部分ではない。カンボジア隊、ボスニア隊、アフリカ隊、新潟ボランティア隊に参加した大学生や社会人が、仕事をおえたあとにまとめた長短の文章である。一人ひとりの心の想いを語るそうした文章の合間に、ハッとするような、つまり、いつかは歴史の証言となるような言葉がはさまれているのだ。

「カンボジアの農村では未だにほとんどごみの出ない生活をしている……『ごみを捨てる習慣がない』のではなく、『ごみというものがない』のです。そこへ私たちは学校や、ブランコ、出会いだけでなく、ごみも持ち込んでしまったのでした」。あるいはまた、ポル・ポト時代におびただしい数の人々が命を奪われたキリングフィールドに立って、「ここで亡くなった人々は、どんな思いでこの世を去ったのか？　私はたまたま日本に生まれた。その時、カンボジアにはいなかった」と思いめぐらす隊員。

これらは決して感傷的な言葉ではない。これこそが、国際ビジネスの知識や英語を話す能力以上に、今の時代に必要な国際的なセンスであることを、この記録集は生々とした言葉で語っている。現場でためらったり、笑ったり、悩んだりしながら、そのことを知ってゆく若い人々の、そして社会人と呼ばれる人々の証言集である。そのためには、プロの作家のレトリックよりも、文章を書くことにかけてはシロウトのひとたちの言葉の方が力強いことを認めるしかない。

しかもこの冊子にはおまけがついている。ＪＨＰ代表である小山内美江子の「独断と偏見による隊員の一言寸評」がそれである。ある隊員は「たっぷりとした体格」の看護婦さんと紹介され、別のひとは「六三才の若者」と呼ばれ、「とにかく縦に長い」別の若者にいたっては、彼女のために猛虎刈り、つまりトラ刈りにされてしまう。「お礼に、強制的にうっとおしい長髪を切ってあげると脅迫したら、観念するのも潔く、パンツ一つになってゴミ袋をまとった」。どうもシロウトらしくない書きっぷりだと思ったら、このひと、例の『金八先生』の脚本家である。要するに、この一言寸評は彼女から隊員一人ひとりへの御礼の言葉であるが、どんな人物かと冊子掲載の小さな写真を見たら——ワッ、あの人混み中のオバちゃんにそっくりだ！

「毎日新聞」２００５・11・13

モノと文化の成功物語——『いいちこ』の秘密

平林千春『奇蹟のブランド「いいちこ」』（ダイヤモンド社）

大分県の宇佐市に三和酒類という会社がある。社員は三〇〇人ほど。毎日始業八時の「三〇〜五〇分前ぐらいにほとんどの社員が出勤し、事務所、工場の構内の清掃をする」。応接室と言っても高額な絵が一枚飾ってあるわけではないし、「役員室はいまだに全員一緒の大部屋」。都会に位置していればなかなかこうはいかないのかもしれないが、いかにも田舎の清貧の会社という印象である。

ところがこの会社、年間の売上げが五九〇億円、経常利益が一〇〇億円もあるというのだ——とたんに思考が停止し、体が硬直する。なぜ？　答えは簡単だ、この会社が「下町のナポレオン」という愛称の焼酎『いいちこ』を作っているからである。この酒はアルコール度数二五度で、

「ストレート、ロック、水割り、お湯割り、ウーロン茶割りなど多様な飲み方を可能にした。水、お湯で割れば、アルコール度数は清酒より低くなる。初めて飲む人でも障壁が低い。まろやかな口当たりで、しかも飲み心地がさわやか、後に残らない。料理の味も殺さない。しかし心に残る味わい深さがある」。もちろん『いいちこ』のファンならば、そんなことは先刻承知ということになるだろうが、こんなコマーシャルを眼にすれば、私のようにからきし酒に関心のない者でも、ちょっと手を出してみようかという気にならないでもない。

テレビのコマーシャルでこの『いいちこ』の……と書きかけて、他社のビールやウイスキーの、芸能人を起用しただけの、愚劣な、紋切型のそれとはまったく別格のコマーシャルのことを思い出した。純朴なノスタルジアの漂う静かな風景、ビリーバンバンのやさしく透明な声、その中にぽつんと置かれたボトル。酒を飲まない私でも好きになれる映像だ。もう何年も同じような趣向なのに見あきないし、ずっと流しながら本を読みたいと、よく思う。誰が制作しているのか、興味はあったのだが。

この本がそれを教えてくれた。河北秀也。この本はその河北の独創的な広告戦略と三和酒類の誠実な品質向上をめざす努力が結びついて大成功につながってゆくプロセスを追いかけたもの。この手の本としては例外的に面白い。

河北秀也はみずからの戦略を説明して、「『いいちこ』は広告をしてきたのではない。デザインをしてきたからここまできたのだ」という言い方をする。彼はマーケティングの常識にさからって、売るために消費者を刺戟するという方向をとらなかった。駅の広告などで確実に『いいちこ』のファンを作り、その人々を土台として、この「ブランドが生きていく環境づくり」から手をつけたのだ。既に存在する有名ブランドの広告をしたわけではないし、新製品発売の騒ぎに加担したわけでもない。三和酒類の人たちと協力して『いいちこ』を創造したのだ。この協力関係は、この『いいちこ』と呼ばれる商品がモノとしての焼酎という面と文化という面の両面をもっていることを如実に物語っている。その両面がみごとに合致したときに誕生するのがブランドと呼ばれるものなのだろう。みずからの故郷の麦焼酎を、ひとりの卓抜なデザイナーとして稀有のブランドに仕上げた河北。彼には、このブランド創出の最大の立役者が、じつは自分でも会社でもなく、『いいちこ』を消費しつづける無名のファンであることが見えているはずである。その意味でも、幸福なデザイナーだと言うしかない。

「毎日新聞」２００７・５・27

築地市場とは何か

テオドル・ベスター『築地』和波雅子・福岡伸一訳（木楽舎）

東京を訪れる外国人にとって、人気の観光スポットと言えるのは一体どこだろうか——皇居、浅草、東京タワー？　それとも、秋葉原？　このアメリカ人の著者によれば、それは築地であるという。「海外の東京観光ガイドブックも——少なくとも、オシャレで冒険心のあるものは——築地を紹介している。主要ホテル前で待ち合わせ、早朝の築地を訪ねるガイド付きツアーまである」。

しかし、考えてみれば、これは異様なことではないかもしれない。われわれ日本人にしたところで、ソウルを訪れれば南大門に行き、ロンドンならばコヴェント・ガーデンに、アラビア諸国ならばその大都市のバザールに足を運びたがるのだから。その理由というのは考えてみるまでもない。人々が日常の必需品を売買する市場においてこそ、その国の今現在の姿がもっとも端的に露呈するからだ。

しかもそこには歴史と伝統と文化も、それこそ眼に見えるかたちで息づいている。今風のショッピング・モールにはお金とブランド商品の匂いしかしないのとは大違いだ。

一九七五年に学生として来日した著者は、深川の小さな寿司屋の主人のおかげで築地魚市場の存在を知り、そのままのめり込んで、市場内を歩きまわって話を聞きまくった。もちろん学問的な調査もやったのかもしれないが、ともかく聞き取り調査をやった（文化人類学的にはフィールドワーク）。挙句の果てに、この『築地』という本を書いて、アメリカ人類学協会の賞を二つももらってしまった。

したがって、本書は純然たる学術書であると言いたいところだが、それは無理。不純な本である。築地魚市場の真のにない手とも言うべき仲卸業者の仕事のやり方、人間関係などをきちんと学問的に説明しながら、こんなエピソードまで紹介してしまうのだから。ある仲卸業者の「先代は遊び人で、カレイやヒラメのみならず歌舞伎や芸者にも親しんでおり、ゴム長より草履を履いていることが多かった……先代は高級な遊郭で、『もう一回』とも『これで終わりだ』ともつかぬ、『《結構です》』という言葉を残して息絶えたそうだ」。これには吹き出してしまうしかないだろう。

この本には聞き取り調査で引き出した面白い話題があふれている。そこを拾い読みするだけでも面白いが、そうした話題は築地の文化や歴史をものがたる第一級の資料となる。噂話ひとつにしてもそうなのだ。軽妙なユーモアを並べながら、著者の眼はそこにひそむ歴史文化を正確に見つめている。

その先には、「グローバルな漁獲物を売るローカルな市場」であり、「空輸や国際ファクス、携帯電話が駆使されつつも、人間くさい対面式取引が行われる市場」である築地を研究対象とした経済人類学者の真剣なまなざしがある。「本書は、とどのつまり、日本の市場における経済的制度の研究なのだ」。

この本の不思議な魅力は、このような、ある意味では堅い学問的な記述と、回転寿司秘話を始めとする実に楽しいエピソードを語る部分とが、実にうまく共存しているところにある。すぐには類書が思い浮かばない。全体としての印象というのは——そうか、築地の魚市場のようなとでも形容すればいいのかもしれない。いろいろのものが雑然と、しかも整然と、そこにあって。数字も表も、マンガも写真も。一一〇頁にはマグロに似たおじさんの写真までのせてある……エッ、これ、著者のベスターさん？

Ⅳ　ダーウィン、漱石、その他

笑いとほほえみ

『ギリシア喜劇全集　月報6』２００９・11

悲劇というのは時代も土地も文化も簡単に越えてしまうようだ。それに対して喜劇となると、それほど単純明快な話ではなくなるような気がしてくる、なんとなく。喪失、離別、死が眼の前の舞台の上で展開すると、それを観る側は、あれこれ理屈をこねなくても悲劇的感情にひたることを許されるが、喜劇となると……素直に笑えるときはいい。しかし、そうではない場合、例えば舞台の上で笑われている人物と親密なつながりを持つ観客は、それでも気持ちよく笑えるだろうか。それどころか、舞台の上の笑いが観客の中に怒りをかきたてることだってありそうな気もしてくる。この程度のことを考えただけでも、いわゆる喜劇の方が、そして笑いの方が始末が悪いという結論を引き出せそうだ。

今から四〇何年か前、大学に入った当初の純朴なままの私は、勿論こんなことを考えたりはしなかった。純朴なままに『ギリシア喜劇全集』（人文書院刊）を手にした私は、そのギリシャ的な笑いを共有して楽しむどころか、まずその解説と訳注の多さにびっくりしてしまった。とは言っても、新入生としてのプライドもあることなので、同級生にそんなことを告白するわけにもいかないから、ともかく我慢してアリストパネスの『アカルナイの人々』を読み進める。そして、例の有名なところに辿りついてしまった。

娘　〈豚の声を真似て〉コイ、コイ。

メガラの男　豚の仔でござんしょう?

ディカイオポリス　どうやら仔豚らしゅうなった。したが五年も育てれば立派な女陰《つび》と相成ろう。

国語の教科書にも入試問題にも絶対に出せない表現である。もともと百姓家であった我が家の庭の隅には、昔、豚小屋があったけれども、うちの豚はコイ、コイなどと鳴いたことはない。ともかく呆れ返ってしまうしかなかった。何かの間違いにちがいないと納得して、というのか、自分を納得させて、更に数行進むと、

ディカイオポリス　やあ、この女陰《つび》は片方のに瓜二つだ。

メガラの男　母親も父親《てておや》も全く同じなのでして。こやつに肉がついて柔らかい毛が生え出したらアプロディテへのお供えには打ってつけでござんす。

結局のところ『アカルナイの人々』のどこが〈古喜劇〉なのか純朴な大学一年生には理解のしようがなかった。それで諦めればよかったのかもしれないが、憤懣やるかたなく、『女の平和』を読み始めると、またもや唖然。『蛙』に行くと、冒頭におかれた召使いクサンティアースの科白が、「旦那、例のやつをひとつ言いますかね、見物方がいつでもお笑いになるのを」というもので、

ディオニューソス　よいとも、大いにやれ、だがあいつだけはいかんぞ。

クサンティアース　そりゃなんですかい。

ディオニューソス　天秤棒を担ぎかえながら、「うんこがしたい」はいかん。

クサンティアース　「こんなに重い荷を担いでいながら、誰か助けてくれなきゃ、一発放つぜ」もですかい。

紀元前五世紀のギリシャの観客は、仮面を被り、腰に大きなファロスをつけた役者たちのこんなやりとりを前にして笑ったのだろうか。久し振りにアリストパネスを日本語訳と英語訳で読み返しながら素直には笑えない私は、そこから、おそらくどうでもよいことを考え出し始めてしまう。今の私は紀元前五世紀のギリシャ人と同じように笑えるのだろうか、日本人の私が、しかもイギリスのユーモア文学を楽しむことを半ば日課のようにしている私の笑いが、遠い昔の異国の笑いと同じものなのだろうか、と。悲劇を相手にしているときならば、おそらくこんな奇妙な問題は起こらないはずなのだ。

*

笑顔は長い歴史を持っている。写真を撮られるときに、「ハイ、笑って、チーズ」と呼びかけられた経験ならば大抵のひとにあるはずだが——最近では、「ウイスキー」と言えとか、「セックス」と言えと要求されることもある——この表現は和製のものではなく、一九一〇年前後のイギリスのパブリック・スクールで始まったものであるという。アンガス・トランブルの『さまざまの微笑の歴史』(二〇〇四年)の中にそう書いてあるのだ。同書によれば、韓国では「キムチ」と言うように求められるという。さらに、「オランダ人とギリシャ人は何も言わない。マレー人、イスラム教徒の一部、ジプシー、北米インディアン、オーストラリアの原住民の幾つかの部族の人々は……伝統的に写真を撮られるのを避けてきたので、何も言わない」。ということは、写真的微笑は民族と文化によって、その有る無しに差が出るということになる。最も単純なレベルの微笑にしてもすでにこの通りであるとするならば、高いレベルの文学作品に対する反応の結果としての笑いが時代も土地も文化も越えてひとつに重なり合うというのは、どうも考えにくくなってくるのではないだろうか。

この問題を考えるにあたって最悪の実験場となるのが、言うまでもなく、イギリスである。笑いとほほえみという二つの身体現象を laughter と smile というまったく別系列の言葉でとらえて平然としているというか、ニヤニヤしている国なのだ。しかもユーモアなるものを国是としてしまう国民性でもある。そのような国の文学を読むことを仕事にしている私などには、本当にベルグソンもフロイトも何の役にも立たない。今だって、眼の前の机の上にパトリシア・クレイグ編『ペンギン版、英国コミック物語集』（一九九〇年、五一四頁）と、フランク・ミュア編『オックスフォード版、ユーモア散文集』（一九九〇年、一一四七頁）と、ジョン・グロス編『オックスフォード版、コミック詩集』（一九九四年、四八〇頁）が鎮座して、私を笑っている。こうした本と日々つき合っていると、正直なところ、笑い方の王道などというのが何であるのか、喜劇の正しい笑い方とは何であるのか、分からなくなってくるのだが。

それに、トランブルの本には、笑っていいのか悪いのか、奇妙な歴史的事実も紹介してあった。「一八—一九世紀の転換期に、ブリストルの『空気化学者』トマス・ベドウズとエンジニアであるジェイムズ・ワット、その助手ハンフリー・デイヴィの協力によって笑いガスが……発見された。……一八三〇年代になるまでは、合衆国でも笑いガス・パーティが人気となった。今日ではカリフォルニアを含めて、多くの地でそれをやることは法的に禁止されている。……コールリッジは気晴らしに笑いガスを試していたし、ロバート・サウジーやジョサイア・ウェッジウッドにしてもそうであったが、笑いガスの絶頂期となったのはもっとあと、一八四〇年代のことであって、それのもつ短期の麻酔効果が抜歯の折りの痛みをやわらげるために歯医者によって使われたのである」。歯医者の家から聞こえる笑い声……？　勿論これはギリシャ喜劇とは縁遠い笑いのひとつということになるのかもしれないが、私個人としては、こうした歴史上のエピソードを読みながらついついほくそえんでしまう。しかもそれが、アリストパネスを読みながらのほくそえみと何処かで交差するように思えてしかたがないのだ。考えてみれば、アリストパネスを読み、シェイクスピアの喜劇を読み、オスカー・ワイルドの喜劇を読み、更にジェイン・オースティンやディケンズの小説の喜劇性を楽しんでいるときの私の笑いは決してひと通りではない。一体、笑いと喜劇を結びつけるにはどうしたらいいのだろうか。ギリシャの観客たちはどんな表情で、どんな声を挙げて笑っていたのだろうか。

＊

笑いが長い歴史を持つということは、とりもなおさず笑いは多種多様であるということに他ならない。そのことを認めたときに必要になってくるのは、ベルグソンやフロイトのように、多様な笑いの中に共通の原理や構造を探求する試みであると同時に、その多様性を生み出すものとは何であるのか探る試みでもあるだろう。少し真面目になってそんなことを考えているところへ、アンディ・メドハーストの『ナショナル・ジョーク』（二〇〇七年）が届いた。「喜劇のテクストや上演はつねに特定の文化的、歴史的コンテクストで生み出され、消費される。ある観客を笑いころげさせるものが別の観客をまったく面白がらせないこともあるわけで、だからこそシェイクスピアの喜劇の各エディションにはやたらと注がつくことにもなるのだ」。同じことはギリシャ喜劇についても言えるはずであり、これはまっとうな議論と言うしかない。

しかし、それでは、上演のたびに異なる文化的、歴史的コンテクストに直面することになる喜劇は――本当は喜劇に限定する必要はないだろうが――どんな存在意義を持つことになるのだろうか。「喜劇は文化的アイデンティティの形成にあたって役割を演ずるのであり、その結果として、イングランドの観客によって広く支持されるイングランドの喜劇は、イングランドの文化がそのイングランド性を創造してゆくさいに大きな貢献をすることになると考えることができる」。なるほどこれはもっともな言い分であって、全面的に拒否することはないだろう。著者はいわゆるカルチュラル・スタディーズが喜劇、笑い、ユーモアを取り上げることが少ないのを疑問視してこの本をまとめたようであるが、この視点を利用するとしたらギリシャ喜劇はどのような位置づけになるのか。〈古典〉という枠組みの外にある生々しいギリシャ喜劇とはどんなものなのだろうか。そんなことを考えるのはヒマ人のすることと言われれば、まあ、仕方のない話ではあるが。

恐怖を舞台に

『日本シェイクスピア協会会報 vol. 49』2010・1・31

まず第一に、イギリス演劇史の中にゴシック演劇というジャンルは存在するのだろうか。私自身、一九七三年にゴシック小説をテーマとした修士論文を書いたときにはまだ数冊しか手に入らなかったゴシック小説の研究書の数が、もう何一〇冊をも超えるようになった今でも、ゴシック演劇というタイトルを正面から打ちだした研究書はまだ眼につかない（おそらくPh. D. 論文のレベルではあるにしても）。ゴシック小説の総花的な解説（いわゆるコンパニオン）や事典の類にもかろうじて登場したり、しなかったりという程度である——ゴシック演劇というジャンルは。

そのことを承知の上で、シェイクスピア学会の特別講演のテーマとして、私はこのゴシック演劇を取りあげることにした。英文学の研究をしている以上、この程度のへそ曲がりは当然許されるはずであるし、ましてや日本シェイクスピア協会に秋葉原からつくばエクスプレスで出かけるとなれば、この程度の判断のブレが生じることには何の不思議もないであろう。最初に使おうと思ったのは、例のオックスフォードのワールド・クラシックスに収録されている*Five Romantic Plays, 1768–1821*（2000）であった。ここにはHorace Walpole, *The Mysterious Mother*（1768）が含まれているので、そこから話を始めて、同書中のJoanna Baillie, *De Monfort*（1800）に話を進めよう。当時はシェイクスピアと比較されることさえあったこのスコットランド出身の女性作家の戯曲の話をし、彼女の周辺にあった驚くべき知的サークルの話をしよう、そこには当時の演劇界絡みのネタもあれこれあるのだから……というような計画を立てていた。

勿論これだけでは手軽すぎて、話をする側の私にとってもつまらないから、Joanna Baillie, *Six Gothic Dramas* (2007) も用意した。ともかく会場では、おそらく参加者の誰ひとりとして読んでいないはずのこの作家の作品について得々として語り、そして締め括りに大きな紙袋の中から赤い装幀の三巻本を取りだす。数年前、神田の古本屋で三冊計九〇〇〇円で手に入れたものである。表紙にはなんと Westminster Public Libraries と刻印され、タイトル・ページの右下には Withdrawn from St. Marylebone Public Libraries という判が押してある。そのタイトルは Joanna Baillie, *Dramas*, 3 vols. (London: Longman, Ress, Orme. Brown, Green, & Longman, 1836)。本そのものは別として、こんな奇妙なおまけつきの本はそれこそ世界にこれだけということになるだろう。これを壇上でみせびらかして……というような計画であったのだが、計画がともかくまとまると、気が変わってしまった。

私の本職はイギリス小説の研究である。だとすれば、イギリス演劇史のあまり研究が進んでいない分野に介入してあれこれ言うよりも、むしろ演劇と小説の交差について話をする方が役に立つのではないだろうか。アフラ・ベーンの小説『オルノーコ』(一六七八年) がトマス・サザーンによって同題で劇化(一六九五年)された例はあるものの——一九九二年に山梨英和短期大学で第三一回シェイクスピア学会が開催されたとき、セミナー2「『テンペスト』と新大陸——テキストとコンテキスト」で私もこの二つの比較を試みたことがある——演劇と小説の関係が本格化するのは一八世紀の半ば以降のことではないかと思われる。フィールディングやゴールドスミスのように双方のジャンルですぐれた作品を残した作家はこの時期の人々であるし、ゴシック小説を旗上げしたことになっているウォルポールもまたこの時代の書簡マニアである。勿論この二つのジャンルで同時に第一級の作家となるのは至難の業であったかもしれないが、両者の関係が基本のところで変化し始めたように感じられるのは、この時代のことである。ゴシック小説、ゴシック演劇の出現がそれとほぼ重なる時期の現象であるというのは、単なる偶然だろうか。

＊

ホラス・ウォルポールの『オトラントの城』（一七六四年）やブラム・ストーカーの『ドラキュラ』（一八九七年）と比較してみるとよく分かることであるが――本当は、比較しなくてもすぐに分かることであるが――ディケンズの『大いなる遺産』（一八六〇―六一年）はゴシック小説の、それを構成する不可欠の要素の、パロディとしての性格をもっている。『クリスマス・キャロル』（一八四三年）の頭のところでもハムレットの父親をロンドンの某墓地にひっぱりだしてみせる小説家としては、別段驚くほどのことはないとも言えるだろうが。ともかくその冒頭を読み返してみるならば、

私の父の家の名がピリップで、私自身の名前がフィリップだったものだから、幼いときには両方の名前をはっきりと長く発音してもピップにしかならなかった。それで、自分のことをピップと言い、ピップと呼ばれるようになってしまった。

父の家の名がピリップだと言うのは、父の墓石と姉の――鍛冶屋と一緒になったジョー・ガージャリー夫人――のせいである。私は父の顔も母の顔も覚えていないので……

戯曲と違って、小説では、その書き出しを読むだけで傑作か否かがほぼ推定できるというのが私の考

え方であるが、この作品の場合にもそれがあてはまる。第一段落は間違いなく『ロビンソン・クルーソー』の書き出しのパロディであるし、まず家系、家名を明らかにするというのは一八世紀以来の英国小説の定石であった。ただそのために持ち出されるのが墓碑銘というのは実にあざやかな妙案というしかなく、唯一の血縁者として残っている姉の嫁ぎ先から下層の労働者階級であることも示唆されている――しかも、孤児である。これだけの情報をわずか数行のうちに書き込める作家はざらにいるものではない。典型的なゴシック小説では、物語の展開にあわせて、このような〈孤児〉が実は立派な〈家系の血〉を継承していることが判明し、城や領地などの〈財産/遺産を継承〉することになる。物語の展開を支えるのは、そのような正統の継承に対する妨害と略奪であり、それを引き起こす犯罪であり、その隠蔽と暴露にからむ犯罪である。〈家系の血〉の継承を混乱させ、妨害するひとつの手段として〈近親相姦〉を思いつくのは造作もないことであろう。

ディケンズはおそらくそうしたことを承知の上で、ヴィクトリア時代の読者の、そして現代のわれわれの予測を適当にくすぐりながら、裏切ってみせる。彼がそのためにとったのは、ピップ少年とどのような血縁関係があるのか不明のミス・ハーヴィシャムを登場させるという手法であった。彼女は挙式の寸前に相手に逃げられ、以来、変色したドレスに身を包んだまま屋敷の外にはいっさい出ないという、それこそ妖怪的な存在であるが、少年はその相手をすることをしいられるのである。

大きな木の梁に目を向けると……そこに、首から吊されたひとの姿が見えた。黄ばんだ白いドレスに身を包んで、靴は片方だけ。……その姿を見てふるえあがった私は、一瞬前にはそこにその姿はなかったはずなので、よけいにふるえあがった私は、まずそれから逃げ、次にはそれに向かって走ってしまった。しかもそこにその姿がないことに気がついたときには、私の恐怖は頂点に達した。以前、湿地にある古い教会のひとつに連れて行かれて、教会の床下の地下室から掘り出された、ボロボロの立派なドレス姿の白骨を見せられたことがある。昔フェアで見た蠟人形も、白骨も、黒い眼を動かして私を睨んだように思えた。叫び声をあげたくなるくらいであった。

私など前者の一節を読むたびにヴァージニア・ウルフの『オーランドー』の冒頭を想起してしまうし、後者を読むと、ドラキュラ城の地下室で棺の中に眠るドラキュラ伯爵を思い出してしまう。いずれにしてもディケンズがこの小説の中でゴシック小説的な想像力を思うがままに駆使している（そして、そこから超出してみせる）ことは疑うべくもないように思われる。

＊

そのような小説の中に〈演劇〉が内在しているのだ、最も基本的なかたちで。

お婆さんの視線をさけるようにして、その前に立った私は、まわりのものを見て、お婆さんの時計が九時の二〇分前で止まっていること、部屋の時計も九時の二〇分前で止まっていることに気がついた。

「私をよく見なさい」と、ミス・ハーヴィシャム。「あんたが生まれたときからずっと太陽をおがんだことのないお婆ちゃんでもこわくないわね？」

そのときは、残念ながら、「ハイ」という返事を含む途方もない嘘をつくことを、私はためらわなかった。

「ここに何があるか、分かる?」お婆さんはそう言って、体の左側に両手を重ねた。

「ハイ、分かります」

「何に手を触れている?」

「心にです」

「壊れた、ね!」

止まったままの時計の時刻の確認を別にすれば、完璧に舞台の上で演ずることのできる場面と言っていいだろう。これは小説というジャンルの成立期とされる一八世紀には殆ど見かけることのないスタイルである。小説の中の会話体の部分が演劇からの転用であることはまず間違いないのだが、その定着、というか、見事な使いこなしが達成されるまでには長い時間を要したということである。勿論これについては、決してディケンズが最初のひとりということではない。ジェイン・オースティンの『プライドと偏見』(一八一三年)の冒頭のベネット夫妻のやりとりは演劇的な会話のやりとりが小説の中でほぼ完璧に実現した稀有の例ではあるが、そのオースティンにしても、それ以外の場所ではそれがうまく達成できているとは言いかねるのである。そのことは自由間接話法の使いこなし方の問題として、すでに研究されている。

もっとも会話的なやりとりの採用が小説の演劇化に必ずつながるかと言えば、そうは言いきれないだろう。夏目漱石の『草枕』(一九〇六年)から引き出せる次のような例などをその論拠にすることもできると思われる。

「旦那さんは」

「居ります。旦那さんの娘さんで御座んす」

「あの若い人がかい」

「へえ」

「御客はいるかい」

「居りません」

「わたし一人かい」

「へえ」

逆の方向から問題を立てるとどうなるだろうか。一八世紀までは無理だとしても、一九世紀以降、イギリスの演劇が小説的な手法を、成功したか否かは別にして、作品の中に活用しようとしたことがあったのだろうか。長編を小説の基本の形式としたヴィクトリア時代のことを考えれば、これは意味のない問題設定と見えるかもしれないが、戯曲の側からの小説へのにじり寄りを示唆する痕跡もなくはないのだ。そのひとつが評判になった小説の戯曲化という流れであって、例えば『ジェイン・エア』には六本の戯曲版があるし、世紀末のドゥ・モーリアの『トリルビー』(一八九四年)にいたっては小説家本人の手で戯曲化されているのだ。その意味では、民衆文化の形と質の変容にともなって、両者がともに享受される時代に突入していったのだと了解すべきなのかもしれないし、考えてみれば、チャールズ・ラムの『シェイクスピア物語集』(一八〇八年)も演劇と小説の交差の流れのどこかに位置していたと言えるのかもしれない。

もうひとつの痕跡は、一九世紀を通じて眼につくト書きの量の肥大化である。その背景には、戯曲もただ劇場で楽しむだけのものではなくなり、家庭内で読まれるテクストに変貌していき、一般の読者の情景的な想像力を助けるための手段としてそれが増加していったとも考えられるのだ。極端な一例を挙げるとするならば、ジョゼフ・コンラッドが自作の小説『密偵』(一九〇七年)を戯曲化したものの一節はどうだろうか。

ヴァーロック 〔振り向いて〕俺が!……俺がだと!……おまえがそんなことを言うのか?〔すっと一歩前へ〕そんなことを言って、俺の顔を見つめる気か。〔ウィニーの手首をつかんで、ひっぱるが、効果なし。ウィニーは突然立ち上がり、彼を後に押す。ヴァーロックはよろめき、背後の椅子を倒す。ウィニーは外に出て、階段をかけ上る。ヴァーロックは本能的に椅子をつかみ、階段の方へ行き、叫ぶ〕ウィニー!〔一瞬待ち、テーブルのところに戻って〕どうすりゃいいんだ?〔椅子にすわり、肉をひと切れ切って、ほおばる。……〕

この悲劇的な作品を読みながら私はついつい苦笑してしまうことになるのだが、おそらくそれほど厳しい批判を浴びせられることはないだろう。

*

小説というジャンルがその形式、手法などの面においてほぼ完成したと考えられる一九世紀においてすら、演劇と小説の相互浸透関係がこのようなものであったとするならば、一八世紀の後半におけるゴシック小説というサブ・ジャンルとゴシック演劇の関係を論ずるというのは強引な力業とならざるを得ないだろう。しかし、そうした状況下では、逆に、テーマや主題の共有化が起こり、あとあとまで継続するそれをテクストに強く刻印してしまうことがあるのも歴史的な事実である。端的に言えば、一八世紀のイギリスのゴシック文学の場合にもそれが起きたというのが私の考えである——ホラス・ウォルポールというひとりの作家の小説『オトラントの城』と戯曲『謎の母』の間で。

私はゴシック文学の特徴をいわゆる恐怖の演出やエドマンド・バーク的な崇高性の描出に求めるつもりはない（実のところ、アン・ラドクリフの『ユドルフォの謎』〔一七九四年〕という長編小説を読んで、その殆どの部分を忘却するほどの弱い記憶力をもつ者でないかぎりは、この作品における崇高性など論じ得ないはずである）。問題は、さまざまなかたちの恐怖なるものを生み出すテクスト内のメカニズムと人間関係にこそあると言っていいだろう。

『オトラントの城』他の典型的なゴシック小説を貫いているのは、社会問題や個人の人間的な成長に固着する関心ではない。最も執拗なかたちでそこにあるのは〈継承（inheritance）〉のテーマである。城、屋敷、土地、財産の継承であり、家名や地位の継承である。それが何者かによって不当に奪われ、本来の正統的な継承者がそこから追放され——しばしば〈孤児〉として〈放浪〉し——やがて本来のしかるべき位置に復帰する。これは一九世紀的なビルドゥングス・ロマンとは両立しがたい構造であって、努力による個人の成長と達成を目標とするジャンルとは本来なじまないものであるはずなのだ。ゴシック小説における諸々の犯罪と恐怖は、そのような〈奪取〉、〈孤児〉、〈放浪〉、〈復権〉などのモチーフをつないで展開するテクストの中に埋め込まれたある種の効果、結果なのであって、それをこのジャンルの示差的な特徴とみなすのはあまりにも単純な考え方と言うしかない。しいて言えば、そのような単純な反応を引き出すこと自体がこのジャンルの浅薄さを保証する示差特徴であるとは言えるかもしれないが。

しかし、一八世紀から一九世紀にかけての社会経済の変動の中で、城や地位や家名の継承が安定した不動の魅力を維持できるはずはない。それと併行し、それにとってかわるだけの魅力をもっていたのが〈血の継承〉というかたちの継承問題である。つまり、結婚問題である。ゴシック文学がそれを犯罪とつなぐために近親相姦の問題を持ちだしてくるのは簡単に予測のつくことではあるし、げんにウォルポールが『謎の母』でやってみせたのはその乱用であった。夫の伯爵の死を目前にして、伯爵夫人が息子と関係をもち、それによってできた娘とその息子が結婚に突き進むという設定を振り回してみせたのだから。

一九世紀のイギリスのゴシック小説はこの〈血の継承〉というテーマに徹底してこだわり続けることになる。継承されるべき血統の中に他の人種の血が介入してきたらどうなるか（『嵐ケ丘』）、狂気の血が混入してきたらどうなるか（『ジェイン・エア』）、通常の人間とは違う、異常な血が混入してきたらどうなるか（『フランケンシュタイン』、『ドラキュラ』）。いや、コンラッドの『密偵』にしてもこの問題にこだわっていたはずである――その意味では、お化け小説、ゴシック小説とはさまざまな差別的な偏見が展示される場ともなりうるのである。

顔、顔……顔――ダーウィンのもうひとつの顔

『ダーウィンの世界』（学術会議叢書17）２０１１・２・10

顔はいたるところにある。毎朝鏡にうつる自分の顔、バスや電車の中で、街や職場で出会う人々の顔、テレビやネット、新聞報道や広告写真で見る顔、マンガや絵や本の中で見る顔――いたるところに遍在するそうした夥しい数の顔を選択的に配列して、人相と性格、運不運の照合を云々するのではなく、人間の〈進化〉を証明できるものだろうか。あるいは、〈進化〉の仮説を信じた上で、そうした顔の配列の中にその痕跡を探ることができるのだろうか。類人猿、未開人、文明人の顔をならべることによって〈進化〉という曖昧さの残る先入観の正当性を証明できるものだろうか。ダーウィンの生誕から二〇〇年が過ぎた今ではあまり妥当性をもつようには思えないこのような疑問も、しかしながら、かつては十分に起こり得たのである。

そのような例をひとつ挙げてみることにしよう。『人間と動物における感情の表現』（一八七二年）が刊行されて、『種の起源』の初版とは桁違いの売れ行きとなった翌年の『エディンバラ評論』に掲載された匿名の三八頁に及ぶ書評は次のように書きだされているのだ。

ダーウィン氏は進化の仮説を解説し弁護することに力を注ぐ瞠目すべき著作群に、興味のつきない話とグロテスクな挿絵からなる新たな一冊をつけ加えることになった。しかしながら、忠実なる弟

子たちを別にすれば、この新しい著作が著者の名声に、科学的な表情の研究に、あるいは一般的な理論の支えとして大きな貢献をすると考えるひとはまずいないだろう。……人間や動物の表情の解釈ということで言えば、先行の研究を超えるところはまったくない。(1)

この書評者はダーウィンの進化論を決して否認し、拒否しているわけではない。そうではなくて、進化論がまだ十分には証明されておらず、証明のための方法論上の問題が残されたままであると考えているのだ。

自然選択によるゆるやかな進化という考え方は、多くの事実が志向するように思える仮説として述べられていたけれども、我々の知識の現状からすると、まだ明確には論証できていないのである。……この本では、とりわけ初めの動物を扱う部分では、そこで使われている事実が、たとえ十分な裏付けがある場合でも、曖昧で漠然としているし、更に重視されているものの多くが疑わしく、議論の的になっている。実際にその多くの部分がダーウィン氏の仮説だけでなく、他の殆どどんな仮説にもなじむだろうし、多くのひとが対抗する説を示唆している。にもかかわらずダーウィン氏は漠とした不確かな証拠の力を借りて、過度の論証を試み、一般的な結論を確立したと主張するのだ。(2)

書評者がまず手厳しく批判するのはダーウィンの科学的な方法論である。「その手続きは名目上は帰納的であるけれども、実際には演繹的であって、極めて非科学的かつ非論理的な演繹性をもっている。……最近の著書の中でもダーウィン氏は大胆にもいまだに立証されていない仮説を援用して、人間の起源と歴史を演繹的に説明しよう、人間の表情の中で最も特徴的なものは何であるかを解釈しようとしている」[3]。一九世紀のイギリスにおける科学的方法論の深化のことを考え合わせるならば、このような批判は至極当然のものと言うしかないだろう。更にハックスレー他のダーウィン支持派の人々に同じような批判の槍先が向けられるのも、ある種の説得性をもつ批判となる。少なくとも、このような批判の根底にあるのがダーウィン的進化論対キリスト教神学といった枠組みではないことははっきりしている。

この書評の後半で眼につくのは、「進化論者たちはおおむね文学、哲学、歴史の知識を殆どあるいは全然もっていない[4]」という批判である。「ダーウィン氏は自分のもつ哲学の知識を拡大したことがあるようには見えないし、師と仰ぐ人々の偏った発言を手直しすることができるように他のいずれかの方向に読書を拡大したようにも見えない[5]」。単純な例を挙げるならば、彼は emotions（感情）と sensations の区別もできていないとして書評者が引用してみせるのは、当時の『ブリタニカ』にさえ記載されていたこの二つの語の定義である。その延長線上でと言うべきか、「人間と動物に共通する」感情のみに話が限定され、「人間の感情表現において最も際立つもの」が対象化されていないという批判も出てくる[6]。

『人間と動物における感情の表現』をめぐるこの一〇年間ほどのラディカルな読み直しとも――とりわけ写真史との関連における読み直しとも――絡んでくる部分をもつ次のような批判も飛び出してくる。「長々しい、私的なレベルでの細かな観察はさて措くとして、このような研究を続行するための唯一の方法は文学と美術を利用することである――偉大な詩人や散文作家の書いたもの、絵画や彫刻の巨匠たちの作品を使うことである。人間の本性を注意深く観察してきた、そして人間の情念のもつ謎に極めて深い洞察力をもっていたすぐれた作家たちの書き残したものは、表現なるものに見事に触れ、それを正確に記述している。……想像的な散文の作者の多くも細やかな観察の精神に恵まれており、彼らの描く人間の本性の像は一種写真的な真実性と具体性と現実性をもっている。このことがとくにあてはまるのはすぐれた女性の小説家であって……」(7)。ここで具体的に名前を挙げられているのはダーウィンを愛読した、心理小説の開拓者とされるジョージ・エリオットである。

このような議論の妥当性を下支えするためにこの書評家が持ちだしてみせるのが、やはり人間と動物の表現力を分析して見せたチャールズ・ベルの『表現の解剖と哲学。美術との関連において』(8)(一八〇六年)であった。彼にとって、「表現とは身体を介しての精神の反映もしくは現示」であった。何よりも彼はイタリアの絵画における感情表現などを十分に活用したのだが、対照的にダーウィンにはそのような展開力がまったくと言ってよいほどに欠如していたのである。〈ダーウィンと視覚芸術〉という問題が大きく浮上してきている現在の状況の中では、このような手厳しい批判も一概に黙殺するわけにもいかないかもしれない。勿論、「動物的な要素から理性と良心を引き出そうとするなど、まったく彼は生理学的な錬金術師と言うしかない(9)」というような罵倒の言葉には苦笑するしかないとしても。

＊

既に一八三〇年代から顔貌や人の表情に興味を抱き始めていたダーウィンの周囲には、それをめぐるどのような表象と言説の歴史があったのだろうか。この問題設定に正面から答えているのが、実はダーウィン本人なのである。しかも、『人間と動物における感情の表現』の序文の冒頭においてそれがなされているのである。

表情についてはすでに多くの本が書かれているが、その多くは観相学についてのもの——つまり、恒久的な顔つきの研究を通して性格を確認しようとするものである。そのような問題については、ここではかかわらないことにする。私が参照した従来の論文などは、私にとっては殆ど役に立たないか、まったく無用かのいずれかであった。(10)

そのすぐあとに名前が挙がるのは、一八世紀後半の「有名なオランダの解剖学者カンペール」や「生理学上の発見で名をとどろかせるチャールズ・ベル」であり(ダーウィンはエディンバラ大学でその講義を聞いている)、一八—一九世紀を通じてもっとも有名で、かつ影響力のあった観相学者ラヴァーターである。因みに、ダーウィンがラヴァーターを読んだのは一八三八年のことであった(使われたのは、トマス・ホルクロフト編の一八〇四年版である)。更に、彼がともかく医学の勉強をし、鳥の剝製の作り方などを学んだエディンバラは、ジョージ・クームなどを輩出した骨相学の拠点でもあった。そうした観相学や骨相学の本の中には、正面から見た人の顔や横顔の挿絵が多数含まれていて、広く読者の好奇心を引きつけることにもなったのである。文化史的にみれば、一八世紀に広まった珍奇なるもの(curiosities)のコレクション・ブームのひとつの変形が挿絵群というかたちをとってそこにあったという言い方もできるだろう。ジョナサン・スミスの要約的な表現を借りるならば、

ラヴァーターの本は「何度も版を重ね、縮約され、要約され、盗作され、パロディ化され、模倣され、書評されたので、当時の教養ある人物が彼とその理論について何らかの一般的な知識をもちそこなうというのは想像しがたいことである」。……骨相学にしても、労働者階級の間でも、リベラ

ルな知識人の間でも、一九世紀の半ばを通じて広く利用されていた(11)。

ということになる。芸術作品における顔貌の表象、文学作品における顔や表情の描写、そして観相学や骨相学の本に含まれる顔の挿絵――そうしたものによって構成される視覚文化の中にいたダーウィンは、それにもかかわらず、それらを軽視するか、黙殺するかしてしまうということである。『感情の表現』の中でみずからも挿絵や写真を多数使うにもかかわらず、そうしてしまうのだ。そこにあるのは決して単純なミスと呼べるようなものではなく、彼にとっての革新的な問題であったはずである。

その問題とは何なのだろうか。

『感情の表現』の冒頭の厳しい口調を誘発したのは恐らく使われる資料や科学的な方法論の不一致ということではないように思われる。ダーウィンが許容できなかったのは、観相学や骨相学の根底にある思想的な前提と、彼が人の（そして動物の）表情を見つめているときに前提となる思想の落差であるように思われる。それは静的な安定した枠組みと、進化という動きを保証する枠組みの落差、ズレとも言えるだろう。

『観相学についてのエッセイ』の中でラヴァーターは次のように説明している。

人間の顔貌、神性を写し出すこの鏡、創造主の作り出すものの中で最も高邁なるもの――そこには動機と行為が、内面と外面の対応が、可視のものと不可視のものとが、原因と結果とがはっきり見てとれるのではないだろうか。……観相学とは外的な人間と内的な人間の可視の表面と不可視の内容の照応を探る学問であり、それについての知である。……対象の外面、可視の部分、表面は、その対象の本性、その特質をさし示している、外的な記号は悉く何らかの内的な特質のシンボルであ

るという この暗黙の普遍的な考え方こそが、観相学という学にとって確実かつ重要なものであると私は考える。(12)

ここにあるのは、明らかに、神による万物の創造という大前提であって、観相学はそのことを踏まえて機能する営みということになる。サミュエル・R・ウェルズの『性格の読み方』（一八七一年）はそれまでに発表された観相学と骨相学のさまざまの考え方を綜合して、一七〇枚余の顔の挿絵に応用しようとしたものであるが（その中にはジョージ・クームの顔も含まれている）、そこでも同じような考え方が前提とされている。

人間の進展なるものは、いずれかの能力の消滅とか新しい能力の創造を意味するものではなくて、現にある心的な力を訓練し発達させるということである。……それぞれの能力はそれ自体としてよきものであり、それを所有する者と世界のために創造主によって与えられたものであるけれども、ゆがめられ、ねじ曲げられて悪の手段とされたり、矮小化されて役に立たなくなってしまうこともある。それぞれの能力は、正しく発展させられ、調和して動き、低い能力がきちんと高い能力に従うようになれば、それぞれが人間の健康と幸福のためにそれぞれなりの貢献をすることになるのである。(13)

ここでも創造主の働きは絶対の前提とされているものの、進化論的な発想にどこかにじりよろうとするかのように、各能力の向上と退化が示唆されていることが読みとれる。『種の起源』以降に出版された本の中ではこのような微調整も試みられているのである。その上で著者は骨相学を次のように定義して見せるのだ。「骨相学とは脳の生理学を土台とした心の哲学のシステムである。……骨相学は実際に活用されるときにはひとつの芸術となり、頭そのものから、そして頭とつながる体から人間の生来の傾向と能力はどんなものであるかを判断することになる」[14]。このような前提から出発するならば、観相学や骨相学が人相と頭蓋のかたちから始まる人相占いに変貌してゆくことには何の不自然さも感じ取れないだろう。『ジェイン・エア』（一八四七年）の中に、「私はあの人の顔貌を読めますよ、彼女の階級に特有の欠陥が見てとれます」[15]と自信満々に言う人物が出てきたり、ヒロインがのちに結婚することになる男性に向かって、「あなたの顔を見せて下さい……あなたの容貌を読みたいんです」[16]と言ったりするのも、時代の言説状況からするならば、違和感はなかったであろう。おまけに、この小説の中にはジョージ・クームの使った表現自体も埋め込まれているのである。

観相学や骨相学をめぐるこのような言説状況の中で、それを全面的に否定した上で、それでも人間と動物における感情表現にこだわり続けたダーウィンは、それでは、何処に狙いを定め、どんな新しい方策に訴えることになったのだろうか。この点についての彼の考え方は序の章にきわめて明瞭に語られている。

人間の場合、或る種の表現は……かつて人間がはるかに低いレベルの動物的な状態の中にあったと考えないかぎり、まず理解不可能である。互いにつながっているにしても別個の種に見られるある種の表現群は、例えば人間とさまざまの種類のサルが、笑うときには顔の同じ筋肉を動かす場合のように、この両者が共通の祖先に由来すると信ずるならば、多少とも理解しやすくなるはずである。すべての動物の体の構造と習慣はゆっくりと進化してきたのだということを一般論として認める者は、表現の問題全体を新たな興味深い光のもとで見直すことになるだろう。[17]

ダーウィンがめざしたのは、進化論の角度から、その考え方を土台として、人間と動物をつなぐ感情表現の行動を明らかにするということであり、逆にそれによって進化のプロセスの存在を確認するという相互規定的な作業であった。進化という考え方が感情表現の比較ということを可能にし、逆に、そして同時に、その比較の作業が進化という仮説の裏づけをすることになるのである。この循環的な作業がめざしていたのは、観相学と骨相学に共通する超越的な創造者（神）の介入を拒否することであった。但しダーウィンはこの問題点に直面すると、いつものことながら、多少腰の引けた言い方をしてしまうことになる。「表現の真実というか、遺伝的な動きはすべて何らかの自然的かつ独立した起源をもつように見える」[18]。しかし、いかに曖昧ではあるにしても、結論の章に含まれるこの一節の先にある信念を疑う余地はないだろう。

＊

『人間と動物における感情の表現』のはらむ問題は、不安、悲しみ、絶望といった感情から愛や献身、不安や恐怖にいたるまでの種々の感情をどのように配列し、更にそのような感情を表現する実例としてどのように動物と人間を選別するのかということである。そもそもダーウィンが取りあげる各種の感情の間に何らかのヒエラルキーが存在するのだろうか、そして、もしそれが存在するとするならば、それを支えている価値基準とはいかなる性格のものなのだろうか。ダーウィンは感情を表現する方法の種別については説明するものの、表現される各種の感情の相互関係については正面切って説明することをしていない。

逆に読む者の眼をひくのは、取りあげられる感情を表現しているとされる生物の配列の順序ではないだろうか。まず使われるのは「下等動物」とされる犬の五枚の挿絵であり、そのあとに猫、さらに鶏と白鳥、犬の頭部、猫、猿の顔、チンパンジーの顔、赤ん坊の泣き顔、そしてさまざまの人間の顔や上半身の写真などという順番になる。『感情の表現』の目次自体から拾い出すならば、犬、猫、馬、猿、赤ん坊、狂人、さまざまの人種という配列が浮上してくることになる。必ずしも厳密とは言いかねるこのような配列にはどのような意味が込められているのだろうか。勿論そこに、動物、猿、人間（赤ん坊、子ども、大人）という進化の破線を感じとることはできるのだが、なぜパリのサルペトリエール精神病院の患者の特殊な操作の結果として作り出された表情が挿入されているのだろうか。ダーウィンはイギリス国内の精神病院で撮られた写真も確認していたことがわかっているのだが[19]、このような精神病者は――更に言えば、さまざまの犯罪者は――進化の破線上の何処に位置することになるのだろうか。進化論の裏づけをともかく提示することをめざしていたこの本の中から次々に頭をもたげてくるそうした疑問を前にすると、私の眼の前には、自信に満ちた進化論者としてのダーウィンではなく、むしろまだ躊躇し続ける彼の姿が浮かんできてしまう。それは決して私の錯覚ではないはずだ。この本の結論の章の終り近くにある文章は、彼本人もまた進化論の議論がまだ充分には終結していないと感じていたことを示唆するものとなっている。

表情の理論の研究が、人間は何らかの下等な動物に由来するという結論を、ある限られた範囲においてではあるにしても、裏づけてくれること、そして幾つかの人種には種としての、あるいはその下位のレベルでの統一性があるという考え方を支持してくれることを見てきた。しかしながら、私が判断するかぎりでは、そのような確認の必要は殆どなかった。[20]

この文章のレトリックは絶対的な確信を表明するものなのだろうか、それとも自らの内部にある揺らぎを封じ込めようとするものなのだろうか。ダーウィンの文体に常につきまとうこのような揺らぎに対応する姿勢が、彼の思想を理解しようとするときには不可欠の条件となる。現にこの文章の少し前のところでは次のような考え方も開陳されているのだ。

人間の示す主要な表情は世界中ですべて同一であるということを、私はかなり細かく呈示しようと試みてきた。この事実が興味深いのは、幾つかの人種は親となるひとつの種(stock)に由来するという考え方をあと押しする新しい議論を提供してくれるからであるが、その親となる種は、各人種が互いに分離していく時期以前に、構造上はほぼ完全に人間化していたに違いないし、精神上もおおむねそうであったに違いない。同じ目的のために使われる相似た構造が、変異と自然選択をかいして、各々の種(species)によって別個に獲得されることがしばしばあったことは否定できないにしても、この見方では、個々の種が何の重要性もない多くの細部において強い近似性をもつことを説明できないだろう。……幾つかの人種に見られる、近似性をもつ多くの点は、すでに人間としての性格をもっていたひとつの親(parent-form)からの遺伝によるというのが、はるかに確実性が高いであろう。[21]

人間の進化という問題に直面したダーウィンが変異と自然選択と遺伝の交錯する場でためらい、推考する姿がここにはあると形容すべきだろうか。彼の前にはまだ確とした遺伝学は存在しなかった。彼はそのような場で、進化という動くプロセスの存在を現在形で説明しようとしたのである。進化というプロセスが今も眼の前で作動していることを示すのが彼の目的であったのであり、そのために選ばれたのが人間と動物のさまざまの表情であった。表情は動く、現われては消える——現在の中にありながら、過去のそれを反復し、また未来にも反復されるはずの現象であった。それは化石とは違ったかたちで過去と現在のつながりを暗示し、また未来に継続することを暗示する。そのことを考えるならば、観相学や骨相学で使われる固定された表情ではなく、動きの最中にある表情を使う方が適切なはずである。現に『感情の表現』で使われている絵の殆どは、固定した表情ではなく、現われて消える寸前の表情を描き出している。そして、そこに注目したダーウィンのそばには強力な武器があった——固定した物や風景を写しとるだけの写真ではなく、比較的短い露出の時間で対象を写しとれるようになった写真である。一八五〇—六〇年代になると写真の人気は急速に拡大し、ロンドンにも多くの写真館が軒をならべるようになり、ダーウィンもそこを歩きまわって必要な資料を集めることができるようになっていた。

＊

『感情の表現』は写真を大きく活用した自然科学系の本としては最も早いもののひとつと、現在では評価されるようになっている。更にダーウィン本人と当時の代表的な写真家オスカー・レイランダーとの協同作業についても、他の写真家たちとの交流にしても、精神病者の写真を提供してくれた医者たちとの関係にしても、ケンブリッジ大学のダーウィン文書に保存されている資料を活用したこの一〇年間ほどの研究によって決定的に解明されてきている。とりわけアメリカの写真史家フィリップ・プロッジャーの研究『ダーウィンのカメラ、進化の理論における芸術と写真』(二〇〇九年)は決定的なものと言ってよく、分析の対象とする表情を選定するにあたってはダーウィンがさまざまの古典的な絵画における肖像も参照していたことも指摘している。ジョナサン・スミスの『チャールズ・ダーウィンとヴィクトリア時代の視覚文化』(二〇〇六年)は、写真との関係は勿論のこと、「ダーウィンの使った挿絵の重要性と機能、ヴィクトリア時代の視覚文化や美学との関係、とりわけ生理学的な美学とラスキン的な美学の葛藤、われわれが科学的なイラストを理解するにあたってダーウィンのイメージが教えること、科学における言葉のイメージの相互作用」[22]について考察する。ドイツのユーリア・フォスも『ダーウィンの図像、進化理論のとらえ方、一八三七―一八七四年』(二〇〇七年)の中で、「進化の教説と諸々のイメージがなぜあれほど密接に絡んでいるのかを歴史家は問わなくてはならない」[23]と問題を設定した上で、なんとも鮮やかな挑戦を遂行してみせる。その彼女からは批判を浴びることになるものの、ホルスト・ブレーデカンプは『ダーウィンの珊瑚、進化論のダイアグラムと博物学の伝統』(二〇〇五年)の中で、『種の起源』の中でただ一枚だけ使われている挿絵は「生命の系統樹」をモデルにしているのではなく、珊瑚こそがモデルにされているのだということを主張する。この一〇年間ほどの間に顕在化したダーウィン研究の方向転換はまことに目まぐるしいと評するしかないだろう。今まで通りのダーウィン像を無批判に受け容れた研究を続けることはもう不可能になっているというしかないのである。

勿論、だからと言って、ダーウィンの進化論と神学思想や宗教感情の歴史的対立の問題、アメリカのクリエイショニズムとの対立関係などの研究が不要になったということではないし、ダーウィンの思想の科学史的な考察や社会思想史的な問題——とりわけ優生学との関係の研究——を軽んじていいということではない。それらすべての更なる深化と新しい方向からの再構築が待たれていることも忘れるわけにはいかない。そして、エイドリアン・デズモンドとジェイムズ・ムーアの評伝『ダーウィンの神聖なる大義、奴隷制度への嫌悪がダーウィンの人間進化論を形成した』（二〇〇九年）による問題提起がある。(24)

イギリス議会において奴隷売買禁止法が成立した二年後に生まれたダーウィンは、皮肉にもと言うべきか、偶然にもと言うべきか、一八三三年に奴隷制度そのものを廃止する法案が議会を通過したときにはビーグル号の船上にあった（航海は一八三一—六年）。そしてその法律が実施される一八三八年にはラヴァーターを読むことになる。ブラジルが奴隷制度を廃止するのは一八八八年のことであるから、ダーウィンはビーグル号の船上でだけでなく、陸の上でも多くの黒人（奴隷）を眼にしていたはずなのだ。『感情の表現』の序の中に次のような件が含まれているのは単なる偶然なのだろうか。

最後に、私自身の考え方についてであるが、それがスタートしたのは一八三八年であったと言ってよいかもしれない。そして、そのときから今日にいたるまで、私は時折この問題に眼を向けてきた。この時点ですでに私は進化の原理を、種が他の下等なものから派生してくるという原理を信ずるようになっていた。(25)

今私が興味を引かれるのはこの発言そのものではない。そうではなくて、その前後にちりばめられたさまざまの人種に言及する言葉である。「人類のすべての人種」、「さまざまの異なる人種」、「原住民」、「アボリジニ」、「野蛮な人種」、「諸々の人種」、「オーストラリアのアボリジニ」、「ニュージーランドのマオリ族」、「ボルネオのダヤーク族」、「中国人」、「フエゴ人」、「合衆国西部の野蛮きわまりない部族」。そして次のような一節。

アフリカについては、ウィンウッド・リード氏に可能な限りの御支援を頂いたものの、ニグロの扱いは納得のできるものとはならなかった。アメリカにおけるニグロの奴隷に関する情報を入手することは比較的簡単であったであろうが、彼らは白人との接触が長いので、そこから得られる情報は殆ど価値がなかったであろう。この大陸の南の地域では、バーバー夫人がカフィール族とフィンゴー族を調べて下さった。……[26]

人種の問題を前にしたときの彼の関心はどうやら二つの方向に枝分かれし、かなりの不安定さを引き摺りながら尾を引いていったように見える。一方には、ウェッジウッド家とダーウィン家を包んでいた、そしてイギリスの世論を動かしていた黒人奴隷制度に反対する意識があって、それが、一八六五年のジャマイカ事件のおりにJ・S・ミルなどとともにエア総督を批判する彼の姿勢につながっていったと思われる。そしてもう一方には、各人種の進化論上の位置づけの問題があった。『ビーグル号航海記』他に見られる南米大陸のフエゴ人への言及からは殆ど差別意識に近いものを感じとらずにはいられない。それは、人間の平等と奴隷解放の宣言から、社会ダーウィン主義と優生学の時代に移行してゆくまさにその時代に生きた彼としては、避けることのできない状況であったかもしれない。

＊

「恒常的な顔貌の研究[27]」をしりぞけて、動く表情の研究に執着し、わが子も含めて子ども、精神病者、さまざまの人種の動く表情にまで眼を向けたダーウィン。笑い、怒り、悲しみ、恐怖の表情の動く様子をとらえるために写真までも活用したダーウィン。当然ながら彼はさまざまの表情を求めて絵画や彫刻にも眼を向けているはずであるが、そこから抽出できるはずの表情は利用されていない。これは何故なのだろうか。あれだけ多くの著作の中で、あれだけ多くの挿絵を使っている彼が、なぜ絵画や彫刻を活用することをせず、イタリアの美術に熱狂したジョン・ラスキンとあれだけ対立してしまったのだろうか——彼自身、デッサンすら苦手であったという初歩的な理由はあるにしても、これはどういうことだろうか。

その理由は、美術史上の古典として残る肖像画や、一般の人々が私有できる肖像画の表情が固定したものであることが圧倒的に多いということかもしれない。そこには「恒常的な顔貌」の例を見出すことはできても、彼が必要としていた動く表情は殆ど見出せないのだ。貴族の館や中流家庭に飾られている絵画の表情は固定していた。

問題は、人の表情はそのような絵画の中にだけあったわけではないということである。とりわけ一八世紀のホガース以降数多く見られるようになった諷刺画（カリカチュア）の中には、結果的には動く表情と呼ぶことのできるものが夥しく描き込まれることになった。ダーウィンもそのことは承知していたはずである。『感情の表現』の中に、「酔っぱらいが眉を吊り上げる。そのことが彼に当惑したような愚かしい容貌を与えることになる、ホガースの絵の一枚に巧みに描かれているように[28]」とあるのだから。しかしこの画家の『娼婦の道』シリーズ以上に役立ったはずのローランドソンやギルレイへの言及はないし、文学における動く表情の描写にしても、シェイクスピアの幾つかの戯曲とディケンズの小説ひとつへの言及にとどまる。もし仮にそうした諷刺画や文学作品における動く表情の系譜学の中にダーウィンが身を置き、そこに写真の映像を接続するということをしていたら……もっともこれはあとの時代の人間の呑気なつぶやき以上のものではない。彼の目差したのは、他の動物や植物の中にではなく、現に眼の前にいる人間の表情の中に進化の痕跡が現前するのを確認する作業であった。その意味では、『種の起源』よりもはるかにラディカルで危険な意図を秘めていたと考えることもできるのである。

しかし、『人間と動物における感情の表現』の初版本を買った一万人近い読者がそのようなことを考えたとはとても思えない。それは新しい写真を多用した新しい人相占いの副読本と見えたかもしれないし、観相学や骨相学の新しい本と受け取られたかもしれない。とりわけ『パンチ』他の諷刺色の強い挿絵雑誌が好評を博し、文学作品（とくに小説）には、雑誌掲載のものであれ、単行本形式のものであれ、途中に挿絵がつくことが珍しくなくなっていた時代のことであるから、その視覚文化の中にあっさりと組み込まれてしまったことも考えられる。現に『パンチ』誌に対してパロディ意識をもっていた挿絵雑誌『ファン』の一八七二年一二月一一日号と翌年の二月一五日号には「感情の表現」、「ダーウィン氏の本」という文字を忍び込ませた頁があり、さまざまの表情をした顔が描かれているのだ。更に一八七二年五月一八日の号には、乗合馬車に乗るあれこれの動物が。大切なのは、ダーウィンの本の図版ならびにその主張とこうした挿絵の間に単純な因果関係を探ることではなく、その双方を可能にする視覚文化がそこにあったことを前提にして、その前提となる表象のシステムの存在を踏まえて、双方のつながりを確認してゆくことであるだろう。

その連鎖はさまざまの方向に分枝してゆく。例えば『ストランド・マガジン』誌の一八九二年六月号の「犬の表情」の頁に。あるいは同誌二月号のエッセイ「隣人たちの犬」（著書はアーサー・モリスン）に登場する犬たちの表情に。翌年の八月号に掲載されたエッセイ「猫」につけられた挿絵を見ていると、私はダーウィンの本の挿絵を思い出してしまう。しかもこうしたエッセイの前後に配備されたあれこれの記事や小説の中にも数多くの挿絵が組み込まれ、ときには有名人たちの観相学的な顔がずらりとならぶ頁があり、図版と写真が共存する。まさしくダーウィンが開発した方法と言うべきではないだろうか。更に一八九二年六月号には「瞬間写真」（著者はまたしてもアーサー・モリスン）という記事もあって、走る犬、走るカンガルー、戯れるオランウータンの写真までもが掲載されている。一九世紀末のイギリスの新聞や雑誌では、それはもはや珍しいことではなく、むしろ常態化しつつあったと言ってもいいくらいなのだ。現に『ストランド・マガジン』は、表情豊かな動物を描いた動物園シリーズと有名人の顔写真シリーズの連載を始めているのだ。別の言い方をするならば、そのようなイメージ・テクストの構成に最も早い段階で着手したひとりであるダーウィンの遺産が、本人の名前を不在化させたまま確実に継承されていったということである。彼の死は一八八二年のこと。しかし彼が一九世紀末のイギリスにおけるこのような〈進化〉をその眼で見ていたとしたら、一体どんな感想を抱いたであろうか。いや、話はイギリスだけには限定されないはずである。彼のこの本は、「世紀の転換期までには……合衆国でも、オランダ、フランス、ドイツ、イタリア、ロシアでも刊行されていた」[29]のだから。

注

1 [T.S.Baynes], "Darwin on Expression," *The Edinburgh Review* (April 1873), p. 492.

2 *Ibid.*, p. 493.

3 *Ibid.*, p. 497.

4 *Ibid.*, p. 506.

5 *Ibid.*, p. 508.

6 *Ibid.*, p. 512.

7 *Ibid.*, p. 514.

8 *Ibid.*, p. 517.

9 *Ibid.*, p. 528.

10 Charles Darwin, *The Expression of the Emotions in Man and Animals*, ed. Paul Ekman (Oxford: Oxford University Press, 1998), p. 7.

11 Jonathan Smith, *Charles Darwin and Victorian Visual Culture* (Cambridge: Cambridge University Press, 2006), pp. 198–99.

12 Johann Caspar Lavater, *Essays on Physiognomy,* trans. Thomas Holcroft (London; Ward, Lock, and Co., n.d.), pp. 11–18.

ラヴァーターの英国における受容についてはJohn Graham, "Lavater's Physiognomy in England," *Journal of the History of Ideas*, XXII, 4 (1961), pp. 561–72によって整理されている。ラヴァーター受容史の中にダーウィンの仕事を位置づける試みとしてはLucy Hartley, *Physiognomy and the Meaning of Expression in Nineteenth-Century Culture* (Cambridge: Cambridge University Press, 2001), pp. 142–79がある。

13 Samuel R. Wells, *How to Read Character: A New Illustrated Handbook of Phrenology and Physiognomy for Students and Examiners; with a Descriptive Chart* (1871: Tokyo: Charles E. Tuttle, 1971), p. 15.

14 *Ibid*., p. 9.

15 Charlotte Brontë, *Jane Eyre* (London; Penguin Books, 2006), p. 205.

16 *Ibid*., p. 294.

17 Charles Darwin, *op. cit*., p. 19.

18 *Ibid*., p. 351.

19 こうした事情についてはPhillip Prodger, *Darwin's Camera; Art and Photography in the Theory of Evolution* (Oxford; Oxford University Press, 2009) が徹底的に解明している。

20 Charles Darwin, *op. cit*., p. 360.

21 *Ibid*., p. 355–56.

22 Jonathan Smith, *op. cit*., p. 3.

23 Julia Voss, *Darwin's Pictures; Views of Evolutionary Theory, 1837–1874* (2007: New Haven & London; Yale University Press, 2010), p. 7.
ホルスト・ブレーデカンプ『ダーウィンの珊瑚』(濱中春訳、法政大学出版局、二〇一〇年)も参照。"Review Forum on Charles Darwin and Darwiniana," *Victorian Studies*, vol. 52, no. 3 (2010), pp. 441–62 はこうした動きをまとめている。

24 Adrian Desmond & James Moore, *Darwin's Sacred Cause; How a Hatred of Slavery Shaped Darwin's Views on Human Evolution* (Boston; Houghton Mifflin Harcourt, 2009).

25 Charles Darwin, *op. cit*., p. 25.

26 *Ibid*., p. 28.

27 *Ibid.*, p. 7.

28 *Ibid.*, p. 281. なおホガースやギルレイなどの諷刺画における表情については Thomas Wright, *A History of Caricature and Grotesque in Literature and Art* (1865; New York: Frederick Ungar, 1968), pp. 420–94 を参照。

29 Julia Voss, *op. cit.*, p. 187.

『ファン』1872年5月18日号．人間のかわりに動物を置き，結果的には，動物に表情を持たせることになっている．

OUTSIDE.

INSIDE.

THE KNIFE-BOARD.

THE LAST 'BUS.

『ストランド・マガジン』1892年6月号,「犬の表情」.

" PUG."

『ファン』1873年２月15日号．中段右側にダーウィンの本への言及があある．

ダーウィンの『感情の表現』における犬のポーズと，『ストランド・マガジン』1892年2月号の「犬の表情」，1893年8月号の「猫」で使われる犬と猫のポーズの類似は偶然のものとは思えない．

ダーウィンの本の挿絵

"COME ON!"

"CAT CHASING."

『ストランド・マガジン』の挿絵

『ストランド・マガジン』1892年6月号の「瞬間写真」より．

By Ottomar Anschutz.] HOUNDS ON THE TRAIL.

By Ottomar Anschutz.] ORANG-OUTANGS AT PLAY.

By Ottomar Anschutz.] CLEARING THE VAULTING-HORSE.

漱石と英吉利、どのイギリス？

漱石と英吉利《イギリス》というのは何か自明の問題のようにみえる。つまり、漱石は英文学を学んでいるし、一九〇〇年一〇月二八日にロンドンに到着して以来ほぼ二年間の留学生活をそこで送っているし、その間の日記と手紙を残し、メモの類を残し、当時の体験を色濃く映しだすと思われる作品を書いている以上、漱石と英吉利という問題を立てるのは理にかなうことだと思えるのである。

またそれらを素材として、彼のイギリスに対する愛憎関係を引き出すのもさほど困難なこととは思えない。参考のために、そうした作業の論拠となるはずの発言を幾つか引用してみることにする。

此国の文学美術がいかに盛大で其盛大な文学美術が如何に国民の品性に感化を及ぼしつゝあるか此国の物質的開化がどの位進歩して其の進歩の裏面には如何なる潮流が横はりつゝあるか、英国には武士といふ語はないが紳士と言《いふ》があつて其紳士は如何なる意味を持つて居るか、如何に一般の人々が鷹揚で勤勉であるか色々目につくと同時に色々癪に障る事が持ち上つてくる。時には英吉利がいやになつて早く日本へ帰り度なる。すると又日本の社会の有様が目に浮かんでたのもしくない情ない様な心持ちになる。（『倫敦《ロンドン》消息』）

此国では衣服では人の高下が分らない。牛肉配達抔《など》が日曜になると、シルク、ハットでフロックコート抔を着て澄して居る。然《しかも》一般に人気が善い。我輩抔を捕へて悪口をついたり罵つたりするものは一人も居らん。ふり向いても見ない。当地では万事鷹揚に平気にして居るのが紳士の資格のひとつになつて居る。無闇に巾着切りの様にこせ〳〵したり物珍しさうにじろ〳〵人の顔なんどを見るのは下品となつて居る。（同）

英国人ナレバトテ文学上ノ智識ニ於テ必ズシモ我ヨリ上ナリト思フナカレ……西洋人ト見テ妄《みだ》リニ信仰スベカラズ又妄《みだ》リニ恐ルベカラズ然し Prof. 抔ハ博学ナモノナリ夫《それ》スラ難問ヲ出シテ苦メルコトハ容易ナリ（『日記』）

西洋人ハ日本ノ進歩ニ驚ク驚クハ今迄軽蔑シテ居ツタ者ガ生意気ナコトヲシタリ云タリスルノデ驚クナリ大部分ノ者ハ驚キモセネバ知リモセヌナリ真ニ西洋人ヲシテ敬服セシムルニハ何年後ノコトヤラ分ラヌナリ土台日本又ハ日本人ニ一向 interest ヲ以テ居ラヌ者多キナリ（同）

一般の英国人よりも我々が学者であつて多くの書物を読んで居つて且つ英国の事情（ある事情昔し存在して今なき様な事情）には明らかであると申して差違なし……馬車に乗つて済して居ると元の方角へ連れて行かれたり汽車を乗違へて飛《とん》でもない処へ持て行かれたりする事が沢山ある（『書簡』）

洋行中に英国人は馬鹿だと感じて帰つて来た。日本人が英国人を真似ろ〳〵と云ふのは何を真似ろと云ふのか今以て分からない。（同）

これくらいで十分だろうか。漱石は似たような発言もしくはもう少し高尚な発言をあちこちでしているが、全体としてみると、イギリスについての発言の骨格は比較的単純なものである。漱石はイギリスのある部分（とくに文学や美術など）については敬意を払いながらも、別の部分（例えば、漱石の接触した人々の教養の無さ）についてはは軽蔑の念をあからさまに口にしているのだ。

このような敬意と軽蔑の同居というのは、強力な他者に接したときにはよく見うけられる反応なので、それ自体としてはあまり興味を引くことではない。今から一〇〇年程前、イギリスと日本の力関係やレベル差が今よりもはるかに大きかった状況でこのような愛憎関係を体験することを余儀なくされた漱石の場合、その関係の受けとめ方が今の時代のわれわれの場合よりもずっと強烈であったろうということは想像できるにしても。

〈イギリス的〉なるものとは何か

イギリスの歴史や文学を研究する日本人には今でもかなりはっきりと二つのタイプが存在する。そのひとつは心の奥にほとんど無批判のと言ってよいくらいのイギリス崇拝があり、その趣味やライフスタイルにいたるまで英国風であろうとする者――このタイプの人間にとっては、すべての中心にロンドンがあり、大学と言えばオックスブリッジということに相場が決まっている。人間類型からすると、その大半は鼻もちならないスノッブ、つまり知的俗物である。

もうひとつは、イギリスに魅了されながらも、ある批判的な距離をとろうとするもので、漱石は明らかにこの二つ目のタイプの早い例ということになるだろう。私の経験からすると、一七世紀の革命期以前の研究をする（ミルトン、シェイクスピア、中世文学などを研究すると称している）連中は第一のタイプに分類される者が多く、第二のタイプに属する者は一八世紀以降の諷刺文学に興味をもつ者と重なることが多いようである。もちろんこれは最終的にはひとりひとりの問題であるだろうが、全体としてみると、イギリス大好きの知的俗物が多いことは間違いない。

これに似た状況は漱石の眼の前にもあって、彼の怒りを誘発したはずである。現に彼はそうした傾向に対して怒りの言葉も口にしているが、そこに吹き出す直截性よりも興味深いのは、明治三八（一九〇五）年から三九年にかけてのノートの中にある神経衰弱についての記述である。

self-consciousness の結果は神経衰弱を生ず。神経衰弱は二十世紀の共有病なり。人智、学問、百般の事物の進歩すると同時に此進歩を来したる人間は一歩一歩と頽廃し、衰弱す。……全世界の中尤《もっと》も早く神経衰弱に罹《かか》るべき国民は建国尤も古くして、人文尤も進歩せる国ならざる可らず。彼らは自ら目して最上等の国民と思ふも関らず実は一層毎《ごと》に地下に沈淪《ちんりん》しつゝあるなり。……他日もし神経衰弱の為めに滅亡する国あらば英国は正に第一に居るべし。彼等のコノ傾向は彼等の近世文学を見て徴するを得べし。……愚なる日本人は此の病的なる英人を学んで病的なるを知らず。好んで自殺を逐ぐるにひとし。……英国の文学は……浅墓《あさはか》なるものなり。蛙の足に電気を通じてピク〳〵させたる如きものなり。巾着切りの文学は衰亡の文学に相違なし。天下に英国人程高慢なる国民なし。支那人は呑気の極鷹揚なるなり。英人はスレカラシの極、巾着切り流に他国人を軽蔑して自ら一番利口だと信じて居るなり。神経衰弱の初期に興奮せる病的の兆候なり。

手厳しいイギリス批判であるが、このメモが異様な迫力をもってしまうのは、漱石本人が『文学論』の序において、「英国人は余を目して神経衰弱と云へり。……帰朝後の余も依然として神経衰弱にして兼狂人のよしなり」とみずからしたためているからである。進化と退廃をひとつに結びつけるという世紀末の知のパラダイムの中で苦闘し、ときにはユーモアによって、ときには「私の個人主義」といった主張によってそれを克服しようとする漱石が、ここではその知のパラダイムを具体化する「神経衰弱」という枠組みの中にイギリスという国と自分自身を同居させてしまうのである。

イギリスに対する、英文学に対する断罪は、同時に自己断罪でもある。イギリス的なるもの（その国、人間、文学）が、奇妙なかたちで漱石本人に対応する鏡像となっているのだ。あるいはその逆であると言ってもいい。漱石にとってイギリス的なるものを考えるとは、この対応の構図を可能にしてしまうほどにイギリス的なるものに浸透され、汚染されてしまっている自分と向かいあうことであったと思われる。

宙吊りにされた自我

英語と日本語が異様なかたちで混在する彼のメモの類は、彼の自我なるものがそのような場に吊るされていたことの痛ましい証言であったとみるべきだろう。彼の残した英語の詩やエッセーの断片をみて、まるで採点官よろしくその英語の巧拙を論ずるのは――もちろんたいていは彼の英語のうまさに感心してみせることになるのだが――愚劣と言うしかない。英語の引用文の出典なるものをいくらつきとめてみたところで、漱石の苦闘が理解できるはずがない。

彼はバイリンガルのように二つの言語の間を無反省的に往来できたわけではなかった。いわゆる会話力の不足については本人も十分自覚していたし、メモ類にしても決して英語で自由に書けたわけではない。それにもかかわらず英語でメモを書いているのは、英語的なもの、イギリス的なものこそが到達すべき価値として彼を拘束していたからだと解釈するしかないだろうが、ついにそこに到達することはできない。

その到達できないものがもつ〈権力〉を——つかみようがないという意味では不在であるにしても、なおかつ〈権力〉としては現前するものを——一方の極として、漱石の自我なるものは展開しているのだ。それに納得のゆくかたちで到達できないとすると、神経衰弱という状態が彼を包囲するだろうし、それを拒絶しようとすれば、同時に彼の自我の展開にも狂いが生ずるだろう。

イギリス的なものの否定、自我なるものの否定、その二つが漱石の中で連動している。その連動の強烈さは、イギリス的なものの相対化というような発想で断ちきれるものではなかったし、あえてそれを試みようとすれば、その試み自体がイギリス的な態度を足場とせざるを得なかったであろう。「私の個人主義」——個人主義とは当時のイギリスの文学や思想やハーバート・スペンサーの国家論の鍵となっていた言葉である。漱石が自己本位の重要性を主張するとき、それもまたイギリス的なものの中から出てくることくらい、たやすく分かる。

子規の死を知らせる高浜虚子の手紙に答える漱石の書簡は、現在知られているかぎりでは留学先のロンドン発の最後のものであるが、その結びの部分には漱石のきわめて正確な自己把握がみてとれる。

近頃の如く半ば西洋人にて半日本人にては甚だ妙ちきりんなものに候。文章抔かき候ても日本語でかけば西洋語が無茶苦茶に出て参候。又西洋語にて認《したた》め候へばくるしくなりて日本語にし度《た》くなり、何とも始末におへぬ代物《しろもの》と相成候。日本に帰り候へば随分の高襟党に有之《これある》べく、胸に花を挿して自転車へ乗りて御目にかける位は何でもなく候。

ここではある種のユーモアがかろうじて救いとなり、彼の自我を吊るす二つの極の間のバランスを保っている。

漱石の見た大英帝国

しかし、本当のところ、それだけ重要な意味をもつイギリスを漱石はどのようなものとしてとらえていたのだろうか。問題は文化的な表象としてのイギリスではなくて、地理的、歴史的、経済・政治的な国家としてのイギリスを彼がどう把握していたのかということである。彼の頭の中に大英帝国なるものが果たして存在したのだろうか。

今日のわれわれは、彼の留学先が、没落の運命が避けがたいものとなった大英帝国の首都であり、帝国の命運がさかんに議論されていた時期にあたることを知っているけれども、そのようなわれわれと漱石の眼は同じ対象を見つめているだろうか。もしそうではないとすると、漱石と大英帝国という問題設定自体が不安定なものになってしまうし、漱石とイギリスという問題設定も同じような問題を抱えてしまうことになる。

われわれの考えている英国と漱石のそれとは必要十分に重なりあっているのだろうか。そもそも漱石にとって英吉利とは、物理的な意味において、何であったのか。

世紀の変わり目のイギリスの人々にとって大英帝国は確かに存在するものであったし、南アフリカにおけるボーア戦争の苦戦と勝利とは、そのことをひときわ鮮やかに刻印するものであった。ロンドンに到着した翌日（一〇月二九日）、漱石はその表象に出会って、「南亜ヨリ帰ル義勇兵歓迎ノ為メ非常ノ雑沓ニテ困却セリ」と日記にしるしている。だが、それだけである。

漱石のことだから新聞などを入手してこの事件のことをもっと詳しく知っていたかもしれないし、連れの日本人たちの間で話題になったかもしれないが、残っている彼のコメントはこれだけである。別の資料に目を向けるならば、明治三八—九年のメモの中にコンラッドの『闇の奥』——今日では、帝国主義の姿を描いた小説とみるのが文学史の常識であるが——についてのものがある。漱石のコメントは以下の通りである。

蛮地へ行ツタ船長ノ物語リ。Indian ニ襲ハレタリ抔スル、ソコニ Kurtz ト云フ人ガ居ル。エライ男デアル病気デ死ヌ、船長ガソノ遺書ヲ携ヘテ其恋人ヲ訪フ。夕暮ノ景色、恋人ノ愁嘆ヲヨクカイテ御仕舞。

まったくお話にならない。伝説化されてしまった漱石の英語力をみるためには格好の資料であるが(『闇の奥』をこの程度にしか読みこなせない英語力でメレディスやジェイムズを読みこなすのは無理である)、ともかく大英帝国といった枠組みが彼には無縁のものであったことは間違いない。それではイギリスについてはどうだろうか。この場合に格好の試金石になるのは、彼がスコットランドとイングランドの関係をどのようにとらえていたのかということである。

「西洋語」としての英語

現在イングランド、ウエールズ、スコットランド、北アイルランドは政治的には連合王国(ユナイティッド・キングダム)の中に統合されていることになっているものの、その一方で各地域の独立性は消し去りようのない事実として残っている。サッカーのワールドカップにイングランドとスコットランドの二つのチームが出場し、別々の国旗と国歌のもとに闘うことに何の不思議も感じないという事態が今も存在しているのだ。今でもこの二つの地域を別の国家として認識する人々がたくさんいる。そこにあるのは二つの異質の文化である。

一九一八年、スコットランドの首都エディンバラで生まれた小説家ミュリエル・スパークはその自伝『生のカリキュラム』（一九九二年）の中で子どものころを回想して、「当時のスコットランドではクリスマスはおおむね子どものためのお祭りであった、クリスマスの当日も多くの店や事務所や工場がやっていた。大切なのは新しい年の第一日であった」と書いている。今でもそうだ。ホグマネイと呼ばれる大晦日の夜のにぎわいは今でも格別である。

興味深いのはスパークの次の言葉である。「クリスマスには、靴下をつるすというイングランドの風習がすでに入ってきていて……」。手紙の中に、「当地は昨日が『クリスマス』にて始めて英国の『クリスマス』に出喰はし申候」としたためた漱石の理解を越える事情が、そこにはあったということである。

漱石は英吉利、英国と呼ばれるものの他にスコットランドなるものが存在することは百も承知していたものの、その二つの関係のあり方を正面切って考えてみることはなかった。言葉について、英語についての彼の発言を思い出してみよう。

大学時代に教えをうけたマードックはスコットランドの出身であったが、「ある事情のため断然英国を後にして単身日本へ来る気になられたので、余等の教授を受ける頃は、まだ日本化しない純然たる蘇《スコットランド》国語を使って講義やら説明やら談話を見境なく遣《や》られた。……第一先生の使ふ言葉からが余自身の英語とは頗《すこぶ》る縁の遠いものであった」。日本語化しない純然たるスコットランド語――余自身の英語。

また、ある手紙の中では、『エヂンバラ』辺の英語は発音が大変ちがう先《ま》ず日本の仙台弁のようなものである切角《せっかく》英語を学びに来て仙台の『百ズー三』抔《など》を覚えたつて仕様がない」とも書いている。また一方では、みずからの話す能力の欠如を嘆きながら、教養のある連中の英語は聞きとれるが、ロンドンの庶民の話す英語はほとんど分からないとぼやく。

彼のように交際を断ってしまえば、カセットもラジオもテレビもない時代に会話力を伸ばすことは不可能であったろうし、そのことは彼も十分に承知していた。にもかかわらず彼は「余自身の英語」という——一体それはどこの国の誰の使う英語であったのか。

おそらく彼はこのような問いを立てたことすらなかったろう。読めれば十分なのだ。そして英語を読んでいるかぎり、イングランドとスコットランドの問題など浮上してこなかったのだろう。スコットやスティーヴンスンの小説、バーンズの詩を正確に読めていたら、この国境問題が浮上してきたはずであるが。漱石にとって、日本語と対比される英語は「西洋語」であった。

ブレるイギリス像

日記や手紙やメモの類を読んでいて驚かされるのは、漱石がイギリス人のことを繰り返し「西洋人」と呼んでいることである。それは当時の慣用とか個人の癖といった言葉で説明しつくせるものではない。さまざまの資料から推定できることを端的に要約してしまうならば、漱石は長年にわたってイギリス的なものにかかわりを持ちながらも、その断片的な知識のために、彼の内に輪郭線のはっきりとした確固たるイギリス像は存在しなかったということである。

もちろん知識が不足しているために、逆にときたま明確なイギリス像が出現することもあっただろうが、それが崩れるのに長い時間は要しなかっただろう。ロンドンにおける漱石の生活は、暗鬱なものであったか、明るかったかという類の議論は滑稽な水かけ論の域を出ない。漱石はいずれの局面も体験したに違いないが、重要なのは、それらが漱石のうちでひとつの焦点を結んで明確なイギリス像に結晶化することがなかったということである。

国家としてのイギリスとは何か、文化としてのイギリスとは何か、という問いに彼は答えることができなかった。それにもかかわらず、留学を体験し、洋学派の代表として振舞わねばならなかった漱石は、そのつど喚起されるイギリス的なものに対して態度を決定してゆかねばならなかった。イギリス的なものに対する彼の態度のブレはそこに由来する。彼はひとつのものを時に愛し、時に嫌悪したのではない。あるときには愛すべき対象が、別のあるときには嫌悪すべき対象が漱石の前に現われたのである。

近代小説、どこが？――『明暗』論

近代小説と呼ばれるものに不可欠な要件のひとつが政治権力の問題である。漱石はこの問題を正面から見すえる機会を幾度となく持ったにもかかわらず、社会的な関係と私的な人間関係の奥に「心理作用」を見ることにかまけてしまい、そうした関係を構成しているはずの政治権力の問題にはほとんど眼を向けることがなかった。かりにその方向に眼を向けたとしても、彼の視線はその表面をただ横滑りするだけであったように見える。大英帝国の中心部に国費で留学するとなれば、あるいは旅先の植民地で次々に旧友たちと出会い歓待を受けるとなれば、そうした成り行きの背後にうごめく政治権力の痕跡を何らかのかたちで感知できそうなものであるが、漱石はそうした意味での洞察力を欠いていた。コンラッドの『闇の奥』の読後のメモにはその欠存が無残なばかりに鮮明に刻印されている。

蛮地へ行ツタ船長ノ物語リ。Indian ニ襲ハレタリ抔スル、ソコニ Kurtz ト云フ人ガ居ル。エライ男デアル病気デ死ヌ、船長ガソノ遺書ヲ携ヘテ其恋人ヲ訪フ。夕暮ノ景色、恋人ノ愁嘆ヲヨクカイテ御仕舞。

この短いメモから読みとれるのは、漱石の英語力をもってしてはコンラッドの癖の強い英文が十分には読みこなせなかったであろうということ、そして、そこに濃厚に描かれている植民地や政治権力の

『漱石研究』第一八号、２００５・11・25

問題に彼がまったく反応できなかったという事実である。漱石は、その「蛮地」がアフリカ大陸のコンゴという地名をもつ土地であることなど想像もしてみなかったであろう。これと似た黙殺と排除の戦略が『こゝろ』の結びの部分にも顔をのぞかせている。

私は妻に向ってもし自分が殉死するならば、明治の精神に殉死するつもりだと答えました。私の答も無論笑談に過ぎなかったのですが、私はその時何だか古い不要な言葉に新らしい意義を盛り得たような心持がしたのです。

それから約一カ月ほど経《た》ちました。御大葬《ごたいそう》の夜私は何時《いつ》もの通り書斎に坐《すわ》って、相図《あいず》の号砲《ごうほう》を聞きました。私にはそれが明治が永久に去った報知の如く聞こえました。後で考えると、それが乃木《のぎ》大将《たいしょう》の永久に去った報知にもなっていたのです。私は号外を手にして、思わず妻に殉死だ殉死だといいました。

私は新聞で乃木大将の死ぬ前に書き残して行ったものを読みました。西南戦争《せいなんせんそう》の時敵に旗を奪《と》られて以来、申し訳のために死のう死のうと思って、つい今日《こんにち》まで生きていたという意味の句を見た時、私は思わず指を折って、乃木さんが死ぬ覚悟をしながら生きながらえて来た年月《としつき》を勘定して見ました。西南戦争は明治十年ですから、明治四十五年までには三十五年の距離があります。乃木さんはこの三十五年の間《あいだ》死のう死のうと思って、死ぬ機会を待っていたらしいのです。私はそういう人に取って、生きていた三十五年が苦しいか、また刀を腹へ突き立てた一刹那《いっせつな》が苦しいか、どっちが苦しいだろうと考えました。

それから二、三日して、私はとうとう自殺する決心をしたのです。

主人公の自殺を乃木大将の殉死と結びつけ、主人公の遺書と大将が「死ぬ前に書き残して行ったもの」の類似を探り、さらにさまざまの資料によって再構成される「明治の精神」に連関させてゆくというカルチュラル・スタディーズ的な方法を、私はべつに拒否したいとは思わない。自殺という行動をすべて自分の責任として引き受けるだけの胆力を持たず、宗教的な枠組みとの対決もせず、明治の精神への殉死という「笑談」としてしか意味づけできなかった主人公の苦悶を理解するためには、それも有効な方法のひとつには違いないのだから。気になるのは、明治天皇と乃木大将の死というきわめて政治的かつ公的な事件が、この主人公によって彼個人のきわめて内的な空間に転位されてしまっているということだ。ただそれは、公的な政治イデオロギーの単純な内在化とは違う。大将と天皇の間にあって、殉死という行動に根拠を提供していたはずの政治権力の問題が、ここでは「乃木さん」個人の心理の問題に転位されているのである。「乃木大将」から「乃木さん」への移行はここでは決定的な意味を持っている——「乃木大将」には殉死はあり得るにしても、「乃木さん」の方は「死のう死のうと思って、死ぬ機会を待っていた……そういう人」なのである。公人ではなく、私人であると言っていいのかもしれない。そのレベルにおいて主人公を自殺へ誘うモデルとして機能しているということである。

『こゝろ』の結びの部分に見られるこの例が、政治権力の侵入を巧みに濾過してしまう戦略のひとつであるとするならば、『明暗』における小林の描写は、ひとりの人間をとらえてしまったはずの政治権力の場が十全なかたちで機能することを禁じられてしまった例ということになる。それとも、近代小説のひとつの要件である政治権力のうごめきを漱石が扱いきれなかった例証のひとつがここに認められると評すべきだろうか。自我の策動とその帰結、愛と死の葛藤、家族の崩壊、心理の錯綜——

そうした要素にかかずらわっていれば近代小説になるというのは恐らく誤解にすぎない。近代小説とは何よりもまず権力のネットワークに巻き込まれ、その中で、権力を対象化しようともがくジャンルのことである。かりに漱石の中にそうした契機が欠存しているとしたら、今、どのように彼の作品を読むことができるのだろうか。

『明暗』のきわだった特徴は、この作品の中で何らかの役割を果たす登場人物が、男女の別を問わず、グロテスクなほどに能弁だということかもしれない。しかもただ能弁であるだけでなく、各々の位置に応じた極論を口にするということである。もちろんこれは作者によって意図された文学的技巧のはずであって、漱石はこの巧妙に計算された長編小説の初めのほうで（第三五節）、それについての示唆を小林に語らせている。

「露西亜の小説、ことにドストエヴスキの小説を読んだものは必ず知ってる筈《はず》だ。如何《いか》に人間が下賤《げせん》であろうとも、又如何に無教育であろうとも、時としてその人の口から、涙がこぼれる程有難い、そうして少しも取り繕わない、至純至精の感情が、泉のように流れ出して来る事を誰でも知ってる筈だ。君はあれを虚偽と思うか」

「僕はドストエヴスキを読んだ事がないから知らないよ」

「先生に訊くと、先生はありゃ嘘だと云うんだ。あんな高尚な情操をわざと下劣な器に盛って、感傷的に読者を刺戟《しげき》する策略に過ぎない、つまりドストエヴスキが中《あ》たった為に、多くの模倣者が続出して、無暗に安っぽくしてしまった一種の芸術的技巧に過ぎないというんだ。然し僕はそうは思わない。先生からそんな事を聞くと腹が立つ。先生にドストエヴスキは解らない。いくら年齢《とし》を取ったって、先生は書物の上で年齢を取っただけだ。いくら若かろうが僕は……」

小林の言葉は段々逼《せま》って来た。仕舞に彼は感慨に堪えんという顔をして、涙をぽたぽた卓布《テーブルクロス》の上に落した。

みずからの説を自演してみせる小林本人の発言の中に、その主張の正当性を相対化してみせる（「一種の芸術的技巧に過ぎない」）、いささかあざといテクニックと言うしかないが、それでもこの作品の構成の核心に触れる大切な箇処であることに変わりはない。漱石はこの人物を「下層社会」の出身とし、朝鮮行きという運命を与えた。「近々都落をやるんだよ。朝鮮へ落ちるんだよ」。さらに彼は「社会主義者」らしく、「探偵」につけ回されているという怪しげな噂までひきずることになる。彼は「僕のような田舎もの」であって、裕福な津田夫婦に対するルサンチマンは、それこそドストエフスキーの作中人物の口吻に近いかたちで津田に叩きつけられる。「僕は終始君に軽蔑される。君ばかりじゃない。君の妻君からも、誰からも軽蔑される。……僕も君を軽蔑しているんだ」。小林の感情はこれとは逆のかたちで吹き出すこともある。

「僕は余裕の前に頭を下げるよ。僕の矛盾を承認するよ、君の詭弁を首肯するよ。何でも構わないよ。礼を云うよ、感謝するよ」

彼は突然ぽたぽたと涙を落し始めた。

第一六一節にみられるこの件りが、第三五節における小林のドストエフスキー論に対応すること、対応するように仕組まれていることは歴然としている。そこには作者の方法意識があられもなく浮上しているというべきかもしれない。引用をもうひとつ追加しておこう。

「黙って聴くかい。聴くなら云うがね。僕は今君の御馳走《ごちそう》になって、こうしてぱくぱく食ってる仏蘭西《フランス》料理も、この間の晩君に御招待《ごしょうたい》申して叱《しか》られたあの汚ならしい酒場《バー》の酒も、どっちも無差別に旨《うま》い位味覚の発達しない男なんだ。そこを君は軽蔑するだろう。然《しか》るに僕は却《かえ》ってそこを自慢にして、軽蔑する男を逆に軽蔑しているんだ。いいかね、その意味が君に解ったかね。考えて見給《たま》え、君と僕がこの点に於《おい》て何方《どっち》が窮屈で、何方が自由だか。何方が幸福で、何方が束縛を余計感じているか。何方が太平で何方が動揺しているか。僕から見ると君の腰は終始ぐらついてるよ。度胸が坐ってないよ。厭なものを何処《どこ》までも避けたがって、自分の好きなものを無暗《むやみ》に追懸けたがってるよ。そりゃ何故《なぜ》だ。何故でもない、なまじいに自由が利くためさ。贅沢《ぜいたく》をいう余地があるからさ。僕のように窮地に突き落されて、どうでも勝手にしやがれという気分になれないからさ」

こうした小林の発言は強いネガティヴな共通性をもっている。「至純至精の感情」の流出云々という視点に少し距離を置いて、いわゆる近代小説における問題設定という角度からながめてみれば、彼の一連の発言のもつ特異性が（そして、それをそのようなものとして設定した漱石の制約性が）見えてくるはずである。つまり、本来植民地（朝鮮）や階級をめぐる状況設定の先に見えてくるはずの政治権力の問題が見えてこず――まがりなりにも漱石はマルクスの名前をかつて書きしるしたことがあり、『資本論』の英訳を購入する程度の関心は持っていたのに――すべてが個人の心理の解析と倫理感と情念の表出という問題に還元されてしまっているということだ。漱石は、小林という人物の存在を通して下層社会、社会主義、朝鮮といった政治権力の問題構制にいたるための格好のルートの入口に立ちながら、決してその内へ踏み込もうとはしない。それどころか、『満韓ところ〴〵』にも明らかなように、たとえ物理的に現場に身を置いても、そこにあるはずの問題を見ることができず、「露助」「チャン」「汚ない支那人」といった言葉を口にして終わるのだ。ここにあるのは『闇の奥』に対する理解拒否と同じような性格の黙殺の戦略であると言うしかないだろう。藤井夫婦の長女について、「四年前に片付いた長女は、その後夫《のち》に従って台湾に渡ったぎり、今でも其所《そこ》に暮していた」と説明される場合にも、それ以上のいかなる展開もないところからして、漱石の思考のクセが出たと判断するほかない。

漱石の留学時代の体験を下敷きにしたと思われる次のような会話の中からは、政治権力が最も醜怪なかたちで作用する場のひとつとなる人種という言葉が抹消されている。いや、介入してくることすら許されていない。英文学者漱石は、「猿」という言葉が、一八世紀以降の英文学の中で下等人種なるものを蔑むときの隠喩として使われてきたことを知らなかったのだろうか。ホガースの絵画を見なかったのだろうか。彼と同時代のアイルランド出身の作家オスカー・ワイルドが、そのデカダンス風を嫌悪され、黒い猿として戯画化されたことを知っているわれわれとしては、そうした人種絡みの偏見の歴史をどこか頭の隅に置きながら『明暗』の一節を読んでゆくしかないのである。

「大方重すぎてその外国人を潰《つぶ》したんでしょう」
「そんならまだ自慢になるが、みんなに変な顔をしてじろじろ見られながら、倫敦《ロンドン》の群衆の中で、大男の肩の上へ噛り付いていていたんだ。行列を見るためにね」
叔父はまだ笑いもしなかった。

「何を捏造《ねつぞう》する事やら。一体そりゃ何時《いつ》の話だね」

「エドワード七世の戴冠式《たいかんしき》（一三五）の時さ。行列を見ようとしてマンションハウスの前に立ってた所が、日本と違って向うのものがあんまり君より脊丈《せい》が高過ぎるもんだから、苦し紛れに一所に行った下宿の亭主《ていしゅ》に頼んで、肩車に乗せて貰《もら》ったって云うじゃないか」

「馬鹿を云っちゃ不可《いけな》い。そりゃ人違《ひとちが》いだ。肩車へ乗った奴《やつ》はちゃんと知ってるが、僕じゃない、あの猿《さる》だ」

叔父の弁解は寧《むし》ろ真面目《まじめ》であった。その真面目な口から猿という言葉が突然出た時、みんなは一度に笑った。

「成程《なるほど》あの猿なら能《よ》く似合うね。いくら英吉利人《イギリス》が大きいたって、どうも君じゃ辻褄《つじつま》が合わな過ぎると思ったよ。——あの猿と来たら又随分矮小だからな」

知っていながらわざと間違《まちがえ》た振をして見せたのか、或《あるい》は最初から事実を知らなかったのか、とにかく吉川はやっと腑《ふ》に落ちたらしい言葉遣いをして、猶《なお》その当人の猿という渾名《あだな》を、座を賑《にぎ》わせる滑稽《こっけい》の余韻の如《ごと》く繰り返した。


もしかりに人種絡みの偏見がストレートに吹き出すとするならば、それは「その外国人」、「日本と違って向うのもの」、「英吉利人《イギリス》」と呼ばれる人々の側から、その場に居合わせた日本人の方向に向かってくるはずである。しかしここでは、それがひとりの日本人から別の「矮小」な日本人に向けられている。問題は、その猿という語句が優等人種であるはずのイギリス人の思考から学びとられたものであるかどうかに関わりなく、この語句そのものが差別の枠組みを浮上させてしまい、しかもその枠組みの両端に日本人がおさまってしまっているということである。それは、植民する側のイデオロギーを学習したサバルタンが、学習してしまった語句を、本来自分と同じ出自を持つはずの植民された側の人物にあびせて自己の差異化をはかるときの戦略に酷似している。「僕じゃない、あの猿《さる》だ」。ある意味では危険を潜在させているこの言説をそのまま眠らせておくための伝統的な技法とは、言うまでもなく、それをユーモアの雰囲気らしきもので囲繞してしまうことである。漱石はそれをやってみせた。「みんなは一度に笑った」。そしてその瞬間に、潜在していた危険性は、ヴィクトリア時代にすでにさんざんに議論され、偏見まみれになっていた人種という言説の領野に足を踏み入れることを禁じられてしまう。

＊

近代文学を読んでゆくときの重要な手掛かりとなるのが人種、階級、ジェンダーであるというのは——さらにそこにセクシュアリティ、年齢、宗教、地域、ネイションなども追加できるだろうが——すでに紋切型の思考法には違いないが、そこにそれなりの意義と効力が認められて多用されたからこそ紋切型化したのだという言い方もできるはずである。さらには、この手順を逆転させて、作品の制作時期によってその近代性をなんとなく想定してしまうのではなく、この三角形の枠組みが適用できる度合いに応じて作品の近代文学度を云々するという冗談も可能かもしれない。私がそのようなことを考えるのは、この三角形の、あるいは多角形の枠組みが多方向に流動するフーコー的な権力をいずれかの方向に整序し、ときには固定するための強力な制度として働くのではないかと思われるからである。政治権力の問題は決して政治小説やそれに類するものの内部にのみ浮上してくるわけではない。

それは多様なルートを経由して、例えば人種やネイションや階級、さらにはセクシュアリティや老人問題の中にも出現する。と言うよりも、それとまったく無縁であるような言説は存在しないと言うべきかもしれない。

『明暗』では植民地問題も、人種も階級も期待されるほど十分には機能していない。近代社会と表裏一体をなしているはずの公共圏における、異なる資格をもつ人々の出会いにしても、とても十分に活用されているとは言いがたい。劇場とその食堂にしても、そこは見知らぬ人々との偶然の出会いがあって、新しい可能性が展開する場ではなく、岡本家と吉川家の予定された出会いがあり、お延が同席するための場であるにすぎない。頭の中で実験してみるといい、もしお延がその場に居合わせなかったとしたら、『明暗』という作品が今あるものとまったく別のものになってしまうかどうか――恐らく激変はない。温泉の町にしても、主眼は津田と清子が出会う場を提供するということであって、津田がそこで会う宿の人々などと、筋の方向転換をもたらすようなダイアローグに関与するとは思えない。津田と小林の会話はバーやレストランを場としているものの、その内容は他の空間でも充分に成立したであろう。あたかもそれに逆比例するかのように、この小説の中で意味をもつ会話の多くは家庭内か、あるいは病室で行なわれているのである。多少なりともあらっぽい言い方をするならば、『明暗』には近代小説の近代性をささえる重要なモメントであるはずの公共圏が実質的には存在しないのであって、その存在を暗示するふりをした諸々の言及（例えば外国の諸物への言及）と、十分には機能しない公共の場があるだけなのだ。

しかし、それがなければ労働の場を描くことはできない。働く場が提供されないならば、そこでの協同作業をかいして展開するはずの人間関係も、そこに起因する別のレベルの人間関係や協同性も成立し得ないことになる。政治、経済、宗教、そのいずれのレベルにおいても人物間に有意義なつながりが成立するようには思えない。そして、このように欠存する要件を数えあげるという空しい作業を重ねたあとに残るのは、あからさまに眼につく饒舌の才能を抱えた女たちと血縁によってつながれた人間関係を真ん中に置く異様な構造ということになる。しかも男たちは、例えば津田の父親にしても、近代小説ではしばしば批判の標的にされ、逆にそのために近代小説をささえる不可欠の軸となっている家父長的な権力を体現する様子を見せないし、女たちにしても、例えばお延のように、社会的な活動に関わろうという社会進出の意欲をいささかも見せないとなれば、とても十全の意味で新しい女と呼ぶわけにもいかない。『明暗』は異様な近代小説であると言うしかない。漱石は一体この作品で何をやろうとしたのだろうか。不倫と呼ぶのもはばかられる程度の秘密の開示を次から次へと先延ばしすることによって構成されたこの未完の長編小説の中で、一体何を。

私に分かるのは、この作品の前提には明確な——綿密かつ詳細な、ではなく——計算があったということである。その計算の性格は『こゝろ』における先生の遺書に似ているかもしれない。漱石は先生の遺書を置く作品中の位置は初めに確定していただろうし、その内容についての十分な素案も持っていただろうが、次に来るべき志賀直哉の連載がないと分かると、その遺書を思いきり引き延ばすということをした。それは明確なビジョンと融通性の生み出した成果とでも評すべきものであるだろう。『明暗』ではすでに第二節に、「どうしてあの女は彼所《あすこ》へ嫁に行ったのだろう」と書き込まれ、作者にビジョンのあることを示唆してみせる。しかもその直前にはポアンカレの偶然性云々の議論を紹介することによって、そのビジョンの実現と問題解決のプロセスで偶然的な紆余曲折があることを予示する。「暗い不思議な力が右に行くべき彼を左に押し遣ったり、前に進むべき彼を後ろに引き戻したりするように思えた」。しかし、何よりも驚かされるのは作品の冒頭に置かれた次の一節ではないだろうか。

医者は探りを入れた後で、手術台の上から津田《つだ》を下《おろ》した。
「矢張《やっぱり》穴が腸まで続いているんでした。この前探った時は、途中に瘢痕《はんこん》の隆起があったので、つい其所《そこ》が行《い》き留りだとばかり思って、ああ云《い》ったんですが、今日疎通《そつう》を好《よ》くする為《ため》に、其奴《そいつ》をがりがり掻《か》き落して見ると、まだ奥があるんです」

この医者の仮面の下には筋の展開をすでに十分に計算した漱石がいる、私にはそう思えてしかたがない。明言されてはいないものの、津田は痔の手術を受けようとしているのである。痔の予備診断から始まる小説——そんな文学作品が一体他にあるだろうか。英文学者漱石がほくそえみながら想起したものがあるとすれば、それは唯一、『トリストラム・シャンディ』の書き出しであったろう。

＊

今から一世紀ほど前に英文学者なるものをやっていた人間の英語を読む力や、英文学の読書量をむやみに崇拝する姿勢は捨てなければならないが（東北大学の漱石文庫の棚の前に立ってみると、そう覚悟することになる）、それでもともかく漱石が英文学を学んでいたことは否定できない事実としてある。当然ながら、イギリスにおける近代小説の実体と歴史についても多少の知識が彼にはあったはずである。それを単純に模倣するということはあり得なかっただろうが、彼の創作の背後にはつねにその影が落ちていたという推測はしていいだろう。私が考えているのは比較文学的な源泉探しのことではなく、彼のテクストの中で明示的に言及されてはいないものの、それでも彼の小説創作の背景にあったと推定できるイギリスの近代小説のことである。源泉探しや注釈的研究にはなじまないイギリスの近代小説の歴史と伝統のことである。漱石は、とりわけ『明暗』は、それのどこに接ぎ木することができるのだろうか、それとも、できないのだろうか。

通常イギリスの近代小説史の出発点に近いところに置かれる『オルノーコ』にしても、『ロビンソン・クルーソー』にしても、ごく表面的には冒険小説と呼んでいいかもしれないが、その中核にあるのは奴隷問題と政治権力の問題である。小説の中のロビンソン・クルーソーはまず本人が奴隷になるし、ブラジルでのプランテーションの経営に成功したあと、アフリカに奴隷を買いに行く途中で難破して、孤島に漂着するという設定になっている。そして、この孤島に小さな共同体ができたあと、主人公は次のように述懐する。

私の島にもとうとう人が住みつくようになり、我が臣民の数も大いにふえたような気がしてきた。自分がいかに国王然としてきたか、繰り返し考えてみては面白がっていた。まず第一に、この国全体が私の財産であって、私はまごうことなき支配権を持っていた。第二に、我が民衆は完全に従属しており、私は絶対の君主にして、法の制定者であった。彼らの生命を守ってやっているのは私であり、万一必要となれば、彼らは私のために喜んでその命を投げ出したであろう。さらに見逃せないのは、その臣民には三種あり、三つの異なる宗教を信じていたということである。我がフライデイはプロテスタント、その父は異教徒にして食人類、スペイン人は教皇派であった。しかしながら私は、自分の領土内では良心の自由を認めていた。

作者デフォーにとってこの孤島は、政治支配と宗教共存のミニチュアの実験場になっているのである。この小説がずっと読みつがれてきたのは、大英帝国の植民者が各地の植民地でとるべき行動の指針をふんだんに提供しているからでもある。ひょっとすると、これは子ども向けの冒険小説であって、と言いたがるひとがあるかもしれないが、一八、一九世紀のイギリスの冒険小説は大英帝国という想像の共同体を版図として可能になったものであって、基本のところで政治権力と密接に絡んでいるのである。そのような想像の共同体を利用することのできなかったジュール・ヴェルヌの冒険小説が海底や大空に向かうというのは、やむを得ない選択でしかなかった。『ガリヴァー旅行記』からは毒づくような諷刺の手法を学べるかもしれないが、この作品の核にあるのも交易的帝国、農本的王国、愚民的議会制といった政治制度をめぐる考察である。

『モル・フランダーズ』の主人公は監獄で生まれ、次々と男を変え、子どもを捨て、盗みをやり、植民地アメリカに渡る。確かに『パミラ』には出口の見つけにくい恋愛状態に陥った男女の心理の追求があるし、不倫問題もあるものの、不倫の相手となった女性が植民地ジャマイカに「都落ち」し、「半年ほど前のことですが、彼女の夫なる人物が一〇歳くらいの黒人の少年を送ってよこしました。でも、こちらに上陸してひと月ほどで天然痘にやられて、死んでしまいました」という類の展開は、漱石の想像力のはるか埒外にある。オースティンの田舎小説では確かに結婚と遺産相続が絡んでくるものの、それは伝統的な共同体のあり方ともつながった階級絡みのテーマであって、漱石がかりにそこから何らかのヒントを得たとしても、イギリスの社会のありようと深く交差したその世界と『明暗』の世界とはまったく異質である。

スコットの『ウェイヴァリー』はイングランドの王位をめぐる文字通りの権力抗争を軸とした歴史

小説であり、ディケンズの歴史小説『二都物語』にしてもフランス革命が核心の素材となっている。室内空間や建て物の近くの風物は丹念に書き込むものの、歴史的、地理的な想像力にはほとんど興味を示さなかった漱石が、こうした傾向の小説を手本としたとは考えられない。ディケンズは監獄、裁判制度、官庁の制度、社会保障の制度と、およそ政治権力の発現となりうるものは片っ端から作品空間にひきずり込んでみせたが、漱石にその意欲はない。そうした社会環境の中で主人公が一人前に成熟してゆくプロセスを追いかける教養小説も、彼は書かなかった。イギリスの近代小説の中の大きなサブ・ジャンルとなるピカレスク小説も——『坊っちゃん』がそれに近いと言われそうだが、主人公の放浪の旅という決定的な契機が不在である——歴史小説も、社会小説も、教養小説も、冒険小説や児童文学的なところも、漱石文学の中にそれと分かるかたちでは存在しない。もちろん『吾輩は猫である』を『トリストラム・シャンディ』と比較してみることはできるものの、大切なのは、このスターンの畸想に満ちた小説自体がその前後に安定した系譜を持たない孤絶した作品であるということだ。『猫』とこの作品が類似しているということと、漱石の他の小説がイギリスの近代小説史になじまないということは、どんなに奇妙に見えようとも、表裏一体をなした事情なのである。比較文学的な源泉探しが行きとどいているおかげで、なにかしら漠然と漱石とイギリスの近代小説の関係は近いと考えがちであるが、実際にはその二つの間には大きな隔絶があると言うしかない。作品におけるテーマ設定、その構成法、いずれの面においても、漱石の中にイギリス小説の痕跡は感じられない。

『猫』における笑いとユーモアだけはイギリス的と言えるのかもしれないが——だが、英国的な笑いとユーモアとは一体何なのか、確信をもって答えられるひとが一体どれだけいるだろうか。国王がデブだと言って茶化し、痩せすぎの保守派のバークを茶化し、ユダヤ人宰相ディズレーリのユダヤ人鼻を茶化し、さらに聖書もブラックストーンの『英国法註解』も茶化し、老人や弱者を笑い、有名な文学作品とみればそのパロディを作ってきた国。そのような大英パロディ帝国のいずれかの場所に『猫』がしかるべき席を見つけたとしても、それがイギリス近代小説史の中に漱石を招き入れる決定的な契機になるとは思えない。

それでは心理小説というサブ・ジャンルはどうなのか。漱石が読んでいたことになっているジョージ・エリオットやヘンリー・ジェイムズの小説の登場人物は、それまでのように社会的地位や階級、性別などによって区別される定型性の濃厚なキャラクターから、状況に応じて変化する個人的な心理の次元も合わせもつ存在へと移行する。興味深いのは、その個人的な心理の次元の揺れ動きが、とりわけ女性の主人公の行動の範囲の拡大とつながっているということである。心理の追求は、それまで体験したことのない状況に置かれてキャラクターの同一性にすがることのできなくなった主人公のアイデンティティを保証するものとして働く。男性の主人公ならば強烈なエゴの同一性に固執させることも可能であるかもしれないが、女性の登場人物となるとそうもいかないのだ。エリオットはヒロインたちに階級闘争、政治と宗教の対立、人種問題を体験させているし、ジェイムズはヒロインたちを大西洋の彼方の西欧にまで連れ回している。『明暗』の特徴をたとえ「心理作用」へのこだわりに見るとしても、ごく狭い空間と血縁関係と時間の中で動くしかないその登場人物たちと、近代の心理小説の間にはこれくらいの逕庭があることを忘れるわけにはいかないだろう。漱石のこの小説は心理小説というサブ・ジャンルにもすんなりとは納まってはくれないのである。

言うまでもないことであるが、近代小説の既成の枠にすんなりと納まりきらないということはこの作品の文学的な価値をおとしめるものではないし、それで面白さが減ずるわけでもない。つまるところ、『明暗』の何が、どこが面白いのだろうか。津田の行動を見ながら、まさか近代の知識人の懊悩がと言うわけにはいくまいし、中途半端にしか描かれない小林や貧乏芸術家の生きざまがと言うのもはばかられるし、岡本の叔母やお秀、吉川夫人の口うるさい介入にしても、確かに面白くはあるものの、彼女たちを近代的なフェミニズムにつながるガミガミ女と規定したところで大した意味があるとは思えない。お延による夫婦愛のとらえ方は多少なりとも新しいと言えるかもしれないが、彼女の願望が実現したところで登場人物たちは一体どこへ辿りつくというのだろうか。その先に、われわれが近代的な人間関係、夫婦関係として納得できるものが待ちうけているだろうか。津田と清子との関係が明らかになったとして、それがどこへ通ずるというのか。果たして漱石は、それまでにはない長さのこの小説を書きつぎながら、本当に明確な終結のビジョンを胸中に秘めていたのだろうか。それともこれは津田と清子が再会したあとどこで中断してもいい、と言うか、中断する力を内在させた作品と解するべきなのだろうか。もちろん中断は作者の肉体的問題であった。しかし、それとは別の次元において、この作品には中断というひとつの終わり方が組み込まれているのではないだろうか。ポストモダンの技法などという言い方をするまでもない。漱石は『門』という作品を、中断という技法で終わらせていたのだ。

宗助は家《うち》へ帰って御米にこの鶯の問答を繰り返して聞かせた。御米は障子《しょうじ》の硝子《ガラス》に映る麗《うらら》かな日影をすかして見て、

「本当にありがたいわね。ようやくの事春になって」と云って、晴れ晴れしい眉《まゆ》を張った。宗助は縁に出て長く延びた爪を剪《き》りながら、

「うん、しかしまたじき冬になるよ」と答えて、下を向いたまま鋏《はさみ》を動かしていた。

ブランショは作品は原理的に完結性を持ちえないとする。しかしこの場合には、そこまでのラディカリズムを誇示しなくても、われわれは〈終り〉ではなく、何とはなしに快い〈続く〉の感覚を持つはずである。中断とはそのことである。

＊

それでは、未完結の長編『明暗』の文学的特徴はどこにあると評すればいいのだろうか。何よりもまず第一に眼につくのは作品中の出来事の継起を支える時間の短さである。津田の入院手術の一週間ほどと退院後の温泉療養の時間がこの長編小説を支える時間のすべてなのだ。それに対応して、京都やヨーロッパや朝鮮への言及はあるものの、実質的な空間も狭く限定されている。このような時空の制約の中で作品に奥行きと広がりを持たせようとすれば、眼の前で展開する出来事に過去と未来の大きな影をひきずらせるという方法をとる以外にないかもしれないが、漱石の利用したのは津田と清子の過去の恋愛と、継子の縁談話、小林の朝鮮行きくらいのものである。そして、そのいずれもが未完のままである――と言うことは、そこに展開の可能性がロジカルには残されているということだが、書き残された部分から判断するかぎりでは、津田と清子の関係が他の部分にも波及する可能性がうかがわれるくらいである。少なくとも、このような時間的制約の中では各人物の精神的な形成、発展は望み得ないだろう。微妙な変化や認識の改新は描けるとしても、いわゆる人格の発展などは描きようがないだろう。作者にもそのつもりはなかったはずである。

つまるところ、『明暗』の中で漱石が取り上げようとしたテーマとは何だったのか。およそ思想的な深みを欠いた津田の性格、妹お秀と吉川夫人の饒舌な介入、妻お延の愛のあり方、小林が暗示するはずの階級性、知識人にあたるはずの人々の優柔不断——テーマとなりそうな候補をこうして挙げてゆくと、逆にそれらが中心的なテーマとなるには役不足という印象が強まってしまう。小林の社会主義者云々にしても、さしあたり読者の眼は引くものの、そして「三角派とか未来派とかいう奇怪な名称」をめぐって彼と議論する芸術家にしても、この作品の中では場違いであるために対比的な関心は引くものの、とても主要なテーマと呼ぶことはできない。漱石が留学する以前のイギリスでオスカー・ワイルドはすでに評論「社会主義の下における個人の魂」を書いていたし、すでにイギリスで仕事をしていたクロポトキンはアナーキズムの核心に個人主義をおく思想の普及につとめていた。コンラッドの『密偵』の核にはアナーキストのテロ活動があり、ヘンリー・ジェイムズですらみずからの小説にアナーキストを登場させていた。もちろん彼我の文化状況、社会状況は決定的に違う。しかし同時代のこうした作品群を念頭においてみると、「日本の下層社会」に属する小林の先に発展性のあるテーマが保証されているとは思えなくなってくる。

津田夫婦を取り巻く血縁の人々の間にも本当の意味で深刻な対立、例えば愛憎の対立があるようには見えないし、津田と父の間の金銭問題にしたところで、余裕の十分にある鈍角的な悩みという域を出ない。そうして消去してゆくと、この中心テーマの見えにくく、劇的な浮沈の乏しい作品を先へ先へとひっぱっているのは、津田夫婦と清子の曖昧な三角関係らしきものがはらむ底の浅いサスペンスのようにも思えてくる。そうした冴えない人間関係を当時の社会の状態と比較して作者のイデオロギー性を云々するというカルチュラル・スタディーズ的な方法も、社会文化史的には興味深い知見をもたらすかもしれないが（例えば、妻としてのお延の〈新しさ〉を強調できるかもしれないが）、しかしその方法ではこの小説に内在する奇妙さを説明することにはならないだろう。

端的に言って、この未完の長編小説『明暗』の奇妙さは面白いのだ。問題はその奇妙さの正体とは何なのかと言うことである。私にとって面白く感じられるのは、作品の中で展開されるいずれかのテーマではないし、その社会文化史的な関連でもない。私をひきつけるのは描き方そのもの、つまり漱石の文学的な技法そのものである。夫婦の関係も、ガミガミ女の介入も、下層社会の出を自慢する男の言動も、あたかも同じ次元にある言説行為であるかのように演出してしまう彼の文学的技法そのものである。

極論するならば、『明暗』には深みはない。その場その場における行為者の「心理作用」の読み取りと、それに至るプロセス、それに続くプロセスの記述が作品のテクストの大半の部分を構成していると言ってもいいだろうか。そのような対比的展開を構造レベルで示唆していると思われるのが、津田夫婦の行動の外周を決定しているように見える親戚関係のもつ対比構造である。東京に住む津田由雄と延子の両親はいずれも京都に暮らしている。しかもこの京都在住ということが作品中では有意義な働きをしないだけに、この偶然の一致は意図的に仕組まれた欠存記号と考えられる。津田には藤井という叔父があり、三人の子どもがいる。お延には叔母があり、三人の子どもがいる。その子どものうちのひとりずつ、真事と一は同級生になっている。

津田とその父をつなぐ軸を見ると、彼の会社の上司吉川は父の友人であり、ある意味では津田の上位の人物となるのに対して、文筆業の叔父藤井についている編集者小林はひとまず津田の下位の人物ということになる。このようにシンメトリカルな人物関係から外れるかたちになるのが津田の妹秀子である（彼女には二人の子どもがある。その夫の堀には弟と妹の二人がある）。妻のお延の方にはそのような兄弟姉妹は与えられていないが、結婚する前は岡本家で、継子と同室で姉妹のように暮らしていた。長編小説『明暗』の中軸を構成するのはかくのごときシンメトリカルな関係図であり、清子はその外側の存在として配置されているのだ。そしてその清子がこの人間関係図をゆさぶり始めるところで、中断してしまったのである。問題は、このような対比的な枠組みの中で漱石が各人物にどのような言動をとらせたのかという文学的技法である。

作品の中で繰り返し使われる特徴的な言説編成の例を次に挙げてみる。第一〇節の終りから第一一節に続く部分である。


「だけど、もう余っ程になるわね、結婚なすってから」

「ええもう半歳《はんとし》と少しになります」

「早いものね、ついこの間だと思っていたのに。――それでどうなのこの頃は」

「何がです」

「御夫婦仲がよ」

「別にどうという事もありません」

「じゃもう嬉しい所は通り越しちまったの。嘘《うそ》を仰しゃい」

「嬉しい所なんか始めからないんですから、仕方がありません」

「じゃこれからよ。もし始めからないなら、これからよ、嬉しい所の出て来るのは」

「有難《ありがと》う、じゃ楽しみにして待っていましょう」

「時に貴方御いくつ？」

「もう沢山です」

「沢山じゃないわよ。一寸伺いたいから伺ったんだから、正直に淡泊《さっぱり》と仰《おっし》ゃいよ」

「じゃ申し上ます。実は三十です」

「すると来年はもう一ね」

「順に行けばまあそうなる勘定です」

「お延《のぶ》さんは？」

「あいつは三です」

「来年？」

「いえ今年」

十一

吉川の細君はこんな調子で能《よ》く津田に調戯《からか》った。機嫌《きげん》の好《い》い時は猶更《なおさら》であった。津田も折々は向うを調戯い返した。けれども彼の見た細君の態度には、笑談《じょうだん》とも真面目《まじめ》とも片の付かない或物《あるもの》が閃《ひら》めく事が度々あった。そんな場合に出会うと、根強い性質《たち》に出来上っている彼は、談話の途中でよく拘泥《こだわ》った。そうしてもし事情が許すならば、何処《どこ》までも話の根を掘じって、相手の本意を突き留めようとした。遠慮のために其所《そこ》まで行けない時は、黙って相手の顔色だけを注視した。その時の彼の眼《め》には必然の結果として何時でも軽い疑いの雲がかかった。それが臆病《おくびょう》にも見えた。注意深くも見えた。又は自衛的に慢《たか》ぶる神経の光を放つかの如くにも見えた。最後に、「思慮に充《み》ちた不安」

とでも形容して然《しか》るべき一種の匂《にお》いも帯びていた。

津田と吉川夫人の軽快なやりとりのあとに、津田の側からする相手の考え方、心理の読みとりが三人称の文体で付加され、それによって津田本人の性格のある部分も明らかにされることになる一節である。漱石はどの作品においても生気のある対話を挿入する能力を十分に発揮してきたが、とりわけ『明暗』は、その軽妙なコミカルさがはっきりと眼につくように構成されている。『吾輩は猫である』における衒学趣味の前景化に起因するおかしみとは別の、舞台上のファルスから抜き出したようなやりとりに、「心理作用」の読みを呈示するコメントが付属しているのだ。読者の側からすれば、そのやりとりを自分なりに解釈することもできるし、たとえ明示的にではなくても、半ば無意識にそうするだろう。付加されたコメントはそれを手助けするはずであるが、興味を引くのはそのコメントが持つ際立った特徴である。「相手の本意を突き留めようとした」津田の頭に浮ぶ解釈が一通りには絞り込まれていないということだ。「それが臆病《おくびょう》にも見えた」以下の短い文は複数の解釈を呈示しながら、それがいずれかひとつに絞り込まれないことによってひとつの雰囲気を残すことになる。『明暗』の展開を支えている単位とはこのような会話とそれへの説明的なコメントの組み合わせであって、それが執拗なばかりに、巧妙に、リズミカルに反復されているのである。その長さの割には長さを感じさせない理由の一斑はここにあるように思われる（但し、温泉場の部分になると、このパターンが意図的にずらされてゆく印象が強くなる）。

ひとつところに焦点を結ばないように工夫された文章がこの作品には頻出する。その例を第五八節と第一一五節からあと二つだけ挙げておくことにする。

こんな場合に、彼は是非来てくれと頼むような男ではなかった。然し行かないと、機嫌《きげん》を悪くする男であった。それでは行けば喜こぶかというとそうでもなかった。彼はお延に親切の仕損《しぞん》をさせて置いて、それが女の義務じゃないかといった風に、取り澄ました顔をしないとも限らなかった。

嘘吐という言葉が何時もより皮肉に津田を苦笑させた。彼は腹の中で、嘘吐な自分を肯《うけ》がう男であった。同時に他人の嘘をも根本的に認定する男であった。それでいて少しも厭世《えんせい》的にならない男であった。寧《むし》ろその反対に生活する事の出来るために、嘘が必要になるのだ位に考える男であった。彼は、今までこういう漠然《ばくぜん》とした人世観の下《もと》に生きて来ながら、自分ではそれを知らなかった。彼はただ行《おこな》ったのである。だから少し深く入り込むと、自分で自分の立場が分からなくなるだけであった。

この焦点を拡散させるこの手法をあまりにも多用してしまうと、作品は安定した継続的な展開性を欠くどころか、フラグメントの集積になってしまいかねない。ポストモダンの小説であればそのような手法も可能であったかもしれないが、漱石がそれを防ぐために設定したのは、人間関係の安定した対比構造であった。その構造が焦点の拡散を防ぐとともに、転位の可能性を保証している。「ただ愛するのよ。そうして愛させるのよ。そうさえすれば幸福になる見込は幾何《いくら》でもあるのよ」というお延の行動原理の一貫性にしても、焦点を拡散させる傾向に対抗するものとして働くことになる。清子をめぐるサスペンスにしてもそうであろう。

構造の安定化と焦点の適度の拡散——その二つの軸の間で作者漱石はおそらく書くことの自由を満喫したのではないだろうか。第七六節にはわざわざ「ブック、オフ、ジョークス」という英語の本に言及し、「みんな滑稽《こっけい》なもんだ。洒落《しゃれ》だとか、謎《なぞ》だとかね。寐ていて読むには丁度手頃で好いよ。肩が凝らなくってね」という台詞を岡本の叔父に言わせている。私にはこの台詞が漱石から読者への眼くばせではなかったのかと思えることがある。その漱石は、叔父のこの説明を聞くお延のために——他の状況でも使われているが——まるで英文直訳式のような硬い下手な（それとも見事な？）日本語を用意してみせた。ひとつの特徴的な文体を用意してみせた。「一筋の稲妻が彼女の頭の中を走った」。「鋭どい稲妻がお延の細い眼からまともに迸《ほとば》しった」。「お延は既定のプログラムを咄嗟《とっさ》の間に変更した」。「何等の不自然に陥る痕跡《こんせき》なしに……」。「心理的に翻訳すると……」。そして、「それを代表的な言葉でごく簡単に例で現わすと下《しも》のようになった」。次のような例もある。

「運命の宿火《しゅくか》だ。それを目標《めあて》に辿りつくより外に途《みち》はない」

詩に乏しい彼は固《もと》よりこんな言葉を口にすることを知らなかった。

計算された構造、巧みに繰り返される焦点の拡散と集約、自在にあやつられる幾種類もの文体と語法——そうした雰囲気の中で津田の前に次々と人物が登場し、彼と対話してゆく。それは、かりに深刻な劇的展開がなくても読者を十分に楽しませる文学的技法そのものを前景化する試みであった。そこには作家としての自由を楽しむ漱石の姿がある。

（＊）『こゝろ』は岩波文庫版、『門』は筑摩書房版、『明暗』は新潮文庫版を使用した。

あとがき

変なタイトルの本だと思われるかもしれないが、『文学の福袋（漱石入り）』というタイトルの半分はこの本を編集して下さった辻井忠男さんの発案になるもので、残りの半分が私の思いつきである。基本的には毎日新聞と日本経済新聞に発表した書評などを集めて、そこにエッセイや論文をつけ足したものということになる。一見乱雑な印象を与えてしまいそうだし、現にそうなのだが、私の好みには合う本になってしまった。特定の分野やテーマに忠誠を尽くすよりも、乱雑な好奇心が自由に動きまわるのを許してしまいたいと思ってしまう――少なくとも、自分に使える時間の或る部分ではそうしたいと思ってしまう――私としては、嬉しい本ということである。

ただ、大変なのは、これらの書評やエッセイや論文を分類し、目次をつけ、整理すること。この点については辻井さんにまったく頭があがらない、ひたすら叩頭して、御礼を申し上げるしかない。それから、これらの文章を書く機会を与えて下さった他のたくさんの編集者の方々にも。

勿論、これからも私は本を読み続ける。さまざまの分野の本を――自分の知らないことを求めて。それが出来ないとしたら、人生なんて、不貞寝しているしかない。

二〇一二年六月

富山太佳夫

著者略歴

（とみやま・たかお）

1947 年鳥取県西伯郡に生れる．1970 年東京大学英文科卒業．1973年同大学大学院修士課程修了．現在　青山学院大学教授．
著書『シャーロック・ホームズの世紀末』（青土社）『ポパイの影に』『おサルの系譜学』（みすず書房）『文化と精読』（名古屋大学出版会）『笑う大英帝国』『英文学への挑戦』（岩波書店）ほか．
訳書　ソンタグ『隠喩としての病い・エイズとその隠喩』『火山に恋して』『土星の徴しの下に』『書くこと，ロラン・バルトについて』『サラエボで，ゴドーを待ちながら』（みすず書房）カラー『ディコンストラクションⅠ・Ⅱ』（共訳，岩波書店）ウォー『大転落』（岩波書店）ショウォールター『性的アナーキー』（共訳，みすず書房）ほか．

富山太佳夫

文学の福袋（漱石入り）

2012年11月 9日　印刷
2012年11月20日　発行

発行所 株式会社 みすず書房
〒113-0033 東京都文京区本郷5丁目32-21
電話 03-3814-0131（営業） 03-3815-9181（編集）
http://www.msz.co.jp

本文組版 キャップス
本文印刷・製本所 中央精版印刷
扉・表紙・カバー印刷所 栗田印刷

Printed in Japan
ISBN 978-4-622-07723-7
［ぶんがくのふくぶくろ　そうせきいり］